KB064798

학원에서도 말하지 않는 영문법

1판 1쇄 발행 2016년 1월 11일
1판 4쇄 발행 2018년 5월 8일

지은이 학말영
펴낸곳 도서출판 비엠케이

편집 상현숙 **디자인** 아르떼203
제작 (주)꽃피는청춘

출판 등록 2006년 5월 29일(제313-2006-000117호)
주소 서울시 마포구 성미산로 10길 12 화이트빌 101
전화 02) 323-4894 **팩스** 070) 4157-4893
이메일 arteahn@naver.com

값은 표지에 있습니다.
ISBN 979-11-955415-1-5 03700

일원화 공급처 (주)북새통
주소 서울시 마포구 서교동 465-4 광림빌딩 2층
전화 02) 338-0117 **팩스** 02) 338-7161
이메일 bookmania@booksetong.com

「이 도서의 국립중앙도서관 출판시도서목록(CIP)은 서지정보유통지원시스템 홈페이지(http://seoji.nl.go.kr)와 국가자료공동목록시스템(http://www.nl.go.kr/kolisnet)에서 이용하실 수 있습니다.(CIP제어번호: CIP2015034657)」

재미있게, 맛있게, 씹어 먹는 영문법 레시피

학말영 지음

Bmk
magazine&publishing

머리말

영문법을 제대로 배우려는 사람들을 위한 명랑 활력소

친구 ( ) : 바쁜데 왜 또 불러내?

말영( ) : 친구 좋다는 게 뭐야, 나 좀 축하해줘!

: 축하? 뭘?

: 나 이번에 책을 내게 됐어.

: 으이그…학교 다닐 때부터 맨날 연습장에 만화 끄적이더니… 드디어 만화책을 내셨군?

: 아니야, 영어책이야.

: 뭐라고? 하루가 멀다 하고 블로그에 쓴 글 읽어주는 것도 힘들었는데, 이젠 책을 보라고?

: 응, 그런데 블로그에 썼던 거랑 많이 다르진 않아.

: 제목이 뭐야, 학말영은 아니겠지, 설마?

: 맞아, 학말영이야. 『학원에서도 말하지 않는 영문법』.

: 야, 내가 블로그 제목도 바꾸라고 했잖아, '학원에서 말하지 않는 영문법'이라는 게 어디 있냐?

: 왜~? 내가 가르쳐주는 영문법이 학원에서 말하지 않는 거잖아.

: 그게 무슨 학원에서 말하지 않는 거야, 학원에서는 네가 하는 것처럼 시시콜콜 개념이 어쩌고 구조가 어쩌고 말할 시간이 없으니까 못 하는 것뿐이지.

: 어쨌든~! 학원에서는 말하지 않는 거, 맞잖아. 내가 학원 강사 생활

이 몇 년이냐? 그런데 맨날 시험 대비용 공부를 시키다 보니 답답한 게 많더라고. 시험에 잘 나오는 패턴만 반복해서 외우고 풀게 하고, 그러다 보니 외우기는 했지만 그 이유와 원리를 깨칠 시간이 부족한 거야. 그럼 제대로 활용을 못 하게 되고… 결국에는 진짜 실력이 되지 못하더라고.

: 정말이야?

: 정말이야. 너 학교 다닐 때부터 지금까지 영문법 책 몇 권이나 본 것 같니?

: 글쎄… 중고등학교 때부터… 얇은 거, 두꺼운 거 합치면 열 권은 넘게 봤겠지?

: 그래, 그럼 영문법에 대해서는 대강 큰 틀이라도 그려져?

: 당연히~! 아니지. 우리나라에서 수능 보고 대학 나왔다고 해도 그게 되는 사람이 많을까?

: 그렇지? 그런데 왜 그럴까?

: 그걸 내가 어떻게 알아? 그런데 진짜 왜 그럴까? 어디엔가 문제가 있긴 있어, 분명히, 그렇지?

: 바로 시험 때문이야.

: 시험?

: 그래, 영어 중에서도 특히 문법은 언어를 쉽게 배우기 위한 유용한

도구로 써야 되는데, 우리나라에서는 시험 문제를 내고, 맞추기 위한 도구가 되어버렸지. 그래서 문법의 가장 기본이 되어야 할 문장의 구조 같은 건 아예 설명을 하지 않거나 스쳐지나가듯 하고 마는 거야. 그러다 보니 시험문제를 풀 때가 아니라 진짜 영어를 이해하고 배워야 할 때는 문법이 아주 지겨워져서 꼴도 보기 싫어지게 되는 거고.

: 야, 그동안 너한테 들은 말 중에 제일 그럴듯한 말이다~

: 그래서, 시험용 영어가 아닌, 영어를 제대로 배우기 위한 문법 설명을 한 책을 쓴 거야.

: 그럼 네 책은 시험에는 별 도움이 안 된다는 소리네?

: 으이구, 그렇게 삐딱하지 않으면 네가 아니지. 생각해봐라. 기본이 제대로 되어 있으면 시험에 도움이 되겠냐, 안 되겠냐.

: 그래? 그럼 어디 한번 '밑져야 본전이다' 하고 읽어볼까? 그런데 재미는 있냐? 나, 재미 없으면 책 안 보는 거 알지?

: 재미? 당연히 있지. 너 영문법 책에 만화 들어간 거 봤어? 애들 영문법 학습만화 빼고.

: 그래? 그런 책이 있는지 없는지 난 모르겠고! 어쨌든 만화가 있다 이 말이지? 재미도 있고? 최소한 읽어서 손해는 안 본다 그런 뜻?

: 그래, 내가 보장할게. 이걸 읽으면 문법의 복잡한 가지들이 쳐지면서 굵은 줄기가 딱 보여. 그리고 똑똑 끊어졌던 to부정사, 동명사, 분사, 수동태…들의 연결고리를 이해할 수 있고. 영문법의 기초공사를 제대로 한다 생각하고 읽어봐.

: 기초공사? 맞어, 난 아무래도 영문법의 기초공사가 부실한가 봐. 그러니까 아직도 무슨 용법이니 어쩌고 하면 딱 머리가 정지하는 느낌이 들지.

: 그게 다 시험용 문법에 쏟아부은 시간과 노력의 부작용인 거야.

: 그래? 하긴 이제 문법 기피 증세도 생겼어. 영어를 하기는 해야 하고, 그러자니 답답하기만 하고…

: 그러니까 학말영이 필요한 거라고!

: 오~ 설득력 있었어! 말은 참 잘해~

: 말만 잘하냐? 만화도 잘 그리잖아.^^

: 그래, 그것도 인정!

: 웃! 웬일이셔? 삐딱이가 인정을 다 하고?

: 축하해달라며, 책 낸 거! 이게 내 축하야~ 끝!

: ……

학말영 사용법

1. 처음 한 번만은 순서대로 읽는다.

이해의 연결고리를 이용해서 설명합니다.
(대부분의 책들이 당부하는 말입니다. 굳이 '청개구리'처럼 읽고 싶다면? 자신만의 스타일로 읽으세요.)

2. 사전처럼 발췌해서 읽는다.

한 번 읽고 모든 내용을 '마스터하겠다'는 생각은 버리는 게 좋습니다. 이런 일은 절대로 있을 수 없거든요. 완전히 마스터했더라도, 인간의 두뇌는 그렇게 똑똑하지 않습니다. → 까먹는다. 필요할 때마다, 사전의 '단어'를 찾듯이 '학말영'을 활용하기 바랍니다.

3. 예문으로 이해한다!

문법적 요소가 묻어 있는 예문으로 외우면 기억에 오래 남습니다.

ex) 문법 설명: to부정사의 명사적 용법은 동명사와 바꿔 사용할 수 있다.
To see is to believe. = Seeing is believing.

글로 된 설명보다는 예문이, 좀 더 직관적으로 이해하는 데 도움을 줍니다. & 문법을 배우는 이유는? 시험에 나오는 문장을 해석하거나, 문장을 만들어 활용하기 위해서입니다. 당연히 예문으로 기억하는 게 훨씬 유리한 이유죠.

4. 다른 영어 문장을 많이 읽는다.
   '학말영의 문법'이 어떻게 작동하는지는 직접 확인해야 합니다.
   가장 좋은 방법은? 영어로 된 다양한 문장들을 읽어보는 것입니다.
   ex) 각종 시험용 지문들, 영화(or 미드)의 영어 자막, 영자 신문 등

5. 문법은 최소한의 기본기임을 기억한다.
   왜 이런 것까지 배울까 싶은 부분도 있을 것입니다. 하지만 이런 고민은 접어두고, 필요하다는 믿음을 갖고 끝까지 읽어주세요.
   언어의 공통적인 부분, 혹은 자주 사용되는 부분만을 집대성해놓은 것이 문법입니다.

차 례

4. 너는 나의 일부분 - 분사

5. 다 됐니? - 완료형

6. 제대로 한번 알아봐 - 지각동사와 사역동사

7. 어렵다는 건 편견 - 수동태

8. 자, 날아오르자고! - 절과 구

9. 영어는 아름다워! - 관계사

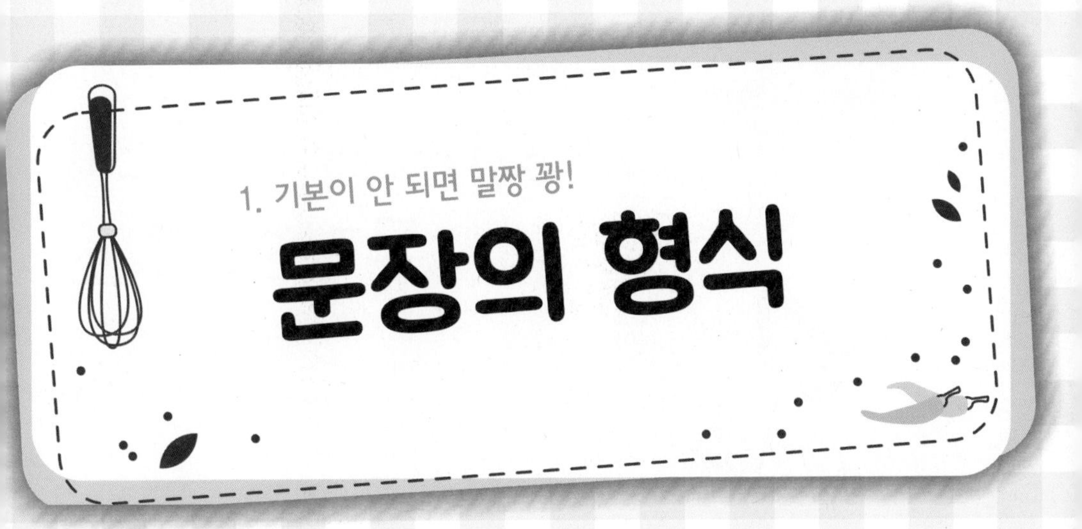

1. 기본이 안 되면 말짱 꽝!

문장의 형식

01 학말영's Recipe

자, 먼저 뼈대부터! 문장의 구조

거품을 걷어내면 구조는 단순합니다.

영어의 뼈대가 되는 문장의 형식! 그러나 보통 문법책에서는 간단하게만 설명하고 넘어가는 부분이므로 문장의 형식에 대해 자세히 살펴본 경험들은 드물 것이다. 그래서 학말영은 본격적인 문법 설명을 시작하기 전, 전체적인 흐름을 한 번 살펴보고자 한다.

여기에서는 자세한 설명 없이, 문장의 다섯 가지 형태에 대한 분류만 보여줄 예정이다. 본격적인 문법 설명은 다음 시간부터 시작되므로, 설명이 부족해서 이해가 안 되는 부분이 있더라도 부담 없이 읽으면 된다. 나무를 보기 전에 숲을 보는 시간이다.

대부분의 한국인들은 구조를 단순히 암기하는 수준에서 그칩니다! 그래서 활용을 못 하죠. 문장 구조의 단순 암기가 결국에는 '핵심 문법(to부정사, 동명사, 관계대명사 등)'에서 헤매는 결정적인 이유가 되기도 합니다.

문장 성분에 따라

1형식: 주어 + 동사
2형식: 주어 + 동사 + 보어
3형식: 주어 + 동사 + 목적어
4형식: 주어 + 동사 + 목적어 + 목적어
5형식: 주어 + 동사 + 목적어 + 보어

문법 용어! 알고 보면 별 것 아닙니다.

품사에 따라

잘 기억하세요. '명사, 동사 형용사'가 문장의 주재료입니다.

1형식: 명사 + 동사
2형식: 명사 + 동사 + 명사 / 형용사
3형식: 명사 + 동사 + 명사
4형식: 명사 + 동사 + 명사 + 명사
5형식: 명사 + 동사 + 명사 + 명사 / 형용사

'품사'란 단어의 형태, 의미에 따라 분류해놓은 것을 말합니다.

해석에 따라

1형식: ~은, 는, 이, 가 + ~다
2형식: ~은, 는, 이, 가 + ~다 + ~인, ~한 등
3형식: ~은, 는, 이, 가 + ~다 + ~을, 를
4형식: ~은, 는, 이, 가 + ~다 + ~에게 + ~을, 를
5형식: ~은, 는, 이, 가 + ~다 + ~을, 를 + ~하도록, ~하게 등

보어는 아주 다양하게 해석됩니다.

예문으로 봅시다

1형식: I sleep.
나는 잔다. → '나는'으로 해석되는 'I'는 주어, '잔다'로 끝나는 'sleep'은 동사

2형식: She is beautiful.
그녀는 아름답다.
→ 'she'는 주어, 'beautiful(아름다운)'은 주어를 설명하므로 보어, '~이다'로 해석되는 'is'는 동사

3형식: I like her.
나는 그녀를 좋아한다.
→ '그녀를'로 해석되는 'her'는 목적어, 'like'는 동사

4형식: She made me cookies.
그녀는 나에게 쿠키를 만들어주었다.
→ '~에게'로 해석되는 'me'는 (간접) 목적어, '쿠키를'로 해석되는 'cookies'는 (직접) 목적어

5형식: She made me crazy.
그녀는 나를 미치게 만들었다.
→ '나를'로 해석되는 'me'는 목적어, '미치게'로 해석되는 'crazy'는 (목적격) 보어

예문을 적극 활용해야 문법이 쉬워집니다.

그러니까 문장의 구조란?

1형식: 주어(명사) + 동사
예) I sleep. 나는 잔다.

2형식: 주어(명사) + 동사 + 보어(명사/형용사)
예) She is beautiful. 그녀는 아름답다.

3형식: 주어(명사) + 동사 + 목적어(명사)
예) I like her. 나는 그녀를 좋아한다.

4형식: 주어(명사) + 동사 + 목적어(명사) + 목적어(명사)
예) She made me cookies. 그녀는 나에게 쿠키를 만들어주었다.

5형식: 주어(명사) + 동사 + 목적어(명사) + 보어(명사/형용사)
예) She made me crazy. 그녀는 나를 미치게 만들었다.

문장의 뼈대에 맛있는(?) 살을 입혀보겠습니다. ^^

사실 이런 방식으로 분류를 시도한 또 다른 이유가 있다. 한국인의 본능적인 두뇌 구조 때문이다. 한국어의 '어순(語順)-동사가 마지막에 오는 구조'에 너무 익숙해진 상태라서 영어의 문장이 어떻게 만들어지는지 단계적인 습득이 필요하다. 다음부터는 세부적인 사항을 살펴볼 예정이라, 먼저 큰 틀을 머릿속에 저장해야 하는 측면도 있었다.

핵심 정리

1. 주어, 동사는 문장에 무조건 들어가야 한다.

2. 명사, 동사, 형용사만으로 문법에 완벽한 문장을 만들 수 있다.

3. 5형식의 모양만은 꼭 외우자.
    - 1형식: SV
    - 2형식: SVC
    - 3형식: SVO
    - 4형식: SVOO
    - 5형식: SVOC

주어(subject),
동사(verb),
보어(complement),
목적어(object)

문법책에서는, 4형식의 목적어는 간접목적어(I.O-indirect objective), 직접목적어(D.O-direct objective)로 구분하고, 5형식의 보어는 목적격 보어(O.C-objective complement)라고 합니다. 이런 것은 문법적인 설명을 위한 구분일 뿐입니다. 과감히 생략하고 외워도 사용하는 데는 전혀 문제 없습니다.

02 학말영's Recipe

자립심이 있나 없나? 자동사와 타동사

앞에서 설명한 문장의 기본 구조는 의외로 쉬웠다. 단순 암기만으로 활용할 수 있다고 해도 믿을 정도다. 그러나 여기에 허점이 있다. 문법이란 정확한 법칙이 아니다. 언어의 다양한 변수를 모두 감당할 수는 없다. 학자들이 고심한 끝에, 가장 객관성 있게 만들었을 뿐이다. '문장의 형식'도 마찬가지이다. 배운 다음에 '오차를 수정해가는 작업'이 필요하다. 이를 무시하면, '문장의 형식'을 제대로 이해할 수도 없고 사용할 수도 없게 된다. 단순해 보이지만, 자세하게 들여다봐야 하는 이유이다.

문장 구조를 뚫어지게 살펴보면? 답이 보입니다.^^;

1형식 VS 3형식

1형식은 '주어(명사)+동사'로 문장이 완성된다. 이 말은

I go. 나는 간다.

라는 문장처럼 동사 'go'로 문장이 끝나도 문법적으로 완벽한 말이 된다는 의미다. 이것은 문법적으로, '동사 뒤에 목적어를 취하지 않는다.', 즉 '동사 뒤에 명사가 바로 올 수 없다.'라고도 설명한다.

3형식은 '주어(명사)+동사+목적어(명사)'의 형태로 문장이 완성된다.

I remember her. 나는 그녀를 기억한다.

위의 예문처럼 '~을, 를'로 해석되는 명사(her)가 필수적으로 와야 완성된 문장, 즉 문법적으로 완벽한 말이 된다는 의미다. 이것은 '동사 뒤에 목적어(명사)가 오지 않으면 문법적으로 틀린 문장이다.'라고도 설명한다.
1형식, 3형식에 대한 기본적인 설명은 이것이 전부다.

1형식에 쓰이면? 자동사, 3형식에 쓰이면? 타동사

1형식과 3형식의 기본 원리는 쉽다. 그런데 문장을 보면 헷갈리고 머릿속이 하얗다? 자동사와 타동사를 이해하지 못해 발생하는 현상이다. 혹은 자동사, 타동사 같은 문법 용어가 어렵기 때문이기도 하다. 한자(漢字)라서! 먼저 용어에 대한 거부감을 줄여보자.

| 1형식 동사-자동사(自:스스로 자)

동사 스스로 알아서 할테니, 목적어(명사, '~을, 를'로 해석)는 신경 쓰지 말라는 의미다. 즉 문장에서 '목적어'의 도움 없이 완벽한 문장을 만들 수 있다는 의미다.

| 3형식 동사-타동사(他:다를 타)

동사 스스로 하고 싶지만 불가능하다. 목적어의 도움이 절실하다!
남에게 의지하는 동사, 즉 '타동사'라고 한다.

Two thumbs up! (엄지손가락 두 개를 치켜세우며) 최고예요, 짱이에요!

'~을, 를'을 이용하라(중요)

문장을 읽다 보면 고민에 빠진다. 어떤 동사 뒤에 목적어(명사, '~을, 를'로 해석)를 써야 되는지 헷갈린다. 이럴 때, 한국어(모국어)의 힘이 필요하다.
예를 들어, '1형식 동사(자동사)' 뒤에 목적어(명사, '~을, 를'로 해석)를 넣어보자.

I go the supermarket. 나는 슈퍼마켓을 간다.
→ 문장이 상당히 어색하다.

I go to the supermarket. 나는 슈퍼마켓에 간다.
→ '~을, 를'로 해석하면 이상한 문장이 된다. '~에'라는 뜻의 전치사 'to'를 사용한다.

3형식 동사(타동사)에 대한 예를 들어보자.

I remember her. 나는 그녀를 기억한다.
→ '~을,를'로 해석하는 것이 아주 자연스럽다. 이런 경우에는, 목적어(명사)가 동사 뒤에 필요하다. = 3형식이라고 말한다.

핵심 정리

1. 자동사- 동사가 상당히 자립심이 강하다.
   타동사- 아주 의존적이라 목적어의 도움이 필요하다.

2. '~을, 를'로 해석이 되면 3형식이다.

3. '~을, 를'로 해석이 안 되고, '주어+동사'만으로 완전한 문장이면, 1형식이다.

4. 한국어를 잘하면 해석으로 구별할 수 있다.

잠깐, 하나 더!

| 전치사 + 명사 = 전치사구 = 부사구

I go to the supermarket. 나는 슈퍼마켓에 간다.

1형식은 주어, 동사로 완벽한 문장이다. 그런데 의미를 덧붙이고 싶다면? 위의 문장과 같이 '전치사+명사=전치사구'를 사용할 수 있다. 문법책에서 '전명구'라고도 한다.

'to supermarket, 슈퍼마켓에'라고 해석되는 부분이다.

| 전치사구 = 부사구(?)

문장의 형식 필수 요소: '명사, 동사, 형용사'만 쓰인다.

→ 부사는 문장의 형식에 전혀 영향을 미치지 않기 때문에, 전치사구를 부사구라 한다!

예) I go to the supermarket in the afternoon. = 1형식

(I go: 주어 + 동사 / to the supermarket: 부사구 / in the afternoon: 부사구)

부사구는 아무리 많이 붙어도 문장의 형식에 영향을 미치지 않는다.

03 한말영's Recipe

개념을 버려라, 자동사와 타동사!

문법은 수학공식처럼 완벽하지 않기 때문에 제대로 사용하기 위해서는 오차 수정이 필요하다. 여기서는 자동사와 타동사에 대한 오해를 풀고, 과감하게 틀을 깨트리는 시간을 가지려 한다.

기본적인 문법 지식은 중요합니다. 수학공식과 만들어진 방식이 다를 뿐입니다.
- 수학 공식: 고심 끝에 공식을 만들어낸다. → 사람들이 사용한다.
- 영어 문법: 사람들이 언어를 먼저 사용한다. → 고심 끝에 공식을 만들어낸다.
그러니까 오류가 있을 수밖에 없는 거죠? ^^

태어날 때부터 자동사, 타동사라고 정해져 있나?

어떤 동사는 자동사인지 타동사인지 헷갈리는 경우가 있다. 아니, 많다!

I go to the supermarket.

I go shopping.

혹시 위의 두 문장을 보고 이상한 점을 느끼는가? 앞에서 **go**는 1형식 동사라고 설명했다. 그런데 두 번째 문장은 명사를 목적어로 취하고 있다. 잘못됐다고 생각할 게 분명하지만 둘 다 맞다!

걱정할 필요 없다. 한국어를 활용하면 쉽다. 아래의 해석을 보자.

I go to the supermarket. 나는 슈퍼마켓에 간다.

I go shopping. 나는 쇼핑을 간다.

해석이 둘 다 자연스럽다. 이럴 때는 자동사, 타동사 둘 다 가능하다. 한국어로도 그렇다. 한 가지만 명심하면 된다. 목적어(명사,'~을, 를'로 해석)가 쓰일 때, 문장이 자연스러운지 아닌지만 구분하면 된다.

예를 하나만 더 들어보겠다.

I agree with you. 나는 너(의견)에게 동의해.

I agree that he is crazy. 나는 그가 미쳤다는 것을 인정한다.

agree는 대부분 자동사로 쓰인다. 반복해서 얘기하지만, 뒤에 '~을, 를'로 해석하는 명사가 필요없다는 말이다. 하지만 '인정하다, 승낙하다'라는 의미의 타동사로 쓰일 수도 있다.

혹시 '자동사, 타동사 둘 다로 사용 가능한 동사'라는 말을 들어봤을지도 모른다. 예시의 'go, agree'와 같은 단어가 여기에 속한다. 별로 중요한 말은 아니다. 학말영은 이런 말들을 아예 무시한다, 왜냐? 문법에 대한 오해만 낳으므로.

- 동사는 자동사, 타동사가 나눠져 있지 않다.
- 해석해봐서 둘 다 가능하면 모두 써도 된다.

자동사로 오해하기 쉬운 타동사(문법의 사각지대)

먼저 예문을 보자.

He entered the room. 그는 방에 들어갔다.

He married her. 그는 그녀와 결혼했다.

한국어로는 이해 불가능하다. 3형식이지만, '~을, 를'로 해석이 불가능하기 때문이다. 이 부분은 고난도 영어 시험에서 '문장의 형태가 올바른 것은?'이라는 질문으로도 자주 출제된다.

He entered the room.(O) / He entered into the room.(X)

시험 치기 전에 이런 문장을 본 적이 없다면, 무조건 틀리겠죠. 해석으로는 납득할 수 없기 때문입니다.

언어적인 측면에서 보자. 위의 예문은, 영어가 모국어인 사람의 관점에서는 **'그는 그녀를 결혼했다'**가 맞다고 생각한다는 의미다. 이런 점을 한국의 '시험용 영어'에서 놓칠 리가 없다. 많은 사람들이 문법을 싫어하게 된 이유이기도 하다.

그렇다고 복잡하게 생각할 필요는 없다. 이런 표현들을 모두 다 외우려 할 필요도 없고, 다 외울 수도 없다. 당연히 알면 더 자연스러운 말로 표현할 수 있지만, 대화의 정황상 웬만하면 원어민이 이해한다. 하지만 시험을 준비하는 상황에서는 (안타깝지만) 무조건 외워야 되는 부분이다.

시험용으로만 영어를 공부한다면, 이런 강의가 더 혼란을 야기한다고 생각할지 모른다. 복잡하게 하려는 의도는 없다. 처음 들은 내용만 생각하다가 더 큰 낭패를 보는 단계가 오기 때문에 설명했다. 이런 개념을 이해하고 있다면, 다른 영어 문제집의 해설을 봐도 당황하지 않게 된다.

핵심 정리

1. 동사를 '자동사, 타동사'로 구분하지 말자. 구분할 필요도 없다.

2. '~을, 를'을 적극 활용하자.

3. 해석에서 납득이 안 가는 내용은 어쩔 수 없다. 무식하게 외우자!

04
학말영's
Recipe

보어는 뭘까?

I'm a boy. You are a girl.

문법에 약한 한국인이라도 위의 두 문장은 누구나 알고 있다. 문장의 형식에서 말하는 2형식 구조다. 알파벳밖에 모르던 학말영이 중학교 1학년 때 배웠을 정도로 기초에 해당하는 문장이기도 하다. 사실 문법적인 내용은 몰라도 될 정도로 익숙한 패턴이지만, 변수가 발생하기 때문에 기초적인 부분은 다시 한 번 숙지할 필요가 있다!

2형식 VS 1형식

먼저 문장 구조를 살펴보자.

2형식: 주어(명사) + 동사 + 보어(형용사/명사)
1형식: 주어(명사) + 동사

2형식은 1형식과 달리, '보어'라는 독특한 요소가 필요하다. 왜 그럴까?

아래의 예문으로 살펴보면 이해가 쉽다.

She is. 그녀는 ~이다.
I traveled. 나는 여행했다.

두 문장 모두 동사로 끝났지만, '**She is.**'의 경우는 해석이 뭔가 허전하다. '그녀는 누구인지', '그녀는 어떤 상태인지' 설명해줘야 한다. 문장의 어색함을 없애기 위해 보완한다는 의미의 '보어'가 쓰인다.

She is beautiful. 그녀는 아름답다.
형용사 'beautiful'이 보완되면, 해석이 자연스러운 완벽한 2형식 문장이 된다.

보완해 주는 게 보어다

보어라는 용어가 어렵다고 느낄 수도 있지만, 알고 나면 별 것 없는 그저 용어일 뿐이다.

용어 설명: 2형식에서는 '주격 보어'라고 한다.
= 주어의 지위나 상태를 보완해주는 말

예문을 보자.

I'm a boy. 나는 소년이다.

주어(I) = 보어(boy)라는 지위에 있다. 주어인 내가 누구인지 보완해주는 말이 소년이기 때문에 '주격 보어'라는 이름을 붙였다.

She is beautiful. 그녀는 아름답다.

주어(She)는 보어(beautiful)한 상태다. 주어인 그녀가 어떤 상태인지 보완해주기 때문에 '주격 보어'라고 한다.

문법책에서는 명사가 보어로 쓰이면 주어와 동격(=지위가 같다), 형용사가 보어로 쓰이면 주어의 상태를 서술한다고 합니다. 이게 더 쉬운가요? ^^;

불완전자동사 vs 완전자동사

상당히 싫어하는 '용어'다. '자동사'라는 용어에도 익숙하지 않은 상태에서 이렇게 긴 단어를 듣는다면, 머리 아파질 확률도 있다. 하지만 문법학자들의 의도는 순수하다(?). 여러분의 이해를 돕기 위한 말이다. 그렇다면 도대체 무슨 의미일까?

1형식: 주어 + 완전자동사
2형식: 주어 + 불완전자동사 + 보어

1형식은 완전자동사, 2형식은 불완전자동사라고 한다. 의외로 개념이 쉽다. 앞에서도 설명했듯이, 자동사는 목적어가 도와주는 것을 싫어한다.

1형식은, 동사의 자립심이 너무 강해 도움을 전혀 받지 않는다.
→ '완전자동사'라는 이름을 붙인다.

2형식은, 목적어의 도움을 받기 싫다. 하지만 혼자서 일을 처리하기에는 힘에 부친다.
→ 보어의 보완이 필요하기 때문에 '불완전자동사'라고 한다.

학말영도 용어를 싫어하지만, 알아두면 영문법 책들을 보기 편해집니다. 짧은 용어 몇 개로 이해가 가능해, 시간이 절약되는 효과도 있습니다. 단순히 이름일 뿐이기 때문에 개념을 이해하고만 있다면 외우기는 어렵지 않습니다. 친숙해지자고요~.

핵심 정리

1. 2형식 - 주어를 보완해주는 '보어'가 필요하다.

2. 주격 보어 - 주어의 지위나 상태를 설명해준다!

3. 1형식 - '완전자동사', 2형식 - '불완전자동사'

05
학말영's
Recipe

나를 채워줘! 2형식 동사

혹시 '문장의 형식'에 대한 글들을 읽으며 특이한 점이 있다는 것을 발견했는가?
그렇다, 동사에 대한 설명이 많다!

문장을 쉽게 만들기 위해서는 동사의 습성을 잘 파악해야 한다. 습성이란, 당연히 뜻이다. 경우에 따라 목적어나 보어가 필요할 수도 있고, 아예 필요 없을 수도 있다. 2형식도 마찬가지다. 동사의 뜻만 제대로 보면 어렵지 않게(?) 이해할 수 있다.

2형식 대표선수, be동사

'be동사'는 굳이 설명할 필요가 없을 정도로 쉽게 사용하는 단어다. 거의 대부분은 2형식으로 활용하는데, 이유는 단순하다. 어떤 의미도 없기 때문이다.

be동사의 뜻: '~이다, ~다'
→ 보완해주는 말이 꼭 필요하다. 그래서 2형식에 자주 쓰인다.

지난 번에도 설명했다. '**She is.** 그녀는 ~이다.'라고 하면 이해할 수 없는 말이 된다. 허전한 의미를 채울 수 있는 무언가가 필요하다.

She is a doctor. 그녀는 의사다.
주어(명사) + be동사 + 명사(보어)
→ 의사(인) + (이)다. = 의사다.

She is beautiful. 그녀는 아름답다.
주어(명사) + be동사 + 형용사(보어)
→ 아름다운 + 이다. = 아름답다.

그런데 이런 설명이 가끔 오해를 낳는다. 'be동사'가 2형식으로만 쓰인다는 착각이다. 당연히 동사 뒤에는 '형용사 or 명사'가 와야 한다고 생각하지만, 그렇지 않은 경우가 있다.

 be동사는 1형식으로도 쓰입니다(예외).

Where is 말영?
He is in the room.

be동사가 2형식으로만 쓰인다고 생각하면 이런 문장을 만들 수 없다.

이 부분을 문법적으로 설명하는 것은 불가능하다. 'He is'와 'in the room'이 모두 쓰여야만 완벽한 문장이다. 1형식은 '주어+동사'만으로 완벽한 문장이 되지만, be동사가 쓰이면 'in the room'이라는 부연설명(전치사구)이 꼭 와야 한다.

대부분의 영문법 책에서는 '1형식으로 쓰이는 be동사'라고 말한다. 문장의 형식으로 설명이 불가능해, 6형식이라고 말한다는 이야기도 있다. 우리는 언어를 연구하는 사람들이 아니다. 예외적인 쓰임 정도로만 이해하면 된다.
→ 회화에서 유용하게 쓸 수 있다. 꼭 기억하자.
(추가 예문: He was with me. 그는 나와 함께 있었다.)

감각동사

2형식에서 be동사 다음으로 많이 쓰는 '감각동사'! 실생활에서도 활용도가 높다.
감각동사: look, feel, smell, sound, taste 등
사용방법: 감각동사 + 형용사

인간의 오감(五感)에 해당한다고 생각하면 외우기 쉽다. 동사 뒤에 형용사가 오기 때문에 자연스레 2형식이라 말한다. 그런데 해석은 좀 특이하다. 꼭 부사 같은 느낌이랄까?

She looks beautiful. 그녀는 아름답게 보인다! (2형식)
She sings beautifully. 그녀는 아름답게 노래한다. (1형식)

사전을 보면 beautiful(아름다운)은 형용사이고 beautifully(아름답게)는 부사이다.

부사는 '문장의 형식'에 영향을 미치지 않는다. → 1형식 문장인 이유

중요 ★

→ 감각동사 다음에는 부사가 아닌 형용사를 써야 한다. 하지만 한국어 해석은 둘 다 '아름답게'이다. 이런 게 시험에 나온다. 해석으로만 해결할 수 없으니 헷갈린다. 학생들이 잘 틀린다고 생각한다. 그래서 시험의 단골메뉴다.

You look great. 너 완전 멋져!

(I) Feel so good. 기분 좋아!(아주 유명한 곡 제목)

It smells good. 맛있는 냄새가 나네!

It sounds good. 그거 좋은데!/듣던 중 반가운 소리네.

It tastes good. 와! 맛있다.

위의 예문들은 꼭 외우는 게 좋습니다. 회화에서 아주 많이 쓰이는 표현들입니다. 시험용이 목적인 사람도, '감각동사+형용사'라고 외우는 것보다 '예문을 외울 것'을 강력히 추천합니다. 기억에 더 오래 남거든요.

감각동사의 반전

감각동사 + like + 명사

It smells like chocolate. 초콜렛 냄새가 난다

like는 '좋아하다'라는 동사가 아니라, '~처럼'이란 뜻의 전치사

→ 동사 뒤에 '전치사 + 명사'의 구조

→ 동사의 뜻에 따라 go가 '다양한 문장 형식'에 쓰이는 것과 동일함.

I tasted the wine. 나는 와인을 맛 봤다.

He felt a pain. 그는 고통을 느꼈다.

'taste'를 비롯한 감각동사는 '을, 를'로 해석되는 '3형식'으로 쓰일 수 있다.
(문법에서는 'smell'이 '지각동사'로 쓰인 경우라고 설명한다.)

문법은 허점이 많다.
'감각동사'는 형용사와 쓰이는 경우가 많아 문법적으로 묶어서 설명할 뿐이다.
무조건 형용사와 같이 사용해야 한다고 생각하는 오류는 범하지 말자!
= 문법의 오차 수정이 필요한 이유!

그 외 2형식에 쓰이는 동사들

이 부분은 이해하기보다 예문들을 보고 눈에 익히는 게 좋다.

He turned/went red. 그는 얼굴이 빨개졌다.

The leaves turned red. 나뭇잎이 빨개졌다/단풍이 들었다.

He grew old. 그는 나이가 들었다.

He became a doctor. 그는 의사가 되었다.(명사가 보어로 쓰임.)

She married young. 그녀는 어린 나이에 결혼했다.

He went mad. 그는 미쳐버렸다.(went: go의 과거형)

 반복해서 사용하다 보면 자연스레(?) 익혀지는 단계가 옵니다.

2형식 VS 3형식

He became a doctor. 그는 의사가 되었다.(명사가 보어)
(간단한 구분 방식) 위의 문장은 '~을, 를'로 해석이 되지 않기 때문에 2형식입니다.

혹은 이렇게도 생각할 수 있습니다.
2형식: 명사 + 동사 + 명사
He became a doctor. (주어 = 보어, he = a doctor)
3형식: 명사 + 동사 + 명사
He likes her. (주어 ≠ 목적어, he ≠ her)

핵심 정리

1. 2형식 대표선수 be동사! 뜻이 없어 보완이 필요하다.
   → She is a doctor(명사). She is beautiful(형용사).

2. be동사는 1형식처럼도 쓰인다.
   → He is in the room.

3. 감각동사의 종류 5개는 꼭 외우자. look, sound, smell, taste, feel

4. 감각동사 사용 방법: 동사 + 형용사, 동사+like+명사

5. 감각동사라고 2형식으로만 쓰이란 법은 없다.
   I tasted the wine. 나는 와인을 맛 봤다.
   He felt a pain. 그는 고통을 느꼈다.

6. 그 외 2형식에 쓰이는 동사들은 한 번만 다시 읽고 가자.

06 학말영's Recipe

주는 게 그렇게 어려워? 4형식

~에게 ~을 주다

He gave me a present.
주다 ~에게 ~을

일단 학말영을 믿고, 위의 문장은 무조건 외우기 바란다. 4형식이 상당히 어렵다고 느끼지만, 알고 보면 다른 형식들보다 이해하기도, 사용하기도 쉽다. 위의 예문만 외운다면! 왜 그런지는 설명을 읽어보면 확실히 알 수 있다.

주다

4형식에는 무조건 '주다'라는 뜻의 동사가 포함된다. 예문의 'give'는 '주다'라는 뜻의 대표 격인 동사이다. 그래서 문법 설명을 할 때 가장 먼저 쓰인다.

4형식에 쓰이는 동사들은 모두 '주다, 수여하다'라는 뜻을 갖고 있어서, '수여동사'라는 이름을 붙였다. 복잡할 것 없다.
→ '4형식은 뭔가를 주는 것이다.' 이것만 꼭 명심하자.

~에게 ~을

He gave me a present. 그는 나에게 선물을 주었다.
그는 주었다 나에게 선물을

 순서를 잘 기억하세요.

명사(목적어)가 두 개나 쓰여서 상당히 어려워 보이지만, 해석을 하는 방식은 정해져 있다. '~에게 ~을'이다. 다른 동사를 쓰더라도 이 원칙은 변하지 않는다. 사실, 억지로 문장을 외우지 않고, 해석하는 방식만 기억해내도 충분히 활용할 수 있는 게 4형식이다. → 자연스럽게 문장이 기억나게 되어 있다.

간접목적어 & 직접목적어

이제 용어에 대한 거부감을 없애보자. 이런 말이 생겨난 원인이 있다.

He gave me a present.

He	gave	me	a	present.
		간접목적어		직접목적어
		간목		직목
		~에게		~을

3형식에 대한 설명에서 목적어는 '을, 를'로 해석된다고 했다. 하지만 첫 번째 목적어인 'me'는 '~에게'라고 해석된다. '목적어'로서의 자질이 부족하다. 이에 반해 'a present'는 '~을, ~를'로 해석되며 목적어의 역할에 충실하다.

용어는 용어일 뿐이다. 깊게 고민하지 말자!

설명을 쉽게 하고 싶었던 언어학자는 고민했을 것이다. 결국, '~을, 를'로 해석이 안 되고 무언가의 도움이 필요한 'me'는 간접목적어라는 낙인이 찍힌다. 이에 반해, '~을, 를'로 해석이 되는 'a present'는 문장 내에서 진짜 목적어 행세를 하기 때문에, 직접목적어라는 이름을 붙였다.

4형식이 어렵고, 활용하지 못하는 이유

'주다'라는 동사가 'give'라고만 생각하면 절대 4형식을 이해할 수 없다.

She made me cookies. 그녀는 나에게 쿠키를 만들어주었다.

He lent me a car. 그는 나에게 자동차를 빌려주었다.

She sent me a christmas card. 그녀는 나에게 크리스마스 카드를 보내주었다.

(You) Tell me something. 나에게 뭔가를 좀 말해줘봐!

명령문에서는 항상 You가 생략되어 있다고 생각해야 합니다.

이미 눈치 챘을 수 있다. 모두 '주다'라는 말을 포함했을 때, 의미 전달이 자연스럽다.

위의 예문 중 하나를 보자.

Tell me something.

'나에게 뭔가를 좀 말해 봐!'라고만 생각하지 말고, '말하다 + 주다 → 말해주다'로 변형했을 때 해석이 자연스러우면 4형식으로 쓸 수 있다는 것을 의미한다.

혹시 '4형식 동사'라는 말을 쓰는 문법책이 있을 수도 있다. 신경 쓸 필요 없다. 원래의 동사 의미에서 '주다'라는 말만 덧붙여보자.

4형식으로 쓸 수 있다고 착각하는 동사들(예외)

문법적 용어로는 '수여동사로 착각하기 쉬운 3형식 동사'라고 한다. 이런 말은 기억 속에서 지워버리는 게 좋다. 이런 동사들을 모두 알 수도, 외울 수도 없기 때문이다.

개념만 이해하자! 한국어에서는 4형식으로 해석해도 문제가 없지만, 원어민들은 어색하게 느낀다는 말이다.

He explained the rules to me.(O) 그는 나에게 규칙들을 설명했다.

He explained me the rules.(X) 그는 나에게 규칙들을 ~~설명해주었다.~~

한글의 해석으로는 분명 '설명하다 + 주다 = 설명해주다'가 가능하다.

이런 경우는 이해하려 하면 안 된다. 머리만 아파질 뿐이다. 예외라 생각하고, 이런 경우가 생길 때마다 오차 수정을 해간다고 생각해야 한다.

자주 쓸 것 같은 단어 몇 개만 안다고 생각하자. 억지로 외우려고 하면 영어가 싫어진다.

하지만 공무원 영어나 난이도가 높은 시험을 준비하는 이들이라면 어쩔 수 없이 외워야 합니다!

이런 동사들의 종류에는

explain, introduce, announce, describe, suggest 등이 있다.

약간 어려운 부분입니다. 굳이 외우기 싫다면 '이럴 수도 있구나' 정도만 알고 가면 됩니다. 단순히 동사를 외운다고 활용할 수는 없기 때문입니다. 이런 문장을 사용해야 할 상황이 되거나, 시험 문제, 읽기를 통해 맞닥뜨려봐야 제대로 사용할 수 있게 됩니다.

핵심 정리

다양한 예외들도 설명했지만, 핵심을 이해하는 게 먼저입니다. 예외는 그 다음이라는 걸 명심해야 합니다.(숲이 핵심, 나무는 예외)

1. 4형식은 '주다'라는 뜻의 동사가 쓰인다.
   → '~에게 ~을 ~주다'라고 개념 정리 하자.

2. 목적어가 두 개 쓰인다.

3. He gave me a present. → 꼭 외우자.

07
학말영's
Recipe

뒤틀어보자, 4형식

3형식으로 바꾸기

중학교 내신 문제로 자주 나오는 패턴이 있다. 바로, '4형식 문장을 3형식으로 바꾸기.' 학창 시절에는 '왜 이런 문법을 배우고, 시험문제로 낼까?'라는 의구심이 가시지 않았다. 학생들을 괴롭히기 위한 도구쯤으로 생각했다. 그런데, 이런 설명에는 분명한 이유가 있다.

문장의 형식을 바꿀 수 있다는 것은 자신이 문장을 직접 만들 수 있는 능력을 키울 수 있다는 말이다. 3, 4형식의 공통적인 부분을 활용하기 때문에 개념 정리에도 훨씬 도움이 된다. 복습 효과다.

주어, 동사를 제외하고, 공통점은 무엇일까요?

4형식 → 3형식

4형식과 3형식의 공통점! 당연히 '~을, 를'로 해석하는 목적어다! 그런데 차이점이 한 가지 있다. → 3형식은 '목적어 1개', 4형식은 '목적어 2개'

이미 짐작했을 것이다. 4형식의 목적어 1개를 없애면 3형식이 된다. 개념은 너무 단순하다. 그런데 어떻게 목적어를 없애면서 같은 뜻의 3형식 문장으로 만들 수 있을까?

간단하게 바꾸는 방법을 바로 보여주겠다.

He gave me a present.

간접목적어 '**me**'를, 직접목적어인 '**a present**' 뒤로 넘겨버리면 3형식이 된다.

→ **He gave a present** to me. 그는 나에게 선물을 주었다.

4형식과 해석이 같습니다.

| 'to me'는 부사다

He gave a present to me.

He	gave	a present	to me
주어	동사	목적어	전치사구
명사	동사	명사	부사

부사는 형식에 영향을 미치지 않는다. 'to me'를 없애면, 3형식과 같은 형태다.

He gave a present. (주어 + 동사 + 목적어)

'**to me**'는 '전치사 + 명사'로 부사의 역할을 한다.

어라? '~에게'라고 해석되던 'me'가 드디어 제자리를 찾은 느낌이다. 전치사 'to'는 대부분(?) 알고 있듯이 '~에게'라는 뜻으로 가장 많이 쓰인다. 4형식에서 쓰이던 의미를 3형식에도 심어주기 위해 'to'라는 전치사가 쓰였다. 한국어로 충분히 이해가 가능한 부분이다.

전치사 + 명사 = 전치사구 = 부사구, 기억하시죠?

4형식에서 설움 받던 간접목적어가 마음을 비우고 떠났다고 생각해도, 이해하기 쉽다.

시험은 더한 걸 요구한다

먼저 예문을 보자.

He bought 영희 **flowers**. 그는 영희에게 꽃을 사주었다.

He bought flowers for 영희.
~을 위해서

왜 'to'만 쓰지, 'for'를 쓸까? 모국어가 아닌 사람들을 헷갈리게 한다. 힌트는 'for'의 대표적인 뜻, '~을 위해서'에 있다.

그는 영희를 위해서 꽃을 샀다.

어떤 특정한 공식이 있는 건 아니다. 영어를 모국어로 하는 사람들은 위와 같이 해석하는 게 좀 더 자연스럽다고 느낀다는 말이다.

for를 쓰는 동사들은

cook, get, buy, make, find 등이 있다.
시험을 위해서라면, 이 정도는 최소한 외워야 한다. 사실 회화를 할 때는 별로 고려하지 않는 부분이다. 일부러 4형식을 3형식으로 바꿀 일도 없다. 시험의 변별력으로는 참 좋은 소재지만!

두 번째 예문을 보자.

He asked me a question. 그는 나에게 질문을 했다(해주었다).

→**He asked a question of me**.

?

여기서는 of가 왜 쓰였는지 해석만으로는 이해가 잘 안 됩니다. 사전을 보면 다양한 뜻이 있긴 하지만, 그걸 누가 다 외우고 있겠습니까? 이 부분은 그냥 외웁시다.

of를 쓰는 동사들은

ask, beg, inquire 등이 있다. 시험용이 아니라면 억지로 외울 필요는 없다. 이런 동사들은 'of'와 자주 쓰인다는 정도만 알아두면 충분하다.

대부분은 'to'를 쓰는 것이 자연스럽죠. '~에게'라는 뜻과 일치하기 때문입니다. 혹시, 'for가 쓰이느냐, of가 쓰이느냐?' 이런 고민은 시험용이 아니라면 하지 말기 바랍니다. 단순히 활용도를 높이기 위한 연습일 뿐입니다!

회화에서 4형식을 활용하지 못하는 이유

명사 + 동사 + 명사 + 명사

He gave me a present. ~에게 ~을 주다.

어떤 단어 형태를 쓰고, 어떻게 해석되는지 알고 있다. 예문까지 외웠다. 그런데도 활용을 못 하는 경우가 있다. 혹시 여러분도 그렇다면, 근본적인 생각이 잘못됐을 확률이 높다. → '명사'라고 적혀 있다고 해서 어떤 명사나 된다는 뜻이 아니다.

간접목적어가 쓰이는 'me'는 '~에게'라는 뜻을 포함하고 있다.

'누구에게 줄 것인가?'
당연히 '사람이나 동물'밖에 올 수가 없다.

She gave a dog chocolate. 그녀는 개에게 초콜릿을 주었다.

개에게 초콜릿은 독입니다, 조심해야 합니다.

이제 아무 명사나 넣는다고 생각해보자.

He gave a present me. 그는 선물에게 나를 주었다.

이런 말은 성립할 수가 없다.

문법을 배울 때, '왜 그럴까?', '어떻게 쓸까?'라는 고민도 같이 해야 자신의 실력이 된다!

핵심 정리

1. 4형식을 3형식으로 바꾸는 방법을 알자.

   He gave me a present.

   → He gave a present to me.

2. 4형식을 3형식으로 바꿀 때, 전치사 'to'를 쓰지 않는 동사들을 외우자.

   for(~하기 위해): cook, get, buy, make, find 등

   of: ask, inquire, beg 등

3. 회화에서 활용할 수 있게 문장을 만들어보자.

08
하말영's
Recipe

알고 보면 표절? 5형식

5형식! 문장의 형식 중 마지막에 있다는 자체만으로 부담이 느껴진다. 왠지 어려울 것 같다. 맞다. 아무 정보 없이 5형식부터 배운다면 분명히 당황한다. 하지만 1~4형식까지의 설명을 모두 읽고, 기본적인 '문장의 구조'를 이해한 상태에서는 의외로 단순(?)하다. 알고 보면 다른 형식들을 짜깁기한 모양이기 때문이다.

주의: 이번 시간은 기본적인 틀에 대한 설명입니다. 5형식은 'to부정사, 분사, 지각동사, 사역동사'를 모두 배워야 완성됩니다. 설명을 읽어가다 보면 자연스럽게 알게 되니, 미리 걱정하지 마세요!

5형식 = 3형식 + 2형식

5형식의 겉모습만 보면 상당히 부담스럽다. 이럴 때는 생각의 전환이 필요하다.
→ 3형식(주어+동사+목적어)에 2형식의 보어만 첨가되어 있다고 생각하면 이해하기 쉬워진다!

You made me happy. 너는 나를 행복하게 만들었다
너는 만들었다. 나를 행복하게
주어 동사 목적어 목적격 보어 → 부사처럼 해석, but 형용사 쓸 것

| 형용사

5형식: You made me happy.(목적격 보어)
→ 'happy'는 (목적어)인 'me'를 보완해주는 말(보어)

2형식: I am happy.(주격 보어)
→ 'happy'는 (주어)인 'I'를 보완해주는 말(보어)

예문을 하나만 더 보자.

He made his son a doctor. 그는 그의 아들을 의사로 만들었다.
그는 만들었다. 그의 아들을 의사로
↓
명사

| 명사

5형식: He made his son a doctor.(목적격 보어)
→ 'a doctor'는 (목적어)인 'his son'을 보완해주는 말(보어)

2형식: His son is a doctor.(주격 보어)
→ 'a doctor'는 (주어)인 'His son'를 보완해주는 말(보어)

이제 2형식과의 공통점이 확실히 보인다. '형용사와 명사'가 '목적격 보어'로 쓰인다. 여러분들은 지금까지 형식을 분리해서 배웠다. 그러면 효율성이 떨어진다. 배운 것을 활용해야 한다. 요즘의 대세는 융합이다.

사실 '목적격 보어'와 '주격 보어'는 2형식과 5형식을 연결시키지 못하게 한 쓸데없는 용어다. 지금부터는 목적격 보어와 주격 보어가 같은 것이라고 생각하자.

'학말영'이 약간은 무리 있는 설명을 했습니다. 분명, 같은 것이라고만 보기에 어려운 경우도 있습니다. 그러나 문법의 초보자가 개념을 정리하는 데 큰 도움을 줍니다.

5형식의 해석

5형식이 어려운 이유 중 하나! 3형식의 '을, 를'을 적용하기 애매한 경우가 생긴다는 데 있다. 의역도 자주 된다.

I saw her running.
나는보았다. 그녀가 달려가는 것을
→나는 그녀가 달려가는 장면을 보았다.

running은 지각동사와 분사를 배워야 완벽히 이해할 수 있습니다. 해석만 봐주세요.

목적어인 'her'의 해석은 '을, 를'로는 불가능하다. 그런데 형식을 쪼개보면 충분히 이해할 수 있다..

I saw her / running
나는 그녀를 보았다/ 달리고 있는
3형식

보어만 빼고, 3형식으로 생각해보면 눈에 확 들어온다. '달리고 있는'이 '그녀'를 설명하고 있다. '목적격 보어'도 알고 보면 별 것 아니다.
(3 + 2 = 5 → I saw her. + She is running. = I saw her running.)

의역을 하면 영어의 정확성이 떨어져요.
You made me happy.
너는 나를 행복하게 만들었다. → (의역)네 덕분에 살 맛이 나는군!
헷갈릴 때, 남이 만들어놓은 해석만 보는 버릇을 기르면? 영어 공부와는 영원히 'bye, bye' 할 확률이 조금씩 높아집니다.

5형식 VS 4형식

4형식: 명사 + 동사 + 명사 + 명사
5형식: 명사 + 동사 + 명사 + 명사 / 형용사

같은 품사가 쓰이면, 모양만으로 이해하기 힘들다. 문장의 형식에서 오해가 발생하는 이유이다. 걱정할 필요는 없다. 4형식에는 '~에게 ~을'이라는 강력한 패턴이 있기 때문이다. → 4형식만 제대로 안다면 이런 문제는 쉽게 해결된다!

She made me cookies.
We elected him president.

위의 두 문장은 형식이 다르다. 먼저 해석으로 구분해보기 바란다. 4형식의 뜻만 안다면(?), 쉽게 알아챌 수 있다.

I 정답

She	**made**	**me**	**cookies.**
그녀는	만들어 주었다.	나에게	과자를 (4형식)

We	**elected**	**him**	**president.**
우리는	선출했다.	그를	대통령으로 (5형식)

5형식을 모른다 하더라도 '~에게 ~을'만 기억하고 있다면, 형식을 구분하는 데 큰 어려움이 없다.

두 단어의 관계를 보자.
me ≠ cookies – 4형식
him = president – 5형식

핵심 정리

1. 2형식과 5형식의 보어를 연결해보자!
   2형식: I am happy.(주격 보어)
   5형식: You made me happy.(목적격 보어)
   2형식: His son is a doctor.(주격 보어)
   5형식: He made his son a doctor.(목적격 보어)

2. 4형식과 5형식은 해석으로 구분하자!
   → '~에게, ~을'만 알면 쉽게 해결된다.

2. 여기가 첫 관문

to부정사

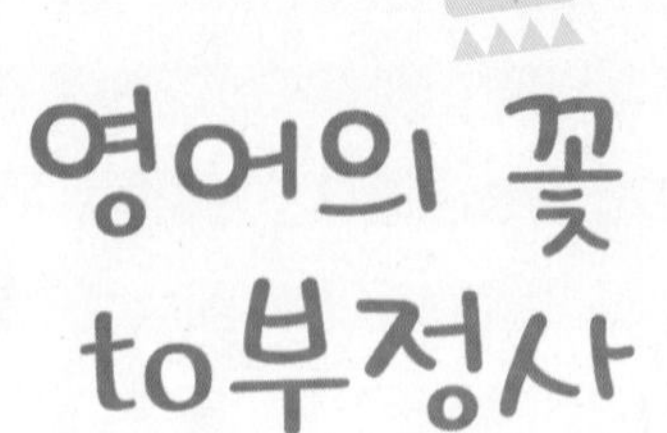

영어의 꽃 to부정사

영어에서 가장 활용도가 높은 'to부정사'! 개념에 대한 확실한 이해가 필요하다. 그런데 제대로 이해하고 있는 경우는 의외로 적다. 어려워서? 아니다. 핵심을 보게 만드는 몇 가지를 계속 놓치기 때문이다. 그래서 설명을 읽고 나면, 기쁨보다는 허탈감이 느껴질 수도 있다.

to라는 놈

부정사를 어렵게 만드는 'to'! 모양은 같지만, 전혀 다른 방식으로도 사용된다. 부정사를 이해하지 못했다면, '~에게'라는 뜻의 전치사 'to'와 구분하는 방법을 모르고 있을 확률이 높다. 이 둘은 단지 모양만 같을 뿐이다.(도플갱어!)

I go to school to study English. 나는 영어 공부하기 위해 학교에 간다.

위의 문장에서 두 개의 to를 볼 수 있다. 모양은 같지만, 쓰임은 전혀 다르다.

I go to school to study English

전치사 / to 부정사

앞의 to는 전치사, 뒤의 to는 전치사와 모양만 같은 to부정사다. 구별법은 간단하다.

I to + 명사 → to school(학교에)

전치사는 무조건 명사가 뒤에 온다. to의 경우, 명사 앞에 놓여 '~에'라는 뜻을 나타내고 있다.

I 중요★

to + 동사원형 → to study(공부하기 위해)

부정사에 쓰이는 to는 뒤에 무조건 동사원형이 와야 한다. 'to'는 전혀 뜻이 없다. 전치사처럼 뜻이 있다고 생각하면 절대절대 안 된다.

고민할 필요 없습니다. 그냥 'to'가 만만하다 정도로만 생각하면 됩니다.

전치사 추가 설명

of the people, by the people, for the people
국민의 국민에 의한 국민을 위한

- 전치사(前置詞)-前 앞 전/置 둘 치/詞 말 사
  '명사 앞에 오는 단어'란 뜻이다.
- 영어로는 'preposition(pre – 앞에/position – 위치함)'이라고 함.
  ex) I go to school. 'go'와 'school'의 관계를 '~에'라는 뜻의 전치사 'to'로 나타내고 있다.

'부정사'라는 용어

문법 용어만 읽었을 때, 오해하기 쉽다. 마치 어떤 사실을 '부정한다'는 느낌으로 이해하기도 한다. 어쩔 수 없이 한자의 뜻을 확인해야 한다.

> **부정사**(不定詞) – 不 아닐 부 / 定 정할 정 / 詞 말 사
> '정할 수 없이 무수히 많은 단어'란 뜻이다. 영어로는 'infinitive'라고 하는데, '무한대의'라는 뜻을 갖고 있다.

한국에서 사용하는 문법 용어는 모두 '일본인'이 이름 지은 것입니다! 왜냐?
일본인이 해석한 영문법 책을 다시 한국어로 번역했기 때문이죠.

❙ 왜 정할 수 없고, 무한대인가?

상식적으로 판단하면 된다. 여러분은 동사의 개수를 셀 수 있는가? 불가능하다는 것을 바로 알 수 있다. 동사의 수는 헤아릴 수 없이 많고 지금도 '새로운 단어들'이 만들어지고 있다. 셀 수 없이 많기 때문에 'infinitive, 부정사'라는 이름을 붙였다.

새로운 동사는 지금도 만들어지고 있습니다. 당연히, 절대 셀 수 없죠!

'부정사'는 동사의 성질을 버리지 못한다
(문장을 길게 만들 수 있다)

I go to school / to study English.

to+동사원형? 동사에서 변형된 형태이다. 그렇다면 원래 동사가 갖고 있는 성질을 쓸 수 있는 게 당연하다. 일부러 변형된 문장을 만들어보겠다.

to study English → I study English.(목적어-명사)
나는 공부한다 영어를

단순한 명사보다 의미를 추가하기 쉽다. to부정사의 최대 장점 중 하나다. to부정사가 없었다면 두 문장으로 만들어야 했던 단점도 극복하게 해준다.

I go to school. I study English. → I go to school to study English.

to부정사를 만든 이유

동사를 다른 품사로 쓰고 싶어서이다. '명사,부사,형용사'처럼 쓰고 싶은데, 새로운 단어를 만든다면 비효율적이다.

I study. 나는 공부한다. (동사)
I hate to study English. 나는 영어 공부하는 것을 싫어한다. (명사적 용법)
There is a book to study. 저기에 공부할 책이 있다. (형용사적 용법)
I go to school to study. 나는 공부하기 위해서 학교에 간다. (부사적 용법)

일타쌍피(一打雙皮)도 아니고, 일타4피다. 하나를 알면 4가지를 동시에 쓸 수 있다니, 상당히 효율적인 방법이다. '학말영'이 영어의 꽃이라고 표현하는 이유다.
→ 'to부정사'를 모르면, 영어를 하기 싫다는 말과 같다.

한국어로도 충분히 이해 가능.
공부 + ~하는 것 = 공부하는 것 (명사)
공부 + ~하는 = 공부하는 (형용사)
공부 + ~하기 위해서 = 공부하기 위해서 (부사)

to부정사 사용 설명서 중에서

핵심 정리

1. 부정사 to와 전치사 to는 완전히 다른 놈이다. 모양만 같다.

2. 부정사라는 말의 의미는 부정적인게 아니다. 엄청나게 많다는 뜻이다.

3. to + 동사원형? 부정사는 동사의 성질을 버리지 못한다.

4. to부정사가 만들어진 이유를 알자.
→ 동사를 다른 품사로 사용하고 싶어서

10 학말영's Recipe

sentence

명사적, 형용사적 용법? 일단 해석해보고!

to부정사의 개념은 의외로(?) 쉬웠다. 그런데 개념만 알아서 끝나는가? '시험과 회화'에서 활용하려면 문장에서 어떻게 쓰는지 알아야 한다. 고리타분해 보이는 '용법들(사용법)'을 배워야 하는 이유다.

❙ 명사적, 형용사적, 부사적 용법

to부정사의 쓰임에는 크게 세 가지가 있다. 용법 자체는 이해를 돕기 위한 구분일 뿐, 배운 다음에는 억지로 분리해 생각할 필요는 없다. 잘 쓰고, 잘 말하기 위해 문법을 배우는 거니까!

중학생의 경우는 용법을 묻는 문제가 시험에 출제되기 때문에 반드시 구별할 수 있어야 합니다.

이번 시간에는 명사와 형용사처럼 쓰이는 'to부정사'를 살펴볼 예정이다. 둘 다 문장에서 명사가 어디 쓰이는지 안다면, 어렵지 않게 해결된다.

학창시절 우리를 괴롭혔던 용어가, 알고 보면 지나친 배려(?)에 의해 만들어졌습니다.

명사적 용법

간단하다. 'to+동사원형'을 명사처럼 사용할 수 있다는 말이다. 문장의 형식에서 '명사'가 쓰였던 위치만 기억하고 있으면 된다. 그리고 '~하는 것, ~하기'라는 해석만 추가하면 된다.

해석 + 위치로 파악하기

1형식: 명사 + 동사

2형식: 명사 + 동사 + 명사

3형식: 명사 + 동사 + 명사

이해를 돕기 위해 난이도가 있는 4, 5형식은 포함하지 않았습니다.

문장의 5형식을 배운 이유다. 위치만 알면 왜 명사적 용법이라고 하는지 쉽게 이해가 된다.

어려운 말로 하면, '주어, 보어, 목적어' 자리에 쓰인다고 합니다.

To See **is** **to believe**. (2형식)
보는 것이 이다 믿는 것
주어 → 명사 보어 → 명사

To study English **is** **difficult**. (2형식)
영어 공부하는 것은 이다 어려운
주어 → 명사

I like to study english. (3형식)
나는 좋아한다. 영어 공부하는 것을
목적어 → 명사

to부정사가 쓰인 위치는 모두, 문장의 형식에서 꼭 명사가 들어가야 하는 부분이다. 그래서 명사처럼 쓰인다고 한다. = 명사적 용법

▎영어는 언어라서 뉘앙스가 끼어든다.

To swim is difficult. 수영하는 것은 어렵다.

To know the truth is not easy. 진실을 아는 것은 쉽지 않다.

to부정사의 명사적 용법은 '~하는 것'으로 해석하고, 어떤 행동이나 상태를 나타낼 때 사용한다. 그래서, '~하는 것은 어떻다.'라는 의미가 추가되어야 한다.
but) '주어+동사'만으로 끝나는 1형식의 '주어(명사)'로는 사용하기 힘들다.

The dog runs fast. 개는 빨리 달린다. (1형식)

He studies. 그는 공부한다. (1형식)

1형식 문장은, '일반적인 명사'가 주어로 오는 경우가 대부분이다.

문법 설명을 하다 보면 이런 경우가 많이 생깁니다. 절대 수학공식처럼 생각하면 안 된다는 것을 명심하기 바랍니다!

기본적인 틀은 문법에서 배우지만, '해석이 된다, 안 된다'는 직접 고민해봐야 한다.`

형용사적 용법(해석: ~할, ~하는)

형용사적 용법을 제대로 이해하기 위해서는 먼저 형용사의 쓰임을 알아야 한다.

❙ 형용사의 2가지 역할

1. 명사 수식	2. 보어 역할
pretty woman 귀여운 여인	**She is pretty.** 그녀는 이다 귀여운
handsome man 잘생긴 남자	**He is handsome.** 그는 이다 잘생긴

to부정사에서 말하는 '형용사적 용법'은 1번이다. 일반적으로 보어의 위치에 쓰이면 '명사적 용법'이 된다.

예) To see is to believe.(명사적 용법)

→ 이것만 명심하면, 형용사처럼 사용되는 경우는 이해하기 쉽다!

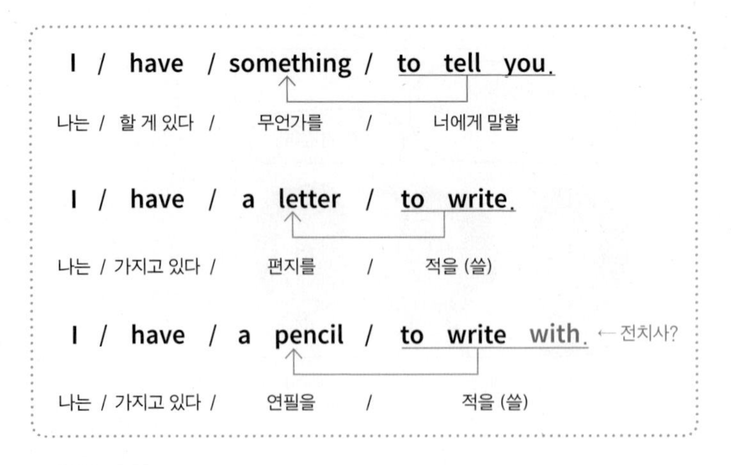

형용사적 용법의 2가지 특징

1. to부정사는 무조건 명사의 뒤에 위치한다.

상식적으로 생각해도 알 수 있다. 'I have to write a letter.'라고 쓰면 '나는 편지를 적어야 한다.'라는 전혀 다른 뜻의 문장이 된다.
(have to + 동사원형: '~해야 한다')

2. 전치사가 필요하다?

형용사적 용법에서 가장 어려워하는 부분이다. 걱정할 것 없다. 문장의 형식만 알고 있다면 전혀 어렵지 않다. 문장을 재구성해보자!

I have a letter to write.

→ I write a letter. 나는 편지를 적는다.
('주어 + 동사 + 목적어'의 3형식 문장으로 전치사가 전혀 필요 없다.)

I have a pencil to write with.

→ I write with a pencil. 나는 연필로 적는다.
(with는 '~으로, ~을 이용하여'라는 뜻을 갖고 있는 전치사다.)

만약 'I write a pencil.'이라는 말을 쓰면, '나는 연필을 적는다.'라는 정체 모를 해석이 된다.

한국어 능력이 중요하다!

핵심 정리

1. 명사적 용법
   → 해석: ~하는 것, ~하기
   → 위치: '문장의 형식'에서 명사가 쓰이는 곳

해석과 위치 모두 기억합시다.

2. 형용사적 용법
   → 해석: ~할, ~하는
   → 위치: 무조건 명사 뒤

부정사 뒤에 전치사가 와야 하는 경우는 조심합시다.

예) I have a pencil to write with.

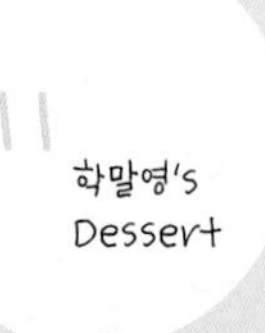

'부사', 먼저 알아야해

'부사적 용법'을 이해하기 위해

'부사처럼 쓰이는 to부정사'를 공부하는데, 부사를 모른다? 마치, '팥이 없는 찐빵'을 먹고, '고무줄 없는 팬티'를 입는 것과 같다. 먼저, '부사'의 개념을 알아야 하는 이유다.

to부정사의 '부사적 용법'을 이해하기 위한 핵심입니다. 꼭 필요한 부분이라 생각하고 읽어야 합니다. 다양한 해석으로 쓰이는 '부사적 용법'이 의외로 쉬워지는 효과를 맛볼 수도 있습니다!

횡설수설이었습니다.

부사란? – '동사, 문장 전체, 부사, 형용사'를 수식!

간혹 부사가 명사를 수식하는 것처럼 보이는 경우는 있다. 어떤 문법책은 부사가 명사를 수식할 수도 있다고 설명하기도 한다. 예외일 뿐이다. 명사를 수식한다고 생각하면 잘못된 문장을 만들 확률이 높아진다.

부사 VS 형용사
부사는 '~하게, ~히', 형용사는 '~할, ~하는'으로 해석된다고 배웁니다. 이것은 명사를 수식하지 않는 부사의 성질에서 비롯된 설명입니다. 우리말을 생각해보면 쉽습니다!
(예) 나는 급하게(부사) 뛰어갔다, 나는 공부할(형용사) 책이 있다.

이제 부사의 쓰임을 제대로 알아보자!

1. 동사 수식

I study hard. 나는 열심히 공부한다.

한국어 해석으로 보면, '열심히'가 '공부한다'라는 동사를 수식하고 있다.

2. 문장 전체 수식

Perhaps he will come soon or later. 아마도 그는 조만간 올 것이다.

부사 'perhaps(아마도)'는 '그는 조만간 올 것이다.'라는 문장 전체를 수식하고 있다.
(soon or later 조만간: 부사처럼 쓰여, '오다'라는 뜻의 동사 'come'을 수식하고 있음.)

3. 부사 수식

He sings very well. 그는 아주 잘 노래한다.

'아주'라는 뜻의 부사 'very'는 '잘'이라는 뜻의 부사 'well'을 수식하고 있다.

4. 형용사 수식

학말영 **is a very good teacher**. 학말영은 아주 훌륭한 선생님이다.

'아주'라는 뜻의 부사 'very'는 '훌륭한'이란 뜻의 형용사 'good'을 수식한다.

주의: very가 teacher 앞에 있어 명사를 꾸민다고 착각할 수 있지만, 오해하면 안 됩니다. 형용사인 good을 수식하고 있습니다.

부사는 문장의 핵심 요소가 아니다

대부분 부사를 설명할 때, '~하게, ~히'로 해석되고, 동사나 문장을 수식한다는 정도로만 설명한다. 하지만 이 부분으로는 한계가 있다. '문장의 형식'으로 이해해야 한다.

'very, well'의 '아주, 잘'이란 뜻처럼 부사는 다양하게 해석됩니다.

I sometimes play soccer. 나는 가끔 축구를 한다

He sings very well. 그는 아주 잘 노래 부른다.

I play soccer. (3형식)

He sings. (1형식)

앞서 '문장의 형식'에서도 설명했지만, 부사는 덧붙이는 말일 뿐, 문장의 형식에 전혀 영향을 미치지 않습니다.

핵심 정리

1. 부사는 '동사, 문장 전체, 부사, 형용사'를 수식한다.

2. 부사는 명사를 수식하지 않는다.

3. 부사는 문장의 핵심 요소가 아니다.

I fully understood. 나는 완전히 이해했다.
'학말영'의 설명을 읽은 분들이 이런 말을 해주시길 간절히 바라며 써봅니다.^^ 부사 'fully'를 이용한 문장(동사 수식)으로, 회화에서도 요긴하게 쓸 수 있는 말입니다!.

의미도 가지가지! 부사적 용법

to부정사의 '부사적 용법'은 의외로 어렵다고 생각하는 이들이 많다. 다양한 해석이나, 변칙적인 위치에 쓰이는 부사의 특성 때문이다. 하지만 앞에서 익힌 부사의 개념을 활용하면 사실은 별 것 아니다.

부사는 '동사, 문장 전체, 부사, 형용사'를 수식한다. (명사만 수식하지 않는다.)

다양한 해석들

부사적 용법의 해석이 다양한 이유! '아주, 열심히, 잘'처럼 같은 단어라도 다양하게 해석되는 부사의 성질과 똑같기 때문이다. 부사적 용법도 해석이 다양해질 수밖에 없다. → 기본적인 틀만 이해하고, 문장에서 자연스럽게 해석한다고만 생각하면, 억지로 외울 필요는 없다.

문법책에서 사용하는 용어는 일부러 사용하지 않겠습니다. 부사적 용법의 목적, 이유, 판단의 근거…등 몰라도 시험 치는 데 전혀 지장 없습니다. (중학교 내신은 예외입니다.)

1. ~하기 위해서(가장 활용도 높음!)

문법책에서 항상 먼저 배우는 부분으로, 제대로 익혀두면 회화에도 상당히 많은 도움이 된다.

I go to school to study English.

나는 / 간다 / 학교에 / 공부하기 위해서 / 영어를

문법책에서는 어떤 목적(purpose)을 갖고 있을 때, '~하기 위해서'라는 '부사적 용법'을 사용한다고 설명한다. = '나는 영어를 공부할 목적으로 학교에 간다.'라고 번역해도 전혀 어색하지 않은 것을 확인할 수 있다.
→ 해석에 집착할 필요는 없다. 정확한 뜻만 파악하면 된다!

in order to(=so as to) – 활용도는 낮다!
'~하기 위해서'라고 해석할 때는 'in order to'로 바꿔 쓸 수 있다
→ 짧게 말할 수 있는데도 귀찮게 길게 말하는 것은? 바로 강조하기 위해서다.

I read the 학말영's blog in order to study English.
– '영어 공부'를 강조하기 위해 'in order to' 를 사용하고 있다.

부사적 용법 VS 형용사적 용법

I go to school to study English. (부사적 용법)

I have a book to buy. (형용사적 용법)

나는 사기 위해서 책을 가지고 있다. → 나는 사야 할 책이 있다.

형용사적 용법은 무조건 명사 뒤에 온다는 것만 기억한다면 실수할 수 있는 부분입니다. 위치만으로는 절대 구별할 수 없습니다. 해석으로 구분해야 합니다.

이것만은 기억하세요! 부사는 특성상 다양한 위치에 올 수 있지만, 형용사적 용법은 무조건 명사 뒤에 옵니다.

2. '형용사 + to부정사' 패턴(~하다니, ~해서, ~하기에)

문법책에서는 일부러 나눠서 배우기도 한다. 그런데 괜히 외울 것만 많아 보인다. 억지로 다양한 해석들을 외워야 한다는 착각을 하기도 한다. 그럴 필요 없다.

→ to부정사가'형용사'를 수식하는 역할을 한다! 이 정도만 기억하고, 문장 안에서 자연스럽게 해석한다고만 생각하면 된다.

먼저 아래의 문장들을 보고 자연스럽게 해석해보자!

1. He must be rich to buy an expensive car.
must be: 틀림없다.
2. I am glad to see you.
3. This water is too salty to drink.
4. He cannot be rich to buy a compact car.
cannot be: ~일 리가 없다.
5. This chair is comfortable to sit on.
on? 형용사적 용법에서 설명한 '전치사'가 쓰이는 경우를 참조하자.
6. I am happy to see you.

1. 그가 비싼 차를 사다니 부자임에 틀림없다.
2. 나는 너를 만나서 기뻐.
3. 이 물은 마시기에 너무 짜다.
4. 그는 소형차를 사다니 부자일 리가 없다.
5. 이 의자는 앉기에 편안하다.
6. 나는 너를 만나서 기뻐.(만나서 반가워.)

더 이상의 설명은 필요 없다. 어떤 의미로 쓰이는지만 느끼면 된다.

3. ~해서 ~하다(활용도 가장 낮음)

He grew up to be a doctor. 그는 자라서 의사가 되었다.
He lived to be eighty years old. 그는 살아서 80세가 되었다.(80세까지 살았다.)

해석이 참 독특하다. 한국어의 어순과 같이 앞에서부터 해석을 해야 한다. 이유는 간단하다. 동사를 마지막에 해석하는 모국어의 어순을 적용하면 '그는 의사가 되어서 자랐다.'라는 다소 엉뚱한 뜻이 된다. 분명 영어를 쓰는 사람은 이해하겠지만, 한국인은 납득할 수 없다.

이런 경우는 이해하지 말고, 패턴(예문 or 해석)을 외워야 한다. 이런 경우 '영어식 사고, 영어식 발상'이 중요하다고 말하는 이들도 있다.

왜 부사적 용법인가?
He likes to watch movies. 그는 영화 보는 것을 좋아한다.(3형식)
He grew up ~~to be a doctor.~~ 그는 자랐다.
He lived ~~to be eighty years old.~~ 그는 살았다.
- 문장의 구조상 'to부정사'가 부사적 성질에 가깝다는 뜻일 뿐입니다. to부정사와 분리해서 보면, 1형식으로 이해할 수 있습니다. = to부정사가 '~을, 를'로 해석이 안 됨!

부사의 특성을 활용하자(회화용)

1. 문장 전체 수식

To study English, I go to school. 영어를 공부하기 위해, 나는 학교에 간다.

문장 전체를 수식하는 부사의 특성을 활용해 위치를 바꿔쓸 수 있다.

2.형용사 수식

English is difficult to study. 영어는 공부하기에 어렵다.

부사적 용법의 'to study'가 형용사인 'difficult'를 수식하고 있다.

3.부사 수식

I got up early to study English. 나는 영어 공부하기 위해 일찍 일어났다.

부사를 수식하는 부사의 특성을 활용했다. 'to study English'가 부사인 'early'를 수식하고 있다.

4. 동사 수식

I got up early to study English. 나는 영어 공부하기 위해 일찍 일어났다.

동사를 수식하는 부사의 특성을 활용했다. 'to study English'가 'got up'을 수식하고 있다.

to부정사의 '부사적 용법'도 문장의 핵심 요소가 아니다.

→ '부사적 용법'이라는 이름이 붙여진 이유이다.

I go to school ~~to study English.~~ 나는 학교에 간다.

English is difficult ~~to study.~~ 영어는 어렵다.

I got up early ~~to study English.~~ 나는 일찍 일어난다.

위의 문장들은 'to부정사'를 빼도 전혀 어색하지 않은 완벽한 문장이다.

→ 문장의 형식에서 '명사, 동사, 형용사'만이 문장의 핵심 요소라고 말했다. 부사란 '부가적인 의미를 덧붙이는 말'일 뿐이다.

핵심 정리

1. 부사적 용법? 억지로 외울 필요 없다.
   → 자연스럽게 해석만 하자!

2. 부사는 '문장의 핵심'이 아니다.
   → 부가적인 의미만 덧붙인다!

3. 부사적 용법을 제대로 활용하고 싶다면, 부사의 개념을 명심하자!

어디까지 써봤니? to부정사!

to부정사에 대한 기본 설명은 모두 끝났다. 그런데 괜히 어렵고 쓸데없어 보이는 4, 5형식을 설명하려 한다. 왜냐하면? 호주 '워킹홀리데이' 시절, 농장을 전전할 때 겪었던 학말영의 에피소드 때문이다.

아무리 궁리해도 문장을 만들 수 없었다. 얼마나 시간이 흘렀을까? 갑자기 번쩍하며 떠오르는 문장이 있었다!

What do you want me to do? 너는 내가 무엇을 하는 것을 원하니?

의문문으로 보면 어려워 보일 수 있어 일반 문장으로 재조합해보겠다.

You want me to do what.

주어 + 동사 + 목적어 + 목적격 보어 - 5형식

그 당시, 5형식에 대한 개념조차도 모르고 썼던 문장이다. 사실 수많은 대화를 하다 보면 경험적으로 터득할 수도 있다. 하지만 **문법을 제대로 알고 있다면 시행착오를 줄일 수 있다.** 학말영은 말을 지어내려고 머리에 쥐가 나도록 고민했지만, 여러분은 지금 읽은 내용으로 간단하게 해결할 수 있다!
그런데 이런 생각도 들 것이다. 그냥 '**회화연습**(경험치)'으로 배우면 안 될까? 문법을 배우면 발생하는 효과를 알아야 한다. '학말영'은 'want me to do'를 제외하고는 5형식에서 to부정사를 사용하는 패턴을 전혀 사용하지 못했다. 개념적인 이해를 하기 전까지는!

중요한 부분입니다. 뒤에 배울 '지각동사, 사역동사, 수동태'까지 연결되는 개념이거든요!

5형식에 쓰이는 to부정사

문법책에서는 'to부정사를 목적격 보어로 취하는 동사들'이라고 배운다. 지금까지 이해하기 어려웠던 이유는 용어 때문이었다. 걱정할 필요 없다. 두 가지 개념만 알면 쉽게 해결할 수 있다.

1. 5형식의 구조
2. **to**부정사의 명사적 용법 - 보어에 쓸 수 있다!

영어는 언어라서 뉘앙스가 문법에 영향을 미친다. 동사의 뜻에 따라, 자주 쓰이는 상황을 설명하고 싶은 것이다!

want, cause, teach, allow, ask, advise, tell, persuade / permit, encourage, lead, force, compel, command, enable, believe…
(빨간색: 사용 빈도수 높음)

5형식에서 to부정사를 자주 쓴다고 배우는 동사들이다. 갑자기 답답해진다. 저 많은 단어들을 외운다는 게 솔직히 가능한 일인가? 불가능하다. 예시로 다양한 동사를 설명했을 뿐 억지로 외울 필요는 없다!
해석이 어떤 방식으로 된다는 것만 알고, 아래에 설명할 예문들만 이해하면 충분히 활용할 수 있다.

먼저 5형식의 구조를 복습해보자.

주어(명사) + 동사 + 목적어(명사) + 목적격 보어(형용사/명사)
예) He made me crazy. 그는 나를 미치게 만들었다.

'me'라는 목적어를 'crazy'라는 목적격 보어가 부연 설명하고 있다. 이 개념은 확실하게 알고 있어야 한다.

이제 to부정사가 쓰인 예를 살펴보자.

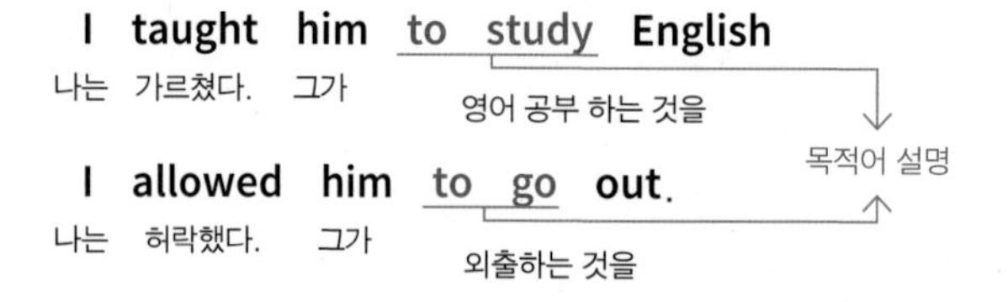

그가 영어를 공부하는 것?, 그가 외출하는 것?
to부정사가 쓰이는 이유는 뭘까? 명사적 용법의 개념만 알면 바로 해결할 수 있다.
→ '~하는 것'으로 해석할 때 자연스러운 문장이 된다.
→ to부정사를 쓴다.

위의 문법을 배우면 이런 의문들이 생길 수 있다.

Q 1. 'to부정사를 목적격 보어로 취하는 동사들'에는 무조건 'to부정사'만 목적격 보어로 와야 하나요?'

A 그렇지 않다. 'I want him dead'처럼 형용사가 오는 경우도 있다.

실제로는 중요한 뜻이 없는 'to be'가 생략되어 형용사가 쓰이는 개념입니다.
I want him. + He is dead. = I want him (to be) dead.
- 유사한 패턴: I want him (to be) alive.

일반적으로, I want him to be happy.라는 표현으로만 사용한다. I want him happy.라는 표현이 문법적으로 잘못되었다는 건 아니다. 그런데 거의 쓰지 않는다. 왜일까? 문법의 한계다.(^^;) 정확히 설명할 수 없다.

→ 재미(?)있게도, 'to부정사'가 목적격 보어로 쓰이는 동사들을 알아두면 확실하게 유용하다는 증거이기도 하다. 대부분은 to부정사를 사용하고, 'dead와 alive'처럼 형용사를 쓰는 경우는 많지 않다.

괜히 복잡한 설명을 한 이유는, 문법을 사이비 종교처럼 맹신(盲信)하면 뒤통수 맞을 수도 있다는 걸 얘기하기 위해서였습니다. 예문을 자주 보는 습관을 기르는 게 최고입니다. 시험이나 회화 모두 마찬가지죠!

Q 2. **to부정사를 목적격 보어로 취하는 동사들이 또 있을 것 같은데요?**

A 당연하다. 위에 쓰인 동사들이 자주 쓰인다는 말이다. 활용도가 높아 문법적으로 설명할 뿐이다.

Q 3. **to부정사를 목적격 보어로 취하는 동사들은 5형식으로만 쓰이나요?**

A I want to eat.(3형식) 나는 먹기를 원한다.

I taught him English. (4형식) 나는 그에게 영어를 가르쳤다.

반복적으로 설명한다. 활용도가 높아 별도로 가르치는 것뿐이다. 문법의 틀에 얽매이면 안 된다.

Q 4. **진짜 안 외워도 되나요?**

A '학말영'은 예문에서 밝힌 teach, ask, want 등은 기본적으로 알고 있다. 몇 가지는 회화 시에 사용한다. 하지만 정확히 어떤 것들이 활용도가 높고, 무조건 외우라는 말은 하지 않겠다. 영어는 언어다. 말하는 성향에 따라서 어떤 사람은 전혀 사용하지 않을 수도 있다. 그리고 이런 형태의 문장이 나오면, 동사를 외우지 않아도 자연스럽게 해석할 수 있다. 쓰임을 알고 있기 때문이다.

목적격 보어로 쓰이는 'to부정사'는 명사입니다.
5형식의 문장 구조에서 목적격 보어는 '형용사/명사'가 쓰인다고 했습니다. 힘들게 to부정사를 추가해 외울 필요가 없습니다. 명사적 용법입니다. 명사로 외우면 됩니다.

주어(명사) + 동사 + 목적어(명사) + 목적격 보어

형용사

명사

to부정사 → 명사

원형부정사

Let it ~~(to)~~ go.

시키다 그것을 가도록
동사 목적어 목적격 보어
(원형부정사 = 동사원형)

→ 그것을 가도록 시켜라.
→ 그것을 가게 좀 내버려둬!(의역)
영화 "겨울왕국"의 주제곡, "Let it go!"

사역동사인 'let, make, have'는 목적격 보어로 '원형부정사(=동사원형)'를 쓴다고 배운다. 문법적으로 이해하기 상당히 어려워 하지만, 알고 보면 단순한 개념이다.

❙ 문법의 유래

원래는 'to부정사'가 쓰였다! → 어떤 이유로, 원어민들은 'to'를 빼서 사용하기 시작했다. → 문법책을 만들려던 언어학자는 당황한다!(보어 자리에 '동사원형'이 온다?) → '원형부정사'라는 이상한 용어를 만들어냈다.

좀 더 자세히 설명할 예정입니다. 이번 설명은 '원형부정사가 원래는 to부정사였다'의 맛보기입니다.

문법책에서조차 설명하지 않는 부분이다.
= 상식적으로만 생각해도 이해할 수 있다는 뜻!

4형식에는 to부정사가 쓰이는가?

'학말영'의 기준에서는 불가능하다. 그 이유는 동사에 있다. 앞에서 설명한 것처럼, to부정사는 동사를 '명사와 형용사, 부사'처럼 쓰기 위해 만들어졌다. 여기에 핵심이 있다. 'to부정사'는 형태를 바꿔 다양하게 활용하기 위함일 뿐, 동사의 의미는 그대로 간직하고 있다!

먼저 사전적인 의미를 살펴보자.

> 동사: 사물의 동작이나 작용을 나타냄.
> → 동사는 '사람이나 동물, 사물'이 아니다. '행동이나 상태'를 나타낸다.

| 4형식의 구조를 살펴보자.

주어(명사) + 동사 + 목적어(명사) + 목적어(명사)
~가 ~주다 ~에게 ~을

→ '사람이나 동물'이 '사람이나 동물'에게 '사물'을 주다.(해석)

예) I feed the dog meat. 나는 그 개에게 고기를 먹이로 준다.

4형식의 '주어와 두 개의 목적어'는 '행동을 나타내는 동사의 의미'를 포함하기 어렵다. 예문을 만들기 애매모호하다. 모국어를 이용해 상식적으로 생각해봐도 알 수 있는 부분이다. → 답은 동사에 있었다.

To swim gave me the happiness.
수영하는 것은 주었다 나에게 행복을

일반적인 문장은 아니다. 대부분의 글과 회화에서 이런 방식의 문장은 잘 쓰지 않는다. 하지만, '영어는 언어'라는 딜레마를 갖고 있다. 누군가 쓸 수 있다고 우기고, 자신이 만든 문장을 상대방이 이해한다면, 문법에 끌려 갈 필요는 없다.

→ 문법은 큰 틀에서 접근해야 한다. 너무 파고들면 아예 답이 없어진다.

문법 설명에서 '절대 안 된다'는 표현은 자제하려고 합니다. 언어는 너무 다양하게 쓰이기 때문입니다. 안 된다는 것은 '그런 표현은 어색하다' 정도로 이해하는 게 좋습니다!
5지선다의 시험에서도 '절대 안 된다'라는 표현이 나오면 답이 아닌 경우가 많습니다.

핵심 정리

1. to부정사는 5형식에서 사용할 수 있다.
   1) 목적격 보어(명사 역할, '~하는 것'으로 해석)
   2) 예문으로 이해하자.
      I want him to do something.
      I asked him to do something.
      I teach him to do something.
   (자세한 뜻이 있는 내용은 일부러 넣지 않았음, 자신이 생각하는 단어로 연습해 보자!)
   3) 억지로 외울 필요는 없다. 쓰임만 제대로 안다면 충분히 활용할 수 있다.

2. '원형부정사'라는 용어로 쓰이는 '동사원형'도, 알고 보면 'to부정사'다.

3. 4형식에는 'to부정사'가 쓰이는가?
   → 'to부정사'는 동사의 성질을 갖고 있어서, '사물이나 사람'의 이름이 주로 쓰이는 4형식에는 사용하기 힘들다!

용법을 깨부숴라, 이해하고 나서!

명사적, 형용사적, 부사적 용법?
to부정사를 배우고 난 후에 발생하는 문제가 있다. 해석을 하고 문장을 만들 때, 어떤 용법인지 항상 따져야 한다는 착각이다.

용법을 배운 게 잘못되었다는 이야기는 아니다. 문법을 배우고 나면 해석을 좀 더 편하게 할 수 있다. 문장의 형식에서 어떤 위치에 오는지 파악하고 있으면 문장을 만들 때도 용이하다. 그런데 문법에만 집착하면 결국 족쇄가 된다.
→ **문법은 완벽하지 않기 때문이다!**

형용사적(?), 부사적(?) 용법

예문을 보면 좀 더 이해하기 쉽다.

I have something to drink.

I have a book to study.

'형용사적 용법'과 '부사적 용법'은 모두 명사 뒤에 올 수 있어, 해석으로 구분해야 합니다.

위의 두 문장이 어떤 용법인지 살펴보자. 첫 번째 문장은 '나는 마실 것이 있다.'라고 해석한다. 'to drink'가 'something'을 수식하는 '형용사적 용법'이다. 두 번째 문장 또한, '나는 공부할 책을 가지고 있다.'라고 해석하는 것이 자연스러운 '형용사적 용법'이다.

언어는 해석에 따라 느낌이 달라진다. 누군가는 '~하기 위해서(=부사적 용법)'라고 해석하는 게 더 자연스럽다고 주장할 수도 있다. 같은 문장인데도 해석하는 방식에 따라 두 가지 용법 모두 가능하다. → 문법책에서는 '나는 공부하기 위해서 책을 가지고 있다.'라고 하면 틀렸다고 설명한다. 언어적인 측면에서 잘 쓰지는 않는 말이다.

공부하기 위해 책을 갖고 있다. = 공부할 책을 갖고 있다.

해석이 이상해진다면 문제가 되겠지만, 의미상 차이는 거의 없다. '언어학자'가 아닌 이상 무슨 용법인지 따질 필요가 전혀 없는 경우다!

4, 5형식의 해석이 모호한 to부정사

I advised him to read the book.
나는 그에게 책을 읽을 것을 충고해주었다.(4형식 해석)
나는 그가 책을 읽을 것을 충고했다.(5형식 해석)

앞의 설명을 읽었다면, 분명 5형식 구조라고 생각할 것이다. '학말영'도 목적어의 행동을 설명하는 'to부정사의 동사적 성질'로 판단해, 5형식이 명백하다고 판단했다. 그런데 뒤통수를 치는 견해가 있었다. 목적어의 해석을 '주다'와 '에게'로만 바꾸면 4형식이 되는 것이다. (문법책에서는 5형식이라고만 가르친다!)

4형식: 명사 + 동사 + 명사 + 명사 - 주다 ~에게 ~을
5형식: 명사 + 동사 + 명사 + to부정사(명사) - ~다 ~가 ~것을

마찬가지로 어떻게 해석해도 뜻은 같다. 이런 경우는 몇 형식인지 고민할 필요가 없다. 자신이 편한 방식으로 생각하면 그만이다.

이런 말을 못 들어서, 지금까지 문법을 불신해 왔을 수도 있습니다!

용법을 깨부숴라

여러분에게 혼란을 주려고 이런 말을 했을까? 아니다.
'명사, 형용사, 부사'처럼 쓰일 수 있다는 말 자체가 다양하게 활용할 수 있다는 의미다. 자신의 판단대로 해석하고, 써보는 훈련이 중요하다.

혹시, 문법적으로 정확하게 맞아 떨어지지 않더라도 너무 고민할 필요도 없다.

뜻이 달라진다면 문제가 되겠지만, 단순히 용어, 용법에 관련해서는 어떤 식으로 판단해도 상관 없다.

배울 때는 용법이 중요합니다. 다음에 설명할 동명사 역시 to부정사의 용법에 대한 개념이 있어야 이해하기 쉽습니다.

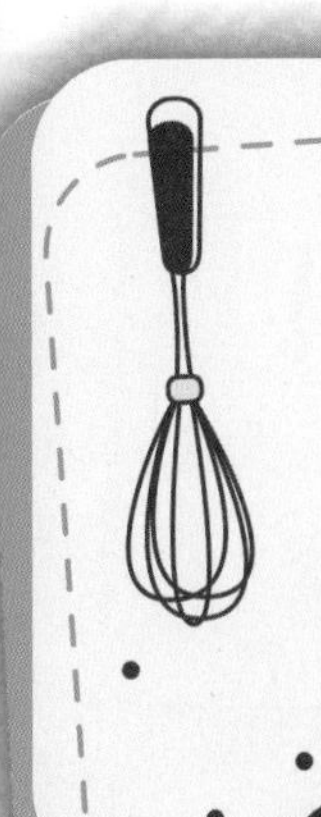

3. 동사의 변신은 무죄

동명사

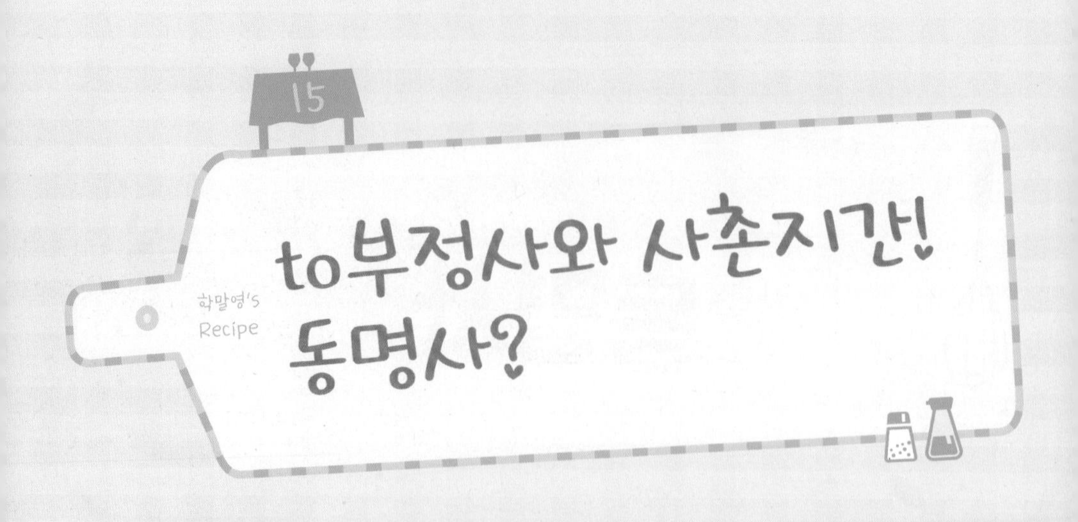

어떤 문법책을 봐도, 항상 순서가 같은 부분이 있다. 이번 시간에 배울 '동명사', 그리고 'to부정사'다. 'to부정사' 다음에는 무조건 '동명사'가 나온다. 왜 그럴까? 서로 연결되어 있는 개념이기 때문이다. 결국 동명사를 제대로 이해하려면, 'to부정사'를 함께 알아야 한다!

동명사 = 동사 + 명사

용어에 모든 뜻이 함축되어 있다. 동사를 명사처럼 사용하기 위해 동명사가 만들어졌다. 그런데 표현이 상당히 익숙하다. 어디선가 들어봤던 말이다.

맞다! 동사를 명사처럼 사용하고 싶을 때, '주어, 보어, 목적어' 자리에 올 수 있는 to부정사의 명사적 용법과 정확히 일치한다.

Seeing is believing. 보는 것이 믿는 것이다.
= To see is to believe. 보는 것이 믿는 것이다.
(의역) 백문이 불여일견이다.

'~하는 것'으로 쓰이는 해석까지 정확히 일치한다.

이유는 형태에 있다.

동명사 = 동사 + ~ing

Seeing is believing.

To see is to believe.

왠지 모르게 'to see'와 'to believe'는 거부감이 느껴진다. 단어를 두 개나 쓴다는 게 상당히 비효율적이다. 단어를 압축해서 사용 가능한 'ing' 형태의 동명사가 훨씬 더 자연스럽다. '학말영'이 회화에서 위의 문장을 사용한다면, 'Seeing is believing.'이라고 말할 것이다.

전치사의 목적어(전치사+동명사)

I'm looking forward to meeting her.
나는 그녀를 만나기를 손꼽아 기다리고 있다.
(look forward to + ~ing, 명사: ~하기를 [간절히] 기대하다)

시험에 너무 자주 나오는 단골 메뉴다. 학생들이 많이 혼란스러워하고 자주 틀리는 부분이기도 하다. 이것은 '전치사의 목적어'로 사용되는 동명사의 특성을 악용해서 발생하는 문제다. (위의 to를 대부분 부정사의 'to'로 착각한다.)

to부정사라면 당연히 동사원형이 뒤에 나와야 한다. 하지만, 'to'는 전치사로 쓰였다. 전치사의 뒤에는 명사가 와야 한다. 명사처럼 사용 가능한 동명사도 당연히 올 수 있다.

I'm looking forward to to meet her.

문장이 아주 이상하다. 같은 모양의 'to'가 나란히 적혀 있다. 이런 문장은 어디서도 본 적 없을 것이다.

앞의 'to'는 전치사, 뒤의 'to'는 부정사에 쓰이는 경우다. 쓰임이 다르기 때문에 함께 쓸 수 있다고 생각할지 모르지만, 언어는 의사소통을 목적으로 한다. 듣는 사람이 혼동할 수 있는 말은 최대한 자제해야 한다. 그러니 동사의 성질을 나타내면서 전치사 뒤에 쓸 수 있는 새로운 방법을 고민한 것은 당연한 현상이다.

| 학말영의 가설

동사에 '~ing'를 붙이면서 모든 문제는 해결되었다.

전치사의 목적어로 쓰인 예들

I'm afraid of being alone.

I'm afraid of ~~to be~~ alone.
나는 홀로 되는 것이 두렵다.
(be afraid of: 전치사 'of'가 나오지만, 세 단어가 합쳐져 동사처럼 해석됨.)

Thanks for coming to the party.

Thanks for ~~to come~~ to the party.
파티에 와줘서 고마워요.

After watching a movie with my girl friend, we had a pizza in the restaurant.
여자 친구와 영화를 본 후, 우리는 음식점에서 피자를 먹었다.

Follow directions for cooking ramen noodles.
라면을 끓이기 위해 순서를 따르세요.

동명사의 후손들

동사로만 쓰이던 단어들이 '~ing'와 만나 명사처럼 쓰이기 시작했다. 너무 반복적으로 사용되는 단어들은 사전에도 실리는 영광을 누리게 된다.

> building, meeting, setting…

위의 단어들은 일반명사처럼 사용한다. 하지만 뿌리는 명백한 동명사다.

1. to부정사의 명사적 용법과 동명사는 호환 가능하다.

2. 전치사 뒤에 '동사의 뜻을 나타내는 명사'를 쓰고 싶어, '~ing' 형태의 동명사가 만들어졌다.

보통 문법책에서는, '전치사의 목적어'로 동명사를 사용할 수 있지만 to부정사는 불가능하다고 설명한다.

to부정사		동명사
명사적 용법	→	호환가능
형용사적 용법		전치사의 목적어
부사적 용법		

전치사의 목적어

I wrote the letter with a pencil.

I bought flowers for her.

밑줄 친 부분에 쓰인 명사의 특징을 보면, '전치사의 목적어'를 쉽게 이해할 수 있다.

with a pencil

'pencil'은 목적어의 형태가 없다. 모양이 바뀌지 않아 전치사 뒤에는 단순히 '일반적인 명사'가 온다고 착각한다. 하지만 전치사 뒤에 쓰인 'pencil'은 목적어다. 증거는 아래에 있다.

for her

사람을 나타내는 인칭대명사에는 목적어의 형태가 존재한다. 문법책에서는 목적격이라고 배운다.

me, you, her, him, us, them

인칭대명사가 전치사 뒤에 오면 무조건 목적격이 쓰인다.

with him, for her, to me…

문법책에서는 정확한(?) 정보를 전달하기 위해서 '전치사의 목적어'라는 독특한 용어를 사용합니다. 문법 용어를 너무 혐오하지는 맙시다.

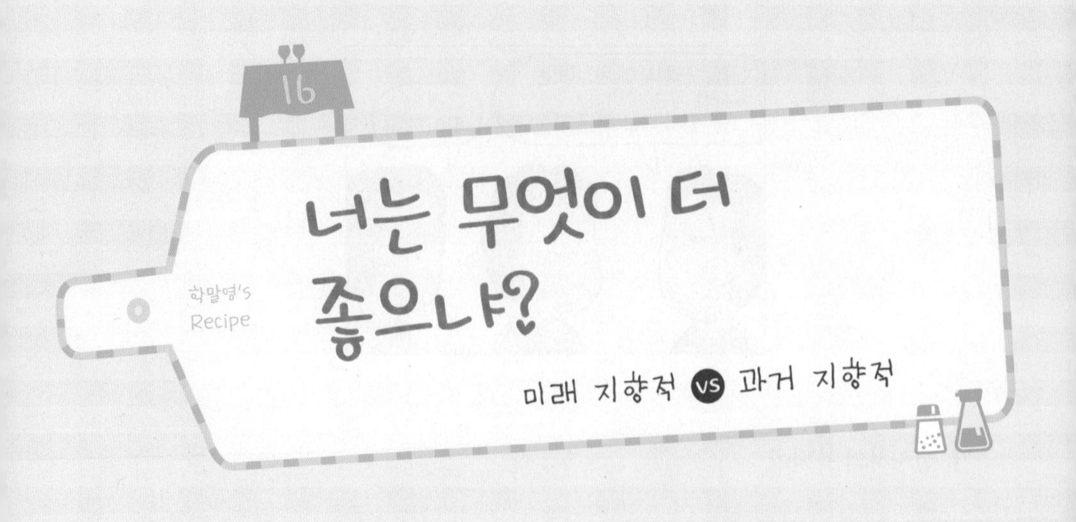

'to부정사의 명사적 용법'과 '동명사'는 바꿔 쓸 수 있다! 기본 개념은 간단하다. 그러나 아쉽지만, 세상에 완벽한 건 없다. 둘 사이에는 뉘앙스의 차이가 존재한다. 특히 동사들의 성격(뜻)에 따라 'to부정사와 동명사' 중 한 가지만 선호하는 경우도 발생한다. 마치 일부러 편을 가르는 듯하다.

설명으로만 이해할 수 있는 부분은 제한적입니다. 어쩔 수 없이 암기를 해야 하는 내용이 있습니다. 문장을 읽고 뉘앙스를 몸소 느껴야 하는 경우도 있고요. '학말영'은 피하고 싶은 부분이지만 각종 시험이 사랑하는 패턴이고, 회화에서도 어색한 문장을 만들 위험이 있어 자세히 설명하려 합니다!

to부정사를 목적어로 취하는 동사-미래 지향적

to부정사를 사랑하는 동사들에는 이런 것이 있다.

want, wish, hope/decide, expect, plan, manage/promise, agree, ask, pretend 등 ('/'는 뜻이 비슷한 느낌으로 끊어놓았음.)

문법책에서는 'to부정사만 목적어로 취한다'고 가르치지만, 학말영은 꺼리는 말이다. '일반적으로, 보통'이라고 이해하면 된다.

I want to eat something. 나는 무언가를 먹을 것을 원한다.
(의역) 나는 뭘 먹고 싶다.

I plan to travel to Europe. 나는 유럽으로 여행 갈 것을 계획하고 있다.

I agreed to meet him. 나는 그를 만날 것을 동의했다.

I decided to go shopping. 나는 쇼핑 갈 것을 결심했다.

목적어의 성질을 살려 '~을, 를'로 해석하려다 보니 다소 어색할 수도 있습니다. 그러나 문장 성분과 친해지기 위해 의역은 되도록 자제하려 합니다.

예문의 문장들은 모두 '~할 것을'로 해석했다. 왜일까? '앞의 동사'보다 'to부정사'의 행동이 나중에 발생한다는 의미이다.

want → to eat
'원한다'는 생각을 한 뒤에, '먹는다'는 행동을 한다

plan → to travel
'계획'을 한 뒤에, '여행'을 한다

그래서 'to부정사'가 목적어로 올 때, '~할 것'으로 해석하면 자연스럽다. 모든 경우에 적용되는 것은 아니지만, 시험을 치는 데 암기한 동사들이 기억 나지 않는다면 유용하게 쓸 수 있는 방법이다.

동명사를 목적어로 취하는 동사-과거 지향적

동명사를 사랑하는 동사들로는 이런 것들이 있다.

enjoy, deny, mind, give up, suggest, postpone, avoid, finish, put off, consider 등

He enjoys playing soccer. 그는 축구하는 것을 즐긴다.
He denied stealing the wallet. 그는 지갑 훔친 것을 부인했다.
He didn't mind getting older. 그는 더 나이가 드는 것을 꺼려하지 않았다.
He gave up getting a girlfriend. 그는 여자친구 얻는(생기는) 것을 포기했다.

과거 지향적(& 현재 지향적)인 의미로 해석한다. 앞의 동사보다 '동명사'의 행동이 '전(前)이나 같은 시간'에 발생한다는 의미이다.

enjoys = playing
('즐기는 시점'과 '경기한 시점'은 같다.)
denied ← stealing
('훔친 행동'은 '부인한 시점'의 전이다.)

그래서 '동명사'가 목적어로 올 때, '~한 것 or ~하는 것'으로 해석하면 자연스럽다.

미래 지향적, 과거 지향적의 한계

아래에는 동명사를 목적어로 써야 하지만, 'to부정사'도 가능할 것 같은 예문을 고의적으로 준비했다.

He suggested going to the cinema.
그는 영화관에 가는 것을 제안했다. or 그는 영화관에 갈 것을 제안했다.

He considered buying a car.
그는 차 사는 것을 고려했다. or 그는 차 살 것을 고려했다.

'~하는 것'과 '~할 것' 모두 해석이 가능하다. 정확한 법칙처럼 생각하면 결국 헷갈릴 수밖에 없다. 자주 쓰이는 동사들을 외우기는 해야 한다.

시험용으로 영어 공부 하는 게 아니라면?
이런 형태의 문장들과 친해지면 된다. '읽기'를 많이 하다 보면, 자주 쓰이는 패턴은 무의식적으로(자연스럽게) 머릿속에 저장된다.

미래 지향적, 과거 지향적만으로 모든 상황을 설명할 수는 없습니다. 하지만, 개념 정리는 '~한 것, ~하는 것'과 '~할 것'으로 해둡시다!

to부정사와 동명사 모두를 목적어로 취하는 동사

배우는 사람들을 짜증나게 하는 동사들도 있다. 지금까지 설명한 내용이 무안할 정도다. 바로, 어떤 형태를 써도 상관 없는 경우다.

like, begin, start, love, continue, prefer, hate 등

I love watching movies.

I love to watch movies.

둘 다 가능하다.

핵심 정리

to부정사(미래 지향적) VS **동명사**(과거 지향적)

이번 설명은 기본적인 개념만 이해한 후, 억지로 외우지는 않기 바란다. 다양한 예외들이 존재하기 때문이다. 진정한 영어 실력으로 만들고 싶다면, 오히려 아래의 방식을 따르는 게 좋다.

I want to do something.

'want doing'이라고 말할 사람은 거의 없으리라 생각한다. 지겹도록 'want to'를 쓰다 보니 무의식중에 알 수 있다. 모든 동사를 외운다는 건 불가능하다. 외울 수 있다고 가정해도 쉽게 잊어버리게 되어 있다. '반복적인 훈련'을 통해 문장과 패턴에 익숙해지는 게 가장 좋다.

단기간에 시험의 성과를 원하는 사람은 어쩔 수 없다. 무식하게 외우는 수밖에.

시험을 어렵게 내고 싶을 때 단골 메뉴로 등장하는 내용이다. 외우기 어렵다고 판단하기 때문이다.

눈앞에 닥친 시험을 준비한다면, 단순 암기로 활용도 가능하다. 하지만 쉽게 잊어버리고, 실생활에서는 뉘앙스에 대한 이해가 없이 사용하기도 어렵다. 괜히 머리만 아프게 하는 내용 같지만 왜 배우는지 제대로 안다면 헷갈릴 것도 없다.

끝까지 읽고 나면, 암기할 내용이 확 줄어듭니다.

이번 설명을 이해하기 위해서는 이전에 배운 내용을 충분히 이해하고 있어야 합니다.
1. 부사의 개념, 2. to부정사의 부사적 용법, 3. 미래 지향적 vs 과거 지향적
사전 지식 없이 읽으면, 문법을 싫어하게 되는 지름길이 됩니다.

뒤에 무엇이 오느냐에 따라 의미가 달라지는 동사들

먼저 이번 시간에 배울 내용을 한눈에 보고 시작하자!

remember forget	to : ~할 것을 기억하다, 잊다.
	ing : ~하는 것을 기억하다, 잊다.
try	to : ~하기 위해 노력하다.
	ing : 시험 삼아 ~ 해보다, 시도하다.
regret	to : ~하게 되어 유감이다.
	ing : ~한 것을 후회하다.
stop	to : ~하기 위해 멈추다.
	ing : ~하는 것을 멈추다.

해석이 이상하다. 특정한 법칙도 없어 보인다. 지난 시간에 배운 '~할 것을, ~하는 것을'처럼 정확히 해석되는 동사는 'remember, forget'뿐이다. 그 외에는 억지로 외워야 할까? 아니다. to부정사가 '부사'처럼 쓰일 때 어떤 해석이었는지만 추가로 기억해내면 된다!

| 학말영식 공부법

동사의 모양만 외운다.

이런 방식이 가능하려면, 기존에 배운 몇 가지 개념들이 더해져야 한다.

'과거 지향적, 미래 지향적' + **to**부정사의 '부사적 용법'

연상기법이다. 개념만 알고 있으면, 자연스럽게 해석하는 방법이 생각나게 되어 있다. 이런 패턴의 해석은 다른 동사들에서도 찾아볼 수 있으므로, 단순 암기보다는 이해하는 게 핵심이다!

혹시 이해하지 않고 막무가내로 외우기만 한다면
위와 같은 현상이 벌어진다.

remember, forget

Remember to lock the door.
문 잠궈야 할 것을 기억해라.(명심해라.) (아직은 잠그지 않은 상태.)

I remember locking the door. I'm sure about that.
나는 문을 잠근 것을 기억한다. 나는 확신한다! (잠근 행동을 기억하고 있는 상황.)

I forgot to bring an umbrella.
나는 우산 가져와야 할 것을 깜빡했다. (비 맞으며 집에 가야 함.)

I forgot bringing an umbrella.
나는 우산 가져온 것을 깜빡했다. (우산 가져왔는데, 깜빡했음. 비 안 맞고 가도 됨.)

미래 지향적인 'to부정사'와 과거 지향적인 '동명사'의 습성을 기억하고 있다면 뜻은 억지로 외울 필요가 없다.

try

I tried to move the table.
나는 탁자를 옮기려고 노력했다. (나는 탁자를 옮기기 위해서 노력했다.)

'~하기 위해서'로 해석하는 to부정사의 부사적 용법이다.

예) I go to school to study English.(영어 공부하기 위해서) - 부사적 용법

I tried moving the table.
나는 탁자를 시험 삼아 옮겨보았다. (나는 탁자를 옮기는 것을 시도했다.)

'~하는 것'으로 해석되어 과거 & 현재 지향적인 동명사의 습성을 그대로 보이고 있다.
- try: 노력하다. → 시도하다. → 시험 삼아 해보다.

마찬가지로, to부정사와 동명사의 기본 개념만 있다면 외울 필요가 없는 부분이다. 'try' 뒤에 'to부정사와 동명사'가 나오면 뜻이 달라지는 게 당연하다. 해석만 해봐도 뻔하게 알 수 있다.

to부정사의 부사적 용법은 동명사와 호환이 안 되는 건 기억하시죠?

regret

I regret to tell you the truth. 나는 너에게 진실을 말하게 되어 유감이다.

to부정사 'to tell'은 동사 'regret'을 수식하는 '부사적 용법'이다.
예) I am glad to see you. 너를 만나게 되어 - 형용사를 수식하는 패턴
- 부사는 동사도 수식 가능하다는 개념만 알고 있으면 바로 해결!

I regret saying the truth. 나는 진실을 말한 것을 후회한다.
- 3형식(동명사가 목적어)

'~한 것'으로 해석하는 과거 지향적인 동명사의 습성을 그대로 보이고 있다.

stop

I stopped to buy flowers. 나는 꽃을 사기 위해 멈췄다.

'~하기 위해서'라고 해석하는 to부정사의 부사적 용법이다.

I stopped eating junk food. 나는 정크푸드 먹는 것을 멈췄다.

'~하는 것'으로 해석하는 과거 & 현재 지향적인 동명사의 습성을 그대로 보이고 있다.

문법책을 보면, '동명사만을 목적어로 취하는 동사'에 stop이 포함되어 있다. 당연하다. 'I stopped to buy flowers.'를 3형식이라 생각하고 '~을, 를'을 붙여보자. 미래 지향적인 to부정사의 습성을 이용해 해석하면, '나는 꽃 살 것을 멈췄다.'라는 국적 불명의 해석이 된다. 한번만 생각해봐도 to부정사가 목적어로 오는 것이 어색하다. '~하기 위해서'라고 해석하는 게 자연스럽다.

'to부정사와 동명사가 뒤에 올 때 의미가 달라지는 동사'에는 포함시킬 필요도 없다. 시험에서 자주 나오는 내용이라 분류해놓은 것인데, 배우는 이들을 오히려 혼동시킨다. 'to부정사의 부사적 용법'과 '동명사'가 호환될 수 없다는 건 상식이니까!

일부 문법책에서는 stop에 대해 아예 설명하지 않는 경우도 있습니다. 기본 개념만으로도 모두 이해할 수 있으니까요.

핵심 정리

1. forget과 remember의 뉘앙스 차이를 이해하자.
   → 미래 지향적, 과거 지향적을 활용하면 된다.

2. try, regret, stop은 예문을 보며 해석만 할 줄 알면 된다. 어렵게 외울 필요 없다. 단, to부정사와 동명사의 개념은 알아야 한다.

18

'누가?'와 not 붙이기, 의미상의 주어와 부정형!

학말영's Recipe

'의미상의 주어와 부정형'이라니 무슨 소리일까? 문장에서 주어가 어디에 위치하는지, 'not'은 어디에 붙이는지쯤은 기본에 속한다. 그런데 이렇게 용어처럼 써놓으니 말부터 상당히 어렵게 느껴지는 사람도 많을 것이다. '학말영'도 마찬가지였다. 문법책에서 비중 있게 다루지는 않는다. 패턴도 정해져 있어 간단하게 설명하는 부분일 뿐이다. 그런데 너무 간단하게 배우면, 핵심을 파악하지 못하는 불상사가 생긴다. 그래서 이번에는 뉘앙스와 함께 자칫 놓칠 수도 있는 내용을 위주로 설명하려 한다.

문법이 완벽하지 못해 발생하는 허점이 있습니다.(^^;)

의미상의 주어

먼저 아래의 예문을 보자.

It's difficult for me to understand English grammar.

내가 영어 문법을 이해하는 것은 어렵다.

He is proud of my being a doctor.

그는 내가 의사인 것을 자랑스러워 한다.

위의 두 문장에서 동그라미 친 부분이 의미상의 주어다. 모두 'to부정사와 동명사'의 앞에 위치하고 있다. 모양은 약간 차이가 있지만, 쓰인 취지는 같다. 누가 영어 문법을 이해하고, 누가 의사인지 말해주고 싶다? 의미상 주어를 쓴다.

〈기본형태〉

for + 목적어 + to부정사

소유격(my, his, her…) + 동명사

'to부정사와 동명사'는 동사의 성질을 그대로 갖고 있다. 동사는 '누군가의 행동이나 상황'을 나타낸다. 당연히 듣는 사람은 누가 하는 행동인지 궁금할 수밖에 없다. 그러니 다시 물어보기 전에 미리 얘기해주는 것이다.

궁금증을 풀어줘야 합니다!

의미상 주어를 꼭 써야만 하는 것은 아니다. 이럴 때는 쓸 필요 없다.

1. 주어가 불특정 다수일 때

It's difficult (?) to understand English grammar.
영어 문법을 이해하는 것은 어렵다.

'for me'를 뺐지만 전혀 어색하지 않다. 왜냐하면 영어 문법을 공부하는 것은 누구나 쉽지 않기 때문이다.(=모두 어려워 한다.) 이런 문장에서 '의미상의 주어'를 쓰지 않는 이유다.

2. 주어와 의미상 주어가 같을 때

He is proud of (?) being a doctor.
그는 (그 자신이) 의사라는 것이 자랑스럽다.

He = doctor! 의사인 사람이 'he'인데 당연히 다시 쓸 필요가 없다.

of + 목적격(예외)

to부정사의 경우, 특이하게 for를 쓰지 않는 경우가 있다.

It's nice of you to say so. 당신이 그렇게 얘기해주다니, 감사해요!
It is so kind of you to help me. 당신이 나를 도와주다니, 정말 친절하시네요!

사람의 성질을 나타내는 형용사가 오면, 'of + 목적격'을 쓴다! ★중요

사람의 성질을 나타내는 형용사들에는 이런 것들이 있다.

kind, nice, wise, cruel, stupid, good, foolish 등

단순히 외우기만 할 수도 있지만, 뜻이 다른 전치사가 쓰이는 데에는 분명 이유가 있다. 단어의 대표적인 뜻을 통해 알아보자!

of: ~의, for: ~을 위해서

This book is not good for children to read. 이 책은 어린이들이 읽기에 좋지 않다.

It is so kind of you to help me. (친절하게도) 와주셔서 정말 감사합니다.

일부러 밑줄 그은 부분만 해석해보면 재미있는 결과가 나온다.

not good for children → 어린이들을 위해서 좋지 않은

kind of you → 너의 친절한(=좋은) (성격)

여기서 'of 대신에 for'를 넣는다면 어떻게 될까?
for: 너를 위해 친절한 ≠ of: 너의 친절한 (성격)
→ 뜻이 전혀 다르다. 아무 이유 없이 예외가 있을 리는 없다.

동명사의 '의미상 주어'

동명사는 원칙적으로 소유격을 사용하지만, 구어체에서는 소유격보다 목적격을 쓰는 것이 보통(?)이라고 한다. 결국 둘 다 된다는 말이다.

소유격, 목적격

He is proud of his son being a doctor.

He is proud of his son's being a doctor.

He is proud of my being a English teacher.

He is proud of me being a English teacher.

사실은 소유격과 목적격을 사용하는 경우에 대한 의견이 너무 다양하고 제각각이다. 고민할 필요 없다는 의미다.

- '사물이나 개념'이 의미상 주어인 경우에는 주로 목적격으로만 사용한다고 한다. (꼭 무엇을 사용해야 한다는 법칙은 아님)

예) There is little chance of **the train** being late. (소유격 – ~~train's~~)
기차가 늦을 가능성은 거의 없다.

'학말영'은 동명사의 의미상 주어는 자주 활용하지 않습니다.
같은 의미를 다른 방법으로 표현하는 좀 더 편한 방법이 있어서죠!
→ 117쪽을 참조해주세요.

to부정사와 동명사의 부정형

제목은 괜히 어려워 보이지만, 'not'을 어떻게 붙이느냐에 대한 설명일 뿐이다. 의미상 주어에 비해 패턴도 단순하다.

문장 전체를 부정하는 것은 다들 잘 알고 있다.

I didn't decide to study English. 나는 영어 공부하는 것을 결정하지 않았다.

He isn't proud of being a doctor. 그는 의사인 것이 자랑스럽지 않다.

그런데, to부정사와 동명사 자체에만 부정적인 의미를 쓰고 싶을 때가 있다. 모양은 상당히 간단하다. 앞에 not만 붙여주면 그만이다. 신기하게도 not의 위치만 바꿨을 뿐인데, 뉘앙스가 완전히 달라진다!

not + to부정사

I decided not(never) to study English. 나는 영어 공부하지 않기로 결심했다.
→ 영어를 더 이상 공부하지 않을 것 같은 뉘앙스

I didn't decide to study English. 나는 영어 공부하는 것을 결정하지 않았다.
→ 아직 결정하지 않았거나, 영어 공부하는 것을 본인이 결정하지는 않았다는 뉘앙스

두 문장은 뜻이 비슷한(?) 듯 보이면서도, 미묘한 차이가 있다.

| not + 동명사

He is proud of not being a doctor. 그는 의사가 아닌 것이 자랑스럽다.

He isn't proud of being a doctor. 그는 의사인 것이 자랑스럽지 않다.

동명사의 경우, 해석 자체만으로도 느낌이 확연히 다르다.

그런데, 왠지 아쉽다. 너무 단순하면 쉽게 지나칠 확률도 높다. 일부러 헷갈릴 수도 있는 포인트를 짚어볼 수 있는 문제를 준비했다.

| 아래 문장에서 한 문장씩은 문법적으로 잘못된 표현이다. 정답을 보기 전에 틀린 것이 무엇인지 고민해보자.

1. I left home early not to be late for school.
   I left home early not being late for school.

2. I am sorry for not coming early today.
   I am sorry for not to come early today.

정답

I left home early not to be late for school.
나는 학교에 늦지 않기 위해서 일찍 집을 나왔다.

I left home early ~~not being~~ late for school.

→ 'to부정사의 부사적 용법'은 동명사로 바꿔 쓸 수 없다. 동명사는 명사처럼만 쓸 수 있기 때문이다.

I am sorry for not coming early today.
오늘 일찍 오지 않아서 미안해요.

I am sorry for ~~not to come~~ early today.
→ 전치사 뒤에 to부정사를 쓸 수 없다. for 뒤에 not만 보고, to부정사가 쓰일 수 있다고 착각할 수도 있지만, 잘못된 생각이다.

위의 문제는 not과 직접적인 연관이 있는 것은 아니다. 동명사 설명 막바지인 만큼 앞의 설명들을 충분히 이해했는지 확인하는 차원의 질문이기도 했다.

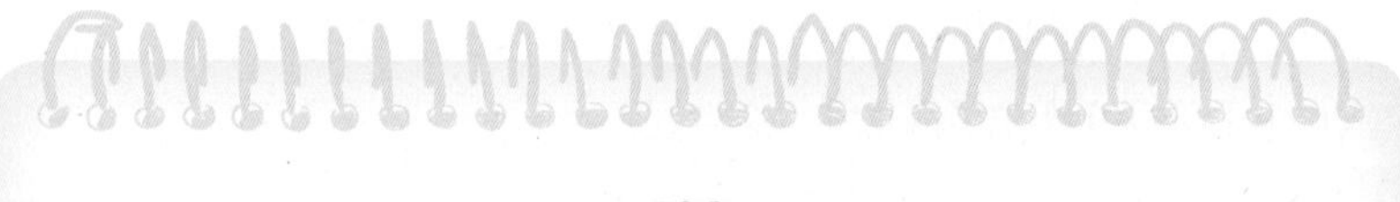

핵심 정리

1. to부정사와 동명사의 의미상 주어는 위치와 쓰임이 같다.
   1) to부정사 - for+목적격(기본), of+목적격(예외)
      (시험은 예외를 사랑함.)
   2) 동명사 - 목적격, 소유격

2. not + to부정사, not + 동명사
   → to부정사와 동명사의 부정형은 위치와 쓰임이 동일하다.
   문장 전체를 부정하는 것과는 뉘앙스가 다르다. 예문을 통해 정확히 이해하자.

잠깐, 하나 더!

1. 가주어, 진주어

혹시 앞에서 쓰인 예문의 해석을 보고 의심을 품지 않았는가?

It is difficult for me to understand English grammar.

내가 영어 공부하는 것은 어렵다? It에 대한 해석은 전혀 없다.
→ 진짜 주어가 아니기 때문이다.

원래 문장은 아래와 같았다.

To understand English grammar is difficult for me.
주어

느낌이 어떤가? 주어가 길면 부담되고 재미없는 문장이 된다. 결국, '허수아비 주어'로 'it'을 앞에 내세우고, 'to부정사'는 뒤로 쏙 빠지게 되었다. → 훨씬 안정감이 생긴다.

It is difficult for me to understand English grammar.
가(짜)주어 진(짜)주어

이번 시간의 다른 예문들에도 이런 패턴이 있었다.

It(가주어) is nice of you to say so(진주어).

It(가주어) is so kind of you to help me(진주어).

one more 예문

(It is) nice to see you. → To see you(진주어) is nice.
너를 만나게 된 것이 좋아!

- 회화에서 자주 사용하는 위의 문장에도 진주어, 가주어가 사용되어 있다.

2. 〈학말영의 주관적 사용법〉 동명사의 의미상 주어는 잘 활용하지 않는다!

동명사는 '동사'의 성질을 갖고 있다. 의미상 주어는 '주어'의 성질을 갖고 있다?
결국 일반적인 문장 형태로 쓰면 훨씬 간편하게 사용할 수 있다.

먼저 문장을 '문장 안'에 쓸 수 있는 방법을 알아야 한다.

I + think + that he is a doctor.
주어 + 동사 + 명사(문장을 목적어로 썼음) - 3형식
(that 자체에는 어떤 뜻도 없음)

이 패턴을 응용하면 훨씬 활용도 높은 문장을 만들 수 있다.

He is proud of my being a doctor.

He is proud that I am a doctor.

형용사 + 부사 (문장을 부사처럼)

자랑스러운 내가 의사라는 것이 → 내가 의사라는 것이 자랑스러운

There is little chance of the train being late.

기차가 (미래에) 늦을 가능성은 거의 없다.

There is little chance that the train will be late.

명사 + 명사 (문장을 형용사처럼)

가능성 기차가 늦을 것이다. → 기차가 늦을 가능성

(아직 오지 않은) 차가 늦을: 'little chance'는 대부분 '(미래에) ~일 것이다'라는 뜻을 포함하고 있어, 'will'을 추가했습니다. 한국어 해석으로 이해하기 바랍니다!

that절에 대해서는 뒤에 자세한 설명이 나옵니다.
여기서는 맛보기만!

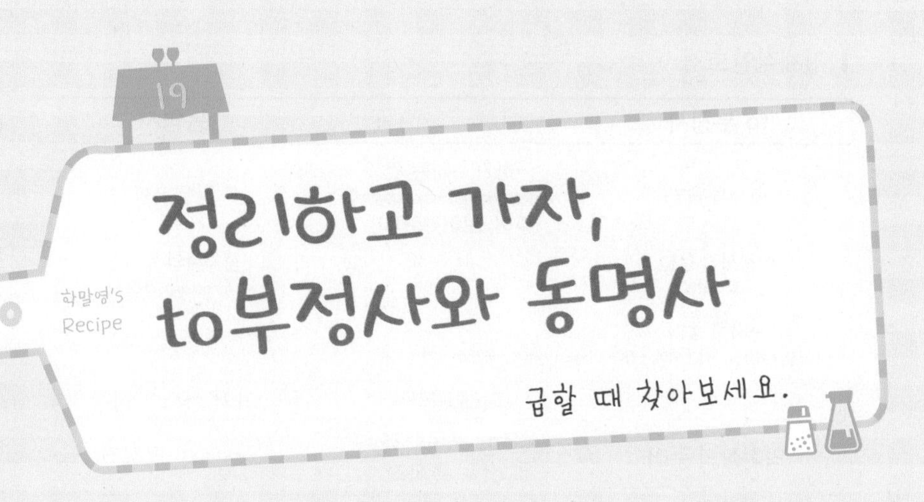

비슷하면서도 다른 'to부정사와 동명사!' 설명은 이제 다 끝났다. 그래서, '전체적인 흐름'을 볼 수 있는 시간을 마련했다. 설명이 길어지고, 각종 예외들(?)로 복잡해진 머리를 정리하는 시간이기도 하다.

전체적인 흐름

to 부정사		동명사
명사적 용법	~하기, ~하는 것 → 주어, 보어, 목적어	같은 쓰임
형용사적 용법 ~할, ~하는		전치사의 목적어 예) for coming, of being…
부사적 용법 ~하기 위해서, ~하게 되어, ~하다니, ~해서 ~하다, ~하기에		
	미래 지향적	과거 현재 지향적
의미상의 주어	for + 목적격 of + 목적격	소유격, 목적격
부정형	not + to 부정사	not + 동명사

to부정사 = to + 동사원형

to부정사는 수없이 많은 동사를 '명사, 형용사, 부사'처럼 쓰고 싶어 만들어졌다.

1. 명사적 용법(~하는 것, ~하기)

To see is to believe. – 주어, 보어
보는 것이 믿는 것이다.

I like to study English. – 목적어
나는 영어 공부하는 것을 좋아한다.

I taught him to study English. – 목적격 보어
나는 그가 영어 공부하는 것을 가르쳤다.

→ 문장에서 명사가 쓰이는 위치에 사용할 수 있다.

목적격 보어(5형식의 보어)로 **to**부정사를 자주 활용하는 동사들

want, cause, teach, allow, ask, advise, tell, persuade…

예) I taught him to study English.
나는 / 가르쳤다 / 그가 / 영어 공부하는 것을

→ 목적어를 to부정사가 부연설명하고 있다. 그래서 보어처럼 사용 가능하다고 한다.

(활용도 높이는 법 – want me to do, ask him to do, teach him to do… [묶음으로 이해한다.])

2. 형용사적 용법(~할, ~하는)

I have a letter to write. 나는 쓸 편지가 있다.

I have a pencil to write with. 나는 쓸 연필을 가지고 있다.

→ 형용사처럼 명사를 수식한다. 명사 뒤에 위치한다는 것은 꼭 명심하자.
(전치사 with를 쓰는 경우가 헷갈린다면, 66쪽을 참고할 것.)

3. 부사적 용법(다양한 해석)

문장의 형식에 전혀 영향을 미치지 않는 부사처럼 사용된다.

→ 억지로 구분하기보다, 자연스럽게 해석한다는 생각으로 활용해야 한다.

1) ~하기 위해서
I go to school to study English. 나는 영어를 공부하기 위해서 학교에 간다.
→ 부사적 용법 중 가장 활용도가 높다.(=써야 할 일이 많다.)

2) ~해서~하다.
He grew up to be a doctor. 그는 자라서 의사가 되었다.
→ 해석이 독특하다. 그냥 예문으로 외우는 게 낫다.

3) ~하니, ~해서
I am glad to meet you. 나는 너를 만나서 기뻐.
→ 형용사 'glad'를 수식하는 뉘앙스라 부사적 용법이라 한다.

4) ~을 하다니
He must be rich to buy an expensive car.
그가 비싼 차를 사다니 부자임에 틀림 없다.
→ 'to buy'가 형용사인 'rich'를 수식하는 구조다.

5) ~하기에
This water is too salty to drink. 이 물은 마시기에 너무 짜다.

동명사(~ing, ~하는 것)

동사와 명사의 성격을 둘 다 갖고 있다는 뜻으로, to부정사의 명사적 용법과 바꿔쓸 수 있다.

Seeing is believing. 보는 것이 믿는 것이다.

= To see is to believe.

→ to부정사보다 동명사가 좀 더 자연스러운 표현이다. 짧기 때문에!

전치사의 목적어(전치사 + 명사)

Thanks for coming to the party. 파티에 와줘서 감사합니다.
→ 전치사 'for' 뒤에 동명사 'coming'을 사용할 수 있다.
Thanks for ~~to come~~ to the party.
→ to부정사는 사용할 수 없다.

to부정사와 동명사

1. to부정사를 목적어로 취하는 동사 ★중요

want, wish, hope/decide, expect, plan, manage/promise, agree, ask, pretend 등

I decided to go shopping. 나는 쇼핑 갈 것을 결심했다.

→ 미래 지향적: '~할 것을'로 자주 해석되는 to부정사의 특성을 이용했다. 그래서 동명사를 쓰지 않는다.

2. 동명사를 목적어로 취하는 동사 ★중요

enjoy, deny, mind, give up, quit, postpone, avoid, finish, put off, consider 등

He enjoyed playing soccer. 그는 축구하는 것을 즐겼다.

→ 과거 지향적: '~한 것을, ~하는 것을' 로 해석되는 동명사의 특성을 이용했다. 그래서 to부정사를 쓰지 않는다.

3. to부정사와 동명사 모두를 목적어로 취하는 동사

like, begin, start, love, continue, prefer, hate 등

I love watching movies.
I love to watch movies.

→ 둘 다 사용 가능하다.
(학말영식 사고: 과거, 미래 지향적으로 판단하기 힘들기 때문)

4. to부정사와 동명사가 뒤에 올 때 의미가 달라지는 동사들 ★중요

remember, forget, try, regret, stop
→ 기억나지 않는다면 105쪽 참조

5. 의미상 주어

'to부정사와 동명사'는 동사의 성질을 그대로 갖고 있다. 동사는 '누군가의 행동이나 상황'을 나타낸다. 당연히 듣는 사람은 누가 하는 행동인지 궁금할 수밖에 없다. 그럴 때는 의미상 주어를 쓴다.

1) to부정사

for + 목적격
It's difficult for me to understand English grammar.
내가 영어 문법을 이해하는 것은 어렵다.
→ 누가 영어 문법을 이해하기 어려워하는가? 바로 '나'!(= for me)

of + 목적격(예외)
It's nice of you to say so. 당신이 그렇게 얘기해주다니, 감사해요!
→ 사람의 성질을 나타내는 형용사가 오면, 예외적으로 'of'를 사용한다.
→ kind, nice, wise, cruel, stupid, good, foolish 등

2) 동명사

소유격, 목적격
He is proud of my being a doctor.
He is proud of me being a doctor.
그는 내가 의사인 것을 지랑스러워한다.
→ 소유격과 목적격 둘 다 가능하다.

6. 부정형

not + to부정사, 동명사

I decided **not**(never) to study English. 나는 영어 공부 하지 않기로 결심했다.

He is proud of **not** being a doctor. 나는 의사가 아닌 것이 자랑스럽다.

쉽고 간단하다고 생각한다면, 앞의 설명들을 제대로 이해했다는 증거!

'to부정사와 동명사'를 마치며~~~

지금 학말영에게 여러 가지 생각이 스쳐갑니다. 그중에서도 'to부정사와 동명사의 핵심은 어렵지 않다'는 것! 그걸 꼭 이야기하고 싶었습니다. 시험은 '핵심을 싫어하고 예외'를 좋아하기 때문에, 지금까지는 문법의 '주변'만 맴돌고, 헤맸을 뿐입니다.

다양한 변수도 설명은 했지만, 기본을 중심으로 이해만 한다면 극복 못 할 내용은 없습니다. 억지로 외워야 되는 부분도 의외로 적습니다. 이제부터는 'to부정사'라는 말을 들어도 더 이상 머리 아파하는 일은 없기를 바랍니다.

to부정사와 동명사를 읽느라 고생하셨습니다.

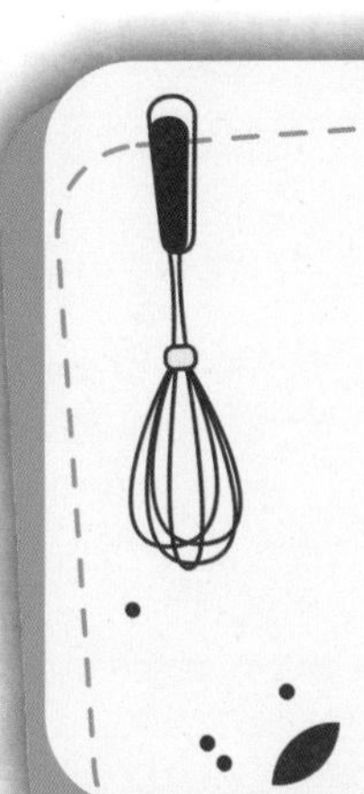

4. 너는 나의 일부분

분사

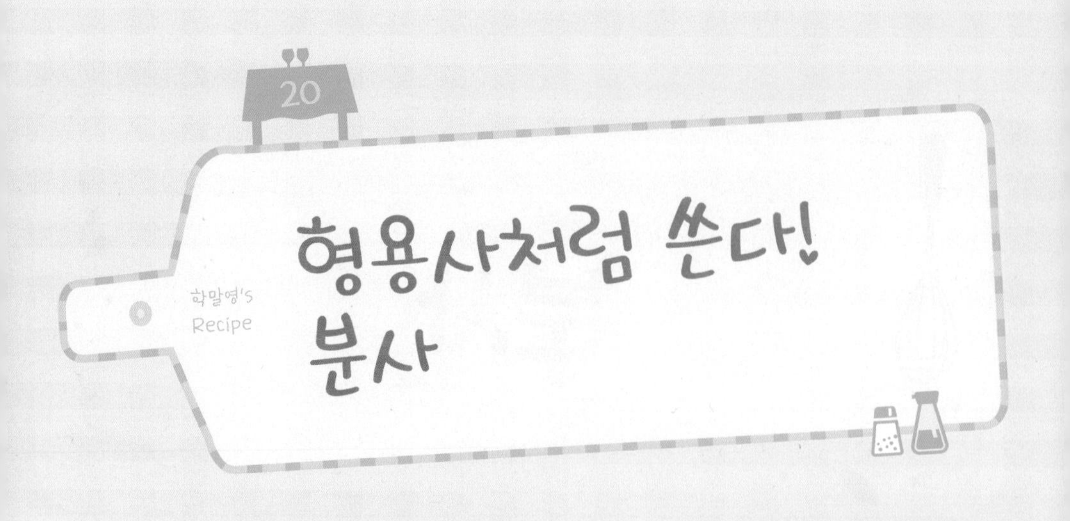

Surprising news! 놀라운 소식!

무슨 대단한 소식? 미안하지만 대단한 소식은 없다. 다만 한가지 신기한(?) 소식은 있다. 위의 두 단어 중에 '분사'가 있다. 문법을 배우지 않는다면, 평범하게 '형용사'처럼 사용하는 '**surprising**', 알고 보면 '분사'였다.

그런데 실생활에서는 쉽게 활용하는 경우를 보기는 어렵다. 한 가지 허점이 있기 때문이다. 모양은 같은데 다르게 사용되는 놈들이 있다! **현재분사는 동명사와 모양이 같고, 과거분사는 동사의 과거형과 모양이 같은 경우가 많다!** 제대로 알아야 하는 이유이다.

'분사'는 다른 단어와 결합해서, '현재완료, 현재진행형, 수동태'로 응용되기 때문에 중요한 부분입니다.

분사(participle, 分詞)의 '유래'

용어 자체가 상당히 난해하다. 이런 말을 만든 취지가 상당히 의심스러울 정도다. 현재분사의 경우는 동명사와 모양이 같은데, 분사라는 말을 납득하기도 어렵다. **이것은 불규칙 동사의 변화에 힌트가 숨어 있다.**

❙ 불규칙 동사의 3단 변신

begin – began(과거) **– begun**(과거분사)

모양이 바뀌고 있지만 공통적으로 동사의 b,e,g,n이 쓰인다. 곧 과거분사는 동사의 부분으로 만들어졌다고 생각할 수도 있다. 그래서 **'분사'라는 특이한 용어를 쓴다.**

분사 = (동사의) 부분으로 만들어진 단어

'participle'의 **part는 부분을** 의미한다. 일본인이 번역할 때, 부분이라는 의미를 '나눌 분(分)'이라는 한자를 이용해 바꾼 것으로 추정된다.

분사의 2가지 형태

❙ 1. 현재분사(~하고 있는)–능동

'동사 + ing'의 형태로 사용한다. 동명사와 모양은 같지만, 걱정할 필요는 없다. 기본적인 활용법은 간단하다. → **형용사처럼 쓰인다는 것만 기억하면 된다!**

1) 혼자 쓰일 때

형용사처럼 명사 앞에서 수식한다.

a sleeping baby 잠자고 있는 아기

a crying baby 울고 있는 아기

a running man 달리고 있는 남자(사람)

2) 딸린 식구(전치사구)가 있을 때

a baby sleeping in the bed 침대에서 자고 있는 아기

a baby crying in the room 방 안에서 울고 있는 아기

전치사구가 붙어서 의미가 길어질 때는 명사 뒤에 적는 것이 원칙이다. 그렇다고 이런 법칙으로만 사용하는 것은 아니다. '**a sleeping baby in the bed**'라는 말을 써도 똑같은 의미이다. 일단 문법을 배우고 나면 너무 고정관념에 사로잡혀 쓸 필요는 없다.

명사 뒤에 분사를 쓰는 것에 대해서는 '관계대명사'에서 다시 나옵니다.

3) 2형식의 보어로 쓰일 때(~하면서)

He sat reading a book. 그는 책을 읽으면서 앉아 있었다.

He stood reading a book. 그는 책을 읽으면서 서 있었다.

자주 쓰이는 패턴은 아니다. 해석도 변칙적이라 2형식이 아니라고 설명하는 책들도 많다.

– He sat (and he was) reading a book.

그는 앉았고, 책을 읽고 있었다. → (생략해서)그는 책을 읽으며 앉아 있었다.

4) 5형식의 목적격 보어

I	**saw**	**him**	**running.**	(달리고 있는)
나는 /	보았다 /	그가 /	달리고 있는 모습을	

I	**heard**	**a baby**	**crying.**	(울고 있는)
나는 /	들었다 /	아기가 /	울고 있는 소리를	

5형식 구조

주어 + 동사 + 목적어 + 목적격 보어
명사 동사 명사 명사
형용사
to 부정사 → 명사
현재분사 → 형용사

분사를 '목적격 보어'에 활용할 수 있는 이유
→ 형용사라서!

2. 과거분사(~되어진, ~하게 된)**–수동**

불규칙 동사만 아니라면, '동사 + ed' 형태를 사용한다. 문제는, 이런 모양이 '과거분사'를 이해하기 어렵게 만드는 가장 큰 이유라는 것이다!

study – studied(과거) – studied(과거분사) – 규칙 동사
begin – began(과거) – begun(과거분사) – 불규칙 동사

외우기 쉽게 하기 위해 과거형과 과거분사를 같이 배우는 것도 이해를 방해하는 요인이다. 성질은 전혀 다른데도 말이다. 영어를 배우는 초심자는 혼동할 수밖에 없다. 과거분사가 왠지 모르게 동사와 비슷하다는 착각을 하게 된다. 과거형 바로 옆에 있으니까!

다른 단어와 결합해야지만, 가능한 이야기이다! (나중에 '완료형' 설명을 읽고 나면 확실히 알 수 있다.)

과거분사 자체는 형용사다.
지금부터는 머릿속에 확실히 개념 정리를 해야 한다.
→ 분사 = 형용사라고!

과거 분사의 사용법 역시 현재분사와 일치한다.

1) 혼자 쓰일 때

fallen leaves 떨어진 나뭇잎들

a used car 사용된 차(중고차)

a cleaned room 깨끗해진(청소한) 방

a cleaned room 깨끗해진(청소한) 방
위의 예문은 문법적으로 완벽한 표현이다. 그런데, 'clean'이라는 놈이 '깨끗한'이라는 뜻의 형용사로 쓸 수 있다는 것이 문제다!
a clean room 깨끗한 방
→ 단어가 다양한 품사(品詞)로 쓰이는 영어의 특성을 보여주고 싶었을 뿐이다. 심각하게 고민하지는 않기를 바란다.

2) 딸린 식구(전치사구)가 있을 때

a car made in Germany

a watch made in Switzerland

a pen made in China

→ '메이드 인 독일, 스위스, 중국', 너무 흔하게 쓰는 이 말에 포함된 단어가 과거분사다!

3) 2형식의 보어로 쓰일 때(~되어진)

He looks disappointed.
그는 보인다. + 실망되어진 → 그는 실망한 기색이다.

He felt frustrated.
그는 느꼈다. + 좌절되어진 → 그는 좌절감을 느꼈다.

4) 5형식의 목적격 보어

I had my hair cut. (동사의 변화: cut-cut-cut)
나는 내 머리가 잘리도록 했다.
(의역)나는 내 머리를 잘랐다.
(cut이 동사원형이라고 오해하는 경향이 있다. 잘못된 생각이다. 머리카락은 다른 누군가에 의해 잘려진다. 그래서 과거분사로 보는 게 맞다.)

I had my hair colored.
나는 내 머리가 색깔 들여지게 했다.
(의역)나는 염색했다.
('사역동사' 부분에서 좀 더 자세히 설명합니다.)

5형식 구조

주어	+	동사	+	목적어	+	목적격 보어	
명사		동사		명사		명사	
						형용사	
						to 부정사	→ 명사
						현재분사	→ 형용사
						과거분사	→ 형용사

→ 과거분사도 형용사다. 목적격 보어에 억지로 추가시켜 외울 필요는 전혀 없다.

현재분사(능동) VS 과거분사(수동)

분사의 행동과, 그 행동이 영향을 미치는 대상과의 관계를 파악하면 이해하기 쉽다.

학말영 was boring (지루하게 하고 있는). 학말영은 지루하게 하고 있다.
→ 학말영이 다른 사람들을 지루하게 만들고 있다.

Students were bored(지루하게 되어진). 학생들은 지루하게 되어졌다.
→ 학생들은 다른 사람에 의해 지루해졌다.

주어와 현재분사, 과거분사의 관계를 생각하면 간단하게 해결된다.
현재분사를 쓰면? 학말영은 능동적으로 지루함을 전파하고 있다.
과거분사를 쓰면? 학생들은 학말영이 전파하는 지루함을 수동적으로 받아들이고 있다. (학생들은 선생님의 말씀을 피할 수는 없는 법 – 귀를 막지 않는 이상은!)

a boring lecture (지루한 강의)
bored students (지루해진 학생들)

핵심 정리

분사는 형용사다

1. 현재분사(~하고 있는)
   예) a sleeping baby – 잠을 자고 있는 아기

2. 과거분사(~되어진)
   예) fallen leaves – 떨어진 나뭇잎들

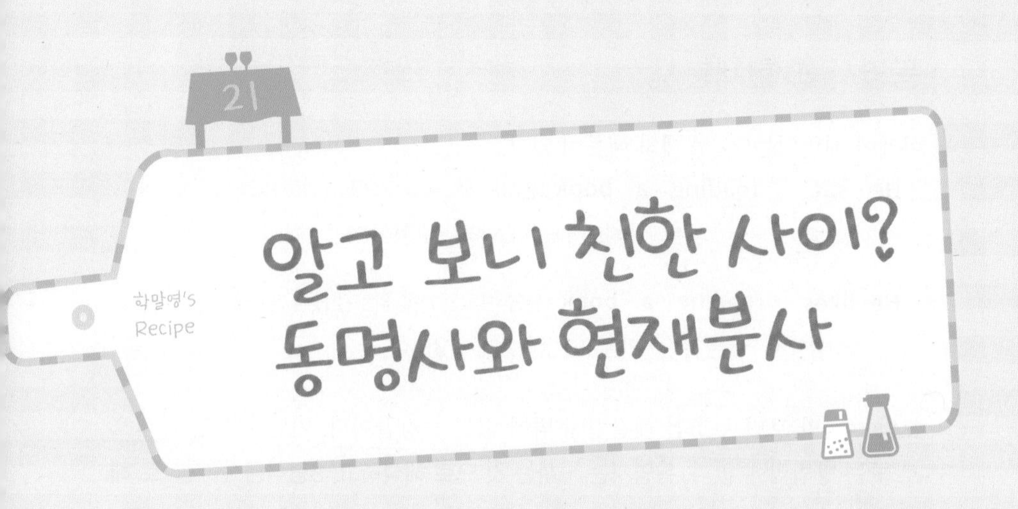

알고 보니 친한 사이? 동명사와 현재분사

분사는 '형용사', 동명사는 '명사'로, 문장에서 하는 역할이 다르다. 그런데 이 둘의 모습은 '동사 + ing'로 100% 싱크로율을 자랑한다. 영어의 초보자들이 어려워하게 되는 이유다. '읽기'를 통해 익숙해지지 않은 상태로는, 헷갈릴 확률이 높아진다. 둘 사이가 어떤지 한 번은 짚어볼 필요가 있다.

오늘 설명에는 헷갈릴 수 있는 내용이 포함되어 있습니다. '분사'에 대한 개념을 정확히 이해하고 읽어주세요!

동명사 vs 현재분사

아래에 재미있는(?) 두 개의 예문이 있다.

He sat reading a book.(분사) 그는 책을 읽으면서 앉아 있었다.

앉았다 + ~ 하고 있는 → ~하면서 앉아 있었다. – 2형식(?)

He likes reading a book.(동명사) 그는 책을 읽는 것을 좋아한다.

좋아한다 + ~ 하는 것 → ~하는 것을 좋아한다. – 3형식

모양(구조)만 보면 무조건 헷갈릴 수밖에 없는 문장들이다. 이런 경우는 해석으로 찾는 방법밖에 없다. 동명사는 '~하는 것'으로 해석하고, 3형식은 '을, 를' 로 해석한다는 것을 기억하면 된다!
사실 이런 설명만으로는 한계가 있다. 현재분사와 동명사는 둘 다 '동사의 성질'을 그대로 갖고 있다. 두 문장의 'reading'이 공통적으로 'the book'이라는 (개인적인) 목적어를 소유하고 있는 것만 봐도 알 수 있다. 그러니 동명사와 현재분사를 헷갈리는 게 당연하다.

현재분사 = '형용사 + 동사'의 성질
동명사 = '명사 + 동사'의 성질

갸우뚱하는 사람도 있을 것이다. 하지만 여러분을 헷갈리게 하려고 이런 말을 하는 것은 절대 아니다. 일단 아래의 예문을 보자!

I saw her dancing on the street! 나는 그녀가 춤추는 것을 보았다, 길에서!

'dancing'은 분명 '현재분사'다. 그런데, '~하는 것'이라고 해석했다. 엥? 동명사인가? 이것은 5형식의 독특한 구조 때문에 발생하는 현상이다.

5형식: 명사 + 동사 + 명사 + 명사 / 형용사
I saw her. + She was dancing(현재분사).
= I saw her dancing.

문법책에서 무조건 '현재분사'라고 설명하는 이유다. 그런데 배우는 입장에서는 납득 못 할 수도 있다. 여러분이 언어학자가 될 게 아니라면, '동명사'처럼 생각하고 사용해도? 시험을 보거나 말하기를 할 때, 전혀 지장이 없는 부분이다.

3형식으로도 볼 수 있습니다.

I saw her dancing on the street. 나는 보았다. 그녀의 춤을 거리에서

→ dancing을 일반적인 명사처럼 생각했을 때 (her는 '그녀의'라고 해석하는 소유격)

I saw her dancing on the street.

나는 보았다. 그녀를 거리에서 춤을 추는 → 거리에서 춤을 추는 그녀

→ 현재분사는 딸린 식구가 있을 때, 뒤에서 수식 (her는 '그녀를'이라고 해석하는 목적격)

절대, 문법에 질리게 할 의도는 없었다. 오히려 문법에 질리고 떠나는 현상을 미리 방지하기 위한 극단의 조치였다. 문법을 공부하면, 간혹 심각한 문제가 발생한다. 이리저리 따지는 버릇이 생기는 것이다. 이건 '동명사일까, 분사일까?'

간혹 '코에 걸면 코걸이, 귀에 걸면 귀걸이'인 상황에 맞닥뜨리게 된다. 문법에 주눅이 들어 있는 사람들은, '언어학자(?)'급의 사람들이 하는 복잡한 설명에 기가 죽고, 문법에 질리는 불상사가 생긴다. 사실 가장 큰 문제는 따로 있다. 복잡한 설명을 듣고 나면, 잘못 사용할 수도 있다는 생각에 대부분의 사람들은 아예 쓰지 않는 경향도 있다.

그럴 필요가 없다. 다양한 관점에서 볼 수 있다면, 그중에 자신이 편한 방법으로 생각하면 그게 답이다! 활용도만 높일 수 있다면, 지극히 주관적인 방식이라도 상관 없다.

명심해야 합니다.

위의 상황은 '현재분사'라고 통일해서 '지각동사'에서 다시 설명할 예정입니다.

문법책에서의 설명(동명사와 현재분사)

해석의 차이로 동명사와 현재분사를 구분할 수 있다고 가르친다.

동명사: ~하는 데 사용되는, ~용도의
현재분사: ~하고 있는

sleeping bag - 동명사
잠자는 용도의 가방 → 침낭 ~~(잠자는 가방)~~
sleeping baby - 분사
잠자는 아기

❙ 학말영식 설명

그런데 동명사가 용도로만 사용되는가? 그런 건 아니다. 구분이 어렵지 않다는 것을 보여주기 위한 문법적 설명일 뿐인데, 오히려 방해가 된다. sleeping bag은 오히려 복합명사로 보는 것이 더 정확하다.

복합명사 = 명사 + 명사
명사는 원칙적으로 나란히 배열하는 것이 불가능하다.
I like to eat apples and bananas.
I like to eat ~~apples bananas.~~

하지만 특정한 목적으로 명사를 조합해 새로운 단어를 만들어 쓰기도 한다. 이를 복합명사라고 한다.

exchange rate 환율
expiration date 만기일
reception desk 접수처

'sleeping bag'도 마찬가지다. 단지 '용도'를 나타낸다고 해서 동명사로 설명한다는 건 배우는 이들이 납득하기 어렵다. '(동)명사+명사=복합명사'로 이해하는 게 훨씬 좋다!

현재진행형

무언가를 하고 있는 중간에 있다는 표현을 하고 싶어서 만들어진 문법 구조다.

He is studying English. – 3형식
→ is(~이다) + studying(~하고 있는) = 공부하고 있는 중이다

He is sleeping in the bed.–1형식
→ is(~이다) + sleeping(~하고 있는) = 자고 있는 중이다

중1 초반 문법 시간에 배우는 내용이다. 굳이 언급을 해야 되나 싶을 정도로 기초적인 내용이지만, 한 가지는 짚고 넘어가야겠다.

'is studying'에서 어느 부분을 동사로 봐야 할 것인가 하는 문제다.

→ 문법적으로 be동사와 현재분사가 합쳐져야만, 완전한 동사적 성질을 가진다. 현재분사는 형용사니까 홀로 동사처럼 쓰일 수는 없다! 이 개념은 중요하다. 다음에 배울, 현재완료와 수동태에도 연결되는 내용이다.

현재진행형도 동명사가 쓰이는 경우와 혼동하면 안 된다.

My hobby is studying English.
내 취미는 영어 공부하는 것이다.
내 취미는 ~~영어 공부하고 있는 중~~이다.

모양만 봐서 생기는 실수는 하지 말아야 한다. 해석도 해봐야 한다.

핵심 정리

동명사와 현재분사는 비슷하면서도 비슷하지 않은 모호한 관계이다.
→ 문법 용어를 구분해서 쓰게 된 이유이다.

동명사 → 명사
현재분사 → 형용사

배우는 이들을 위한 배려입니다!
to부정사의 명사적 용법 ⇔ 동명사
'현재분사'를 '동명사'와 같은 용어로 쓰게 한다면 어떻게 될지 이해하시겠죠?

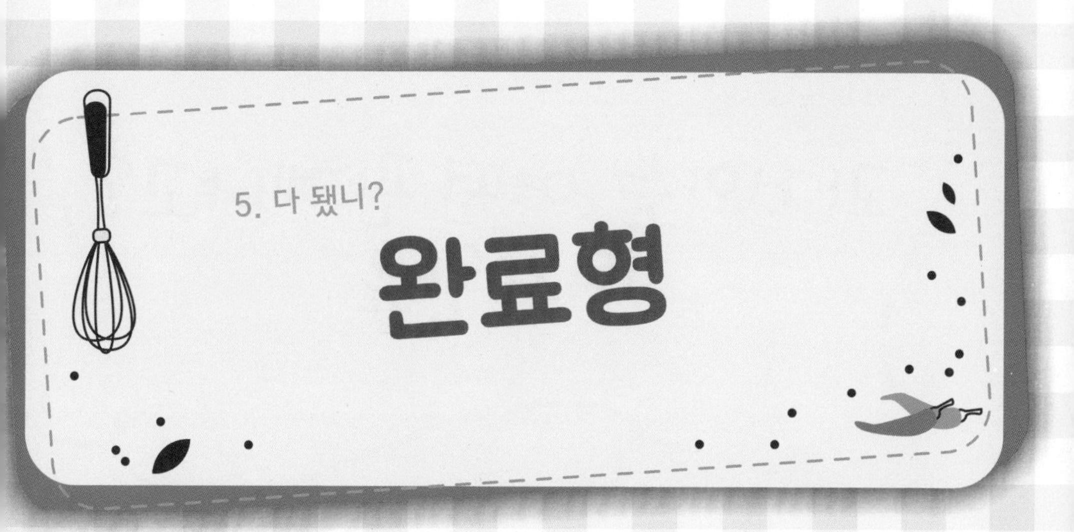

5. 다 됐니?

완료형

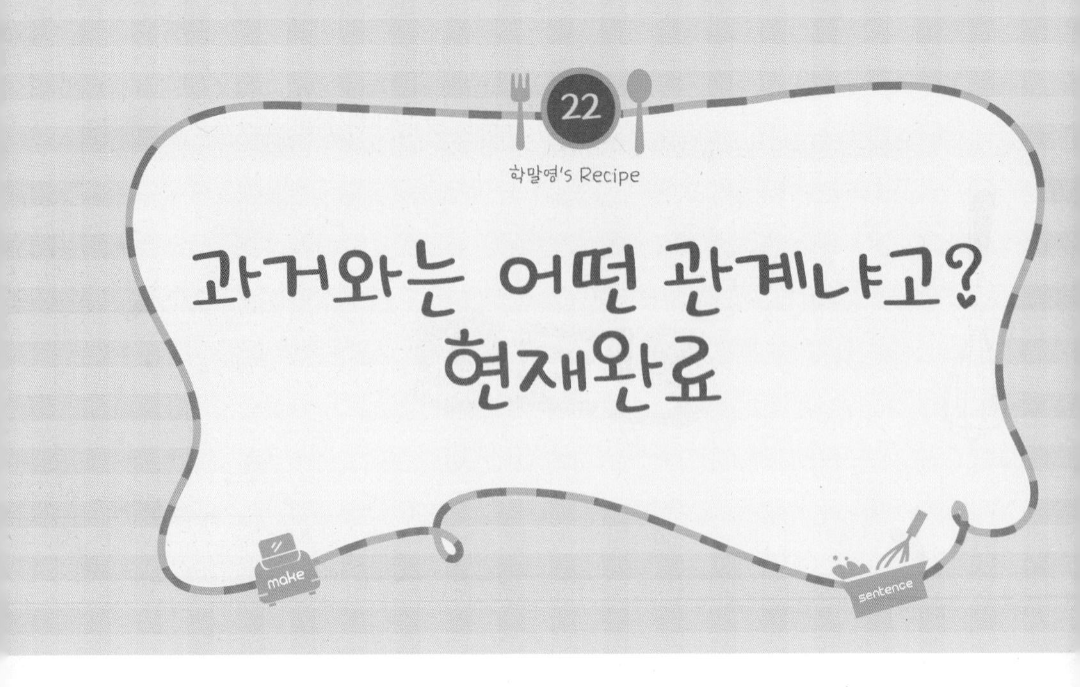

과거와는 어떤 관계냐고? 현재완료

한국인이 아주 어려워하는 문법 패턴 중 하나다. 이것은 원어민과 사고 방식이 달라서 발생하는 문제다. 그래서 문법을 배우고도 활용하지 못하고, 개념은 계속 헷갈린다.

문제는 원어민들이 자주 사용한다는 데 있다. 왜 그럴까? 문제를 해결하는 단서는, '~했었다'라는 '과거형 표현'에 있다.
일단 현재완료형을 몰랐을 때 발생하는 문제를 살펴보고 본론에 들어가보자!

시장에 다녀온 엄마, 아들을 의심하며 질문을 던진다!

한국 엄마

확실히 의심은 하고 있지만, 문장 자체에서 문제가 있다고는 느끼지 못한다.

미국 엄마

완전히 의심하고 있다. '과거형'으로만 말했기 때문이다.

원어민의 과거는 우리와 다르다

현재완료를 제대로 배우려면, 원어민들이 생각하는 '과거'에 대한 개념을 먼저 알아야 한다. 과거는 현재와 전혀 연결되지 않는다고 생각하는 그들의 사고를!

지금 일하고 있는 회사에 얼마나 다녔는지 상대방에게 말할 때

→ 난 10년 동안 여기서 일했어!(한국어)

→ 난 10년 전(과거)의 한 시점부터 지금까지 여기서 일해왔어! (영어)

난 10년 동안 여기서 일했어!

→ I **worked** here for ten years.

현재완료를 모르는 한국인은 분명히 위와 같은 문장을 만든다. 그런데 문제가

발생한다. 위와 같은 말을 들은 원어민이라면 이렇게 받아들일 확률이 높다.

나는 10년 동안 여기서 일했는데, 지금은 일 안 해!

그림으로 표현해보면 다음과 같다.

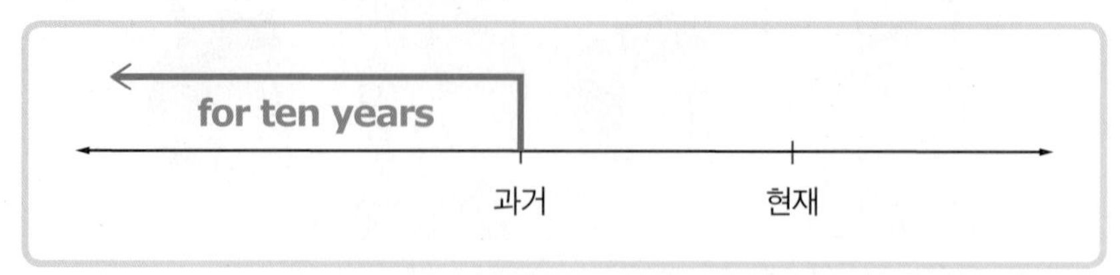

영어에서 '과거'는 '한 시점', '하나의 점'으로만 판단한다. '10년 동안'이라는 말도 과거의 한 시점을 기준으로 이전에 발생했던 사건을 뜻한다.

'과거형'에 대한 원어민식 사고

1. 현재와 전혀 연결되어 있지 않다.
→ 정확히는, 현재도 여기서 일하고 있는지 아닌지 모른다고 판단함.

2. 과거는 하나의 시점으로만 판단할 뿐이다.
→ 문법책에서는, 'last Sunday, three days ago, yesterday 등'이 쓰이면 무조건 '과거형 동사'를 써야 한다고 설명한다. 영어의 초보자는 'yesterday'를 24시간, 즉 상당히 넓은 기간을 나타낸다고 생각하지만, 착각이다. '하나의 특정 시점', 즉 '점'의 개념으로만 판단해야 한다.

(한국어로도, '지난 일요일, 삼 일 전, 어제'라는 말은 현재와 전혀 연관성이 없다. 과거의 이야기일 뿐이다! 예: I met her last Sunday.)

현재완료 = have + 과거분사

이런 영어식 사고의 문제점을 해결하기 위해 '현재완료'가 탄생했다. 두둥!

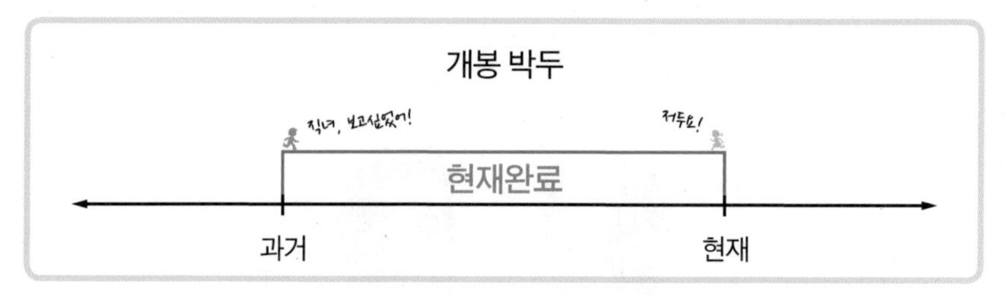

현재완료 = 과거와 현재를 연결해주는 원어민식 방법

현재완료 = 견우와 직녀를 연결해주는 오작교

이제 현재완료를 이용해 문장을 만들어보자.

I have worked here for ten years.
나는 / 지금까지 일했다 / 여기서 / 10년 동안

10년 전(과거)부터 지금(현재)까지 쭈~욱 일해왔다는 내용을, '현재완료'라는 독특한 문법 요소로 표현한다. → 과거와 현재가 전혀 연관성이 없는 원어민의 사고에서는 어쩔 수 없는 선택이었다!
그런데 여기서 잠깐! 혹시, 해석을 보고 이상한 점을 느끼지 못했는가?

> 나는 지금까지 일했다. → 나는 지금까지 일했는데, 현재 완료했다?
> → 관뒀다?

그림 속의 대화에서는, 관뒀다는 느낌이 전혀 들지 않는다! 현재의 직장에서 일한 지 얼마나 됐냐고 물어봤을 때 나올 수 있는 대답이기 때문이다. 그런데 '현재완료'라는 이름이 붙은 이유가 뭘까? 도저히 이해할 수 없다.

→ 제대로 따져보지 않으면 계속 헷갈리고, 활용할 수도 없게 된다!

현재 / 완료 - 개념을 분리해 보자!

1.현재(present)가 기준이다 ★매우 중요

문법책을 살펴보면, 현재완료는 크게 4가지 용법이 있다. 다음 시간에 설명 예정이지만, 꽤나 헷갈린다. 그래서 흔들리지 않는 중심이 필요하다. 바로 '현재'를 기준으로 판단하는 것이다!

과거에 시작된 일이 현재에 영향을 미치는가?
그렇다면 현재완료를 쓴다.
→ 무조건 머릿속에 새겨둬야 하는 개념!

I have been to Korea. 나는 한국에 간 적이 있다.
→ 과거에 다녀왔다. → 현재를 기준으로 한국에 다녀온 경험이 있다.

He has lost the wallet. 그는 지갑을 잃어버렸다.
→ 과거에 잃어버렸다. → 현재를 기준으로 잃어버린 지갑을 찾지 못하고, 잃어버린 상황에 있다.

위의 예문에는, 과거의 어느 시점에 시작했는지도 나와 있지 않다. 과거에 있었던 일이 현재를 기준으로 연결되어 있는지 없는지만 중요할 뿐이다.

2. 완료(perfect)?

먼저 예문을 보자!

I have just finished my homework. 나는 숙제를 막 마쳤다.
→ 과거에 시작한 숙제를 방금 마쳤다. → 현재를 기준으로 숙제를 완료한 상황이다.
(현재를 기준으로 '모든 상황이 종료되었다, 완료되었다'는 뜻)

'현재완료의 용법' 중 가장 먼저 배우게 될 '완료'로 쓰인 경우다. 사실 용어가 만들어진 이유가 허탈할 정도로 단순 무식하다. → 활용도가 가장 높아 먼저 배우고, 자신의 이름이 용어로도 쓰이는 영광을 누리게 되었다.

현재 + 완료 = 현재완료(present perfect)

완료란 말은 머릿속에서 지워라

'완료'라는 느낌으로 많이 활용한다. 하지만 '현재완료'의 쓰임을 제약한다.
기억 속에서 지워야 하는 이유다. 다음에 그 증거들이 있다!

증거1 He has lost the wallet. 그는 지갑을 잃어버렸다.

그는 현재 지갑을 잃어버린 상태다. 아무리 고민해봐도 완료되었다는 생각은 전혀 들지 않는다. 지갑을 잃어버린 상황이 몇 분, 혹은 몇 시간 뒤에도 계속될 듯한 뉘앙스다.

학생들은 가끔 난해한 질문을 하기도 한다.

증거2 He has been to Korea. 그는 한국에 다녀온 적이 있다.

한국에 다녀온 경험이 현재 말을 한 상황에서 '완료, 종료'되었다는 느낌이 드는가? 경험이란 사라지지 않는다. 이것 또한 계속된다는 개념이다.

학생은 사랑으로 가르쳐야 합니다.(^^;)

2가지 증거를 보면 '완료'되었다는 느낌은 전혀 찾아볼 수 없다. 활용도를 높이기 위해서라도 '현재완료'의 '완료'는 기억 속에서 지우는 편이 좋은 이유다.
(I have worked here for ten years. 나는 10년 동안 일해 왔다.[계속 일할 것이란 뉘앙스])

핵심 정리

1. 원어민의 사고를 이해하자.
   → 과거와 현재는 연결되어 있지 않다.

2. 현재가 기준이다.
   → 과거에 한 행동이나 상태가 현재에 연결되어 있는지 없는지 판단하는 것이, **현재완료를 쉽게 활용할 수 있는 핵심이다.**

3. '완료'라는 말은 버려라.
   → 미래에도 이어진다는 느낌을 주는 해석도 가능하다!

현재완료는
'과거와 현재'를 연결해주는 오작교**다! 반드시 기억하자.**

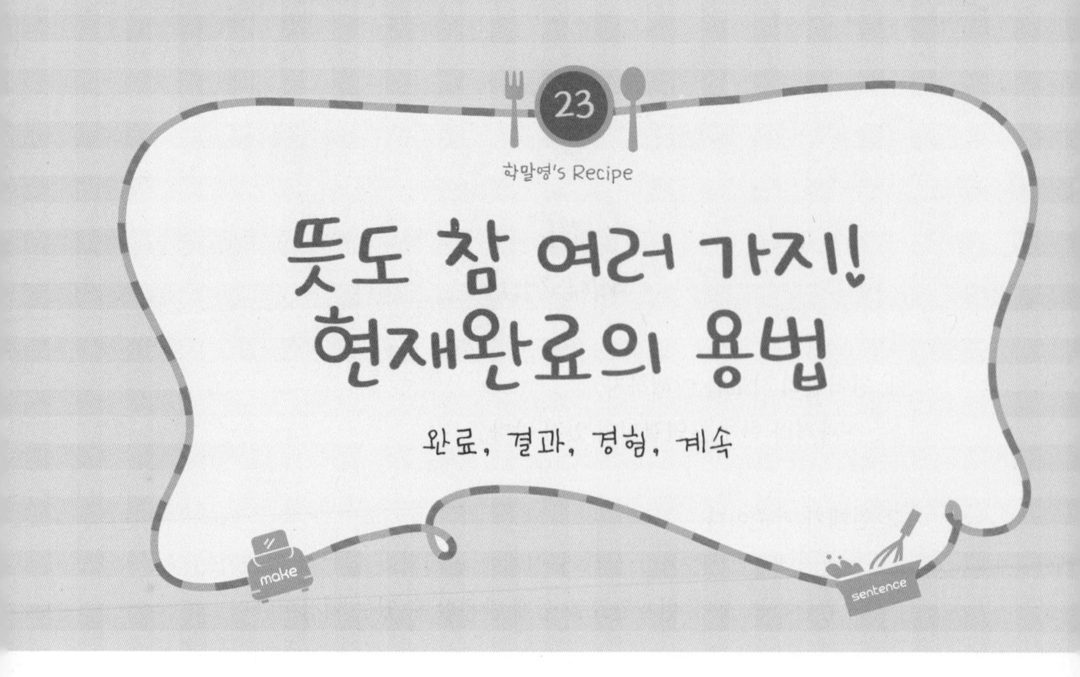

뜻도 참 여러 가지! 현재완료의 용법

완료, 결과, 경험, 계속

현재완료를 배우면 독특한 용법들을 만나게 된다. 기본적으로 4가지를 설명한다. 중학교 내신 시험에서는 간혹 현재완료의 '경험? 결과?'를 묻는 문제가 나오기 때문에 불편하게 생각하는 부분이기도 하다. 예전의 '학말영'도 이런 내용은 무시하는 게 좋다고 판단했다. 하지만 학생들을 가르치면서 깜짝 놀랐다. 의외로 도움이 된다!

완료

'현재를 기준으로 과거부터 해왔던 행동이 완료되었다.'는 의미다. 가장 활용도가 높아 이름에 쓰이고, 4가지 용법 중에서도 처음으로 소개된다!

I haven't finished homework yet. 나는 아직 숙제를 완료하지 못했다.
He has just arrived home. 그는 막 집에 도착했다.

예문으로 쓰인 두 문장은 해석만 봐도, '완료'라는 말이 나온 이유를 알 수 있다. 대단한 법칙이 아니다. 그래서 문법책에서는 괜한(?) 설명까지 덧붙인다.

현재완료 는 '**just**, **already**, **yet**' 등의 '부사'와 자주 어울려 논다.
→ 막 끝냈다, 이미 끝냈다, 아직 끝내지 못했다.

이런 표현들을 쓰면 '완료형'을 쓸 때, 좀 더 효과적으로 의미를 전달할 수 있다는 뜻이다. '단어의 뜻과 부사에 대한 개념'만 있다면 충분히 활용할 수 있다.

| 'ago, yesterday, last, when' 등의 단어는 현재완료로 사용할 수 없다.

I arrived home three days ago. 나는 3일 전에 집에 도착했다.
I arrived home last Friday. 나는 지난 금요일에 집에 도착했다.
When I was a child, I hated English. 내가 어린이였을 때, 영어를 싫어했다.
'과거의 의미'만 나타낸다. (현재와 전혀 연결되어 있지 않다)

home: 명사와 부사
I left home. 나는 집을 떠났다. (집-명사)
I arrived home. 나는 집에 도착했다. (집에-부사)
사실, 형용사로도 쓰입니다. 단어는 항상 '사전'을 찾아보는 습관을 들여야 합니다.

결과

'과거에 한 행동이 원인이 되어, 그 행동의 결과가 현재까지 영향을 미치고 있다.'라고, 괜히 어렵게 설명하는 용법이다.

He has lost the wallet. 그는 지갑을 잃어버렸다.
→ 과거에 잃어버렸다.(원인) → 현재를 기준으로 잃어버린 지갑을 찾지 못하고, 잃어버린 상황에 있다.(결과)

학말영은 '결과'라는 용법에 대해서는 솔직히 납득하기 어렵습니다. 오히려 현재완료를 사용하는 데 방해가 되는 설명일 뿐입니다. 아래와 같은 방식으로 이해하는 게 훨씬 쉬워요.

과거에 잃어버린 사건이 해결되지 않고, 현재까지 이어져오고 있다.

→ 과거에 잃어버린 지갑을 아직(현재)까지 찾지 못했다.

He has gone to Korea.
→ 그는 한국에 갔다. (원인) → 현재 그는 한국에 가고 없다. (결과)

대화를 하는 곳 – 한국

I have gone to Europe.(x)

You have gone to Europe.(x)

→ 이런 말은 쓸 수 없습니다. 왜 그럴까요?

유럽에 가버린 사람이 한국에서 대화를 할 수는 없는 법이죠.

→ 혹시 이런 문장을 만들까 봐 걱정되어 '결과'라는 용법이 만들어진 건 아닐까(?) 생각되어 간단히 언급했습니다.

이해만 했다면, '결과'라는 '이름'은 잊어버려도 좋습니다. → 과거와 현재가 이어져 있다는 사실만 명심해주세요!

경험

과거에 했던 경험은 현재를 기준으로 연결되어 있다. 경험은 지워지지 않으니까!

I have been to Korea before. 나는 전에 한국에 간 적이 있다.
→ 과거에 다녀왔다. → 현재를 기준으로 한국에 다녀온 경험이 있다.

Have you ever been to Korea? 너는 이전에(지금까지) 한국에 가 본 경험이 있니?

I have met him once. 나는 그를 한 번 만난 적이 있다.

경험을 나타낼 때는, ever, never, once, before 등과 함께 쓰인다.

why?
이전에 **만난 경험이 있다.**
결코 **만난 경험이 없다.**
한번 **만난 경험이 있다.**
전에 **만난 경험이 있다.**
(외울 필요 없습니다. 이해했다면 끝!)

have been vs have gone
He has been to Europe. 그는 유럽에 다녀온 경험이 있다 – 경험
He has gone to Europe. 그는 유럽에 가버렸다.(가버려서 현재 없다.) – 결과
→ 두 문장의 구분은 시험에 자주 나옵니다. 실생활에서 활용도 역시 높은 문장들이므로 지금 정확히 알고 갑시다!

계속

'과거의 행동이나 상태가 현재를 기준으로 계속되고 있다.'는 뜻이다. 뉘앙스를 잘 알아야 한다. 현재를 넘어 미래에도 계속되리라는 느낌이다.

I have worked here for ten years.
나는 여기서 10년 동안 일해왔다.
→ 나는 여기서 10년 동안 일했는데, 내일은 일을 안 할까요? 당연히 계속 일할 것 같은 뉘앙스다!

| 문법에서는 극단적인 예를 설명하지 않는다.

→ 오늘까지만 일하고 회사를 그만두는 상황에서도 당연히 이런 표현을 쓸 수 있다. 과거와 현재가 연결되어 있는 개념이니까! (계속된다는 느낌을 줄 때 현재완료를 사용할 수 있다는 뉘앙스에서 나온 설명일 뿐이다.)

I have known him since my schooldays.
나는 학창시절부터 그를 알고 지냈다.
→ 나는 그를 학창시절부터 알아왔고, 알아온 사실이 계속 되리라는 느낌이다.

I haven't slept for the last(?) two nights.
나는 지난 이틀 밤 동안 잠을 못 잤다.
→ 나는 지난 이틀 동안 잠을 못 잔 상태가 계속되어 오고 있다.

'last'가 쓰였는데, 과거형이 아닌 현재완료형?
last는 현재완료로 사용할 수 없다는, 앞의 설명만 생각하면 당황하게 되죠. 영어는 언어입니다. 문법에 나온 내용을 무조건 외워서 사용한다는 생각은 버려야 합니다. 문장의 전체적인 흐름으로 판단해야 합니다.
비교: **last Friday** 지난 금요일에
(과거의 특정 시점)
for the last two nights
(~동안:이틀 전부터 지금까지!)

핵심 정리

활용도를 높이기 위해 용법을 배운다고 했지만, 대부분은 아래와 같은 반응이 예상된다.

완료, 결과, 경험, 계속?

이번 설명의 목적은 용법을 외우라는 게 아니다.

현재완료가 사용되는 예문을 보며 익숙해지고, 활용도를 높이자는 것이다.

→ 이해만 했다면 용법은 버려도 좋다! 시험에 나온다고 하면? 어쩔 수 없다. 자세히 보자.

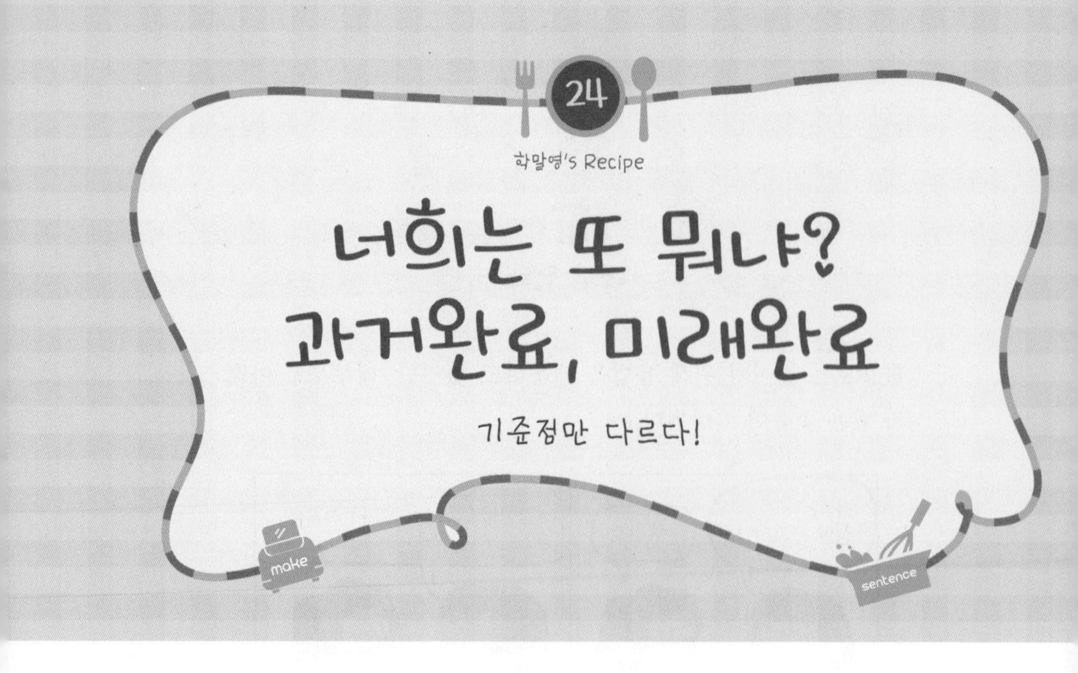

너희는 또 뭐냐? 과거완료, 미래완료

기준점만 다르다!

완료형 문법 공부에 필요한 연결고리가 있다. 바로 현재완료다. 현재완료의 개념만 제대로 이해한다면 과거완료나 미래완료에 대해서는 복잡한 설명이 전혀 필요 없다. 기준점만 다를 뿐이다. 현재완료를 충분히 알았다면 완료형은 벌써 90% 알고 있는 것이나 마찬가지다.

현재완료 복습: 현재를 기준으로, 과거의 사실이 지금까지 영향을 미치고 있다는 뜻!
= 과거와 현재가 연결되어 있습니다.

과거완료 = had +과거분사

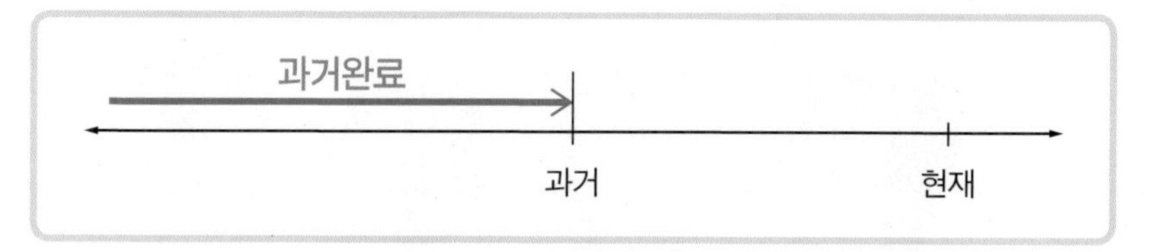

과거완료는 과거가 기준이다! 과거의 특정한 때를 기준으로, 그 이전에 한 행동이 영향을 미칠 때 사용한다. 말은 어렵지만, 현재완료와 완전히 같은 패턴이다. 몇 가지 예문만 보면 바로 이해된다.

I was not hungry / because I'd had dinner.
나는 배고프지 않았다 / 나는 저녁 식사를 마쳤기 때문에
(I had had의 축약형: I'd had)

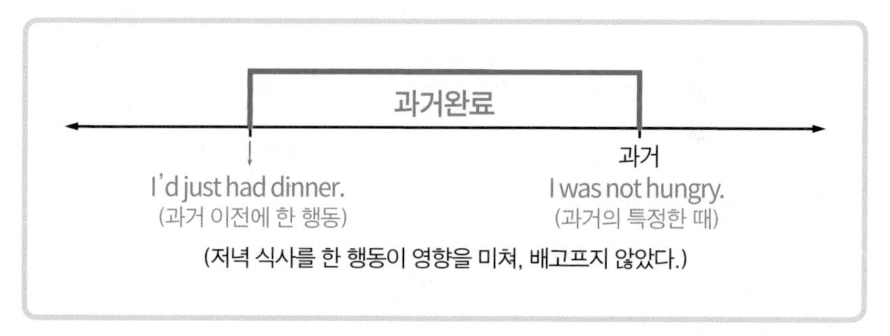

과거완료에는 두 개의 문장이 자주 쓰인다. 비교할 수 있는 과거의 기준점이 필요하기 때문이다. 'I was not hungry.'(과거의 기준점)라는 문장이 없다면, 과거형으로만 의미 전달도 가능하다.

I had dinner. 나는 저녁 식사를 했다.

다른 예문도 살펴보자.

The woman on the plane was nervous. She hadn't flown before.
비행기에 있던 여성은 긴장했다. 그녀는 전에 비행기를 타본 적이 없었다.

When you got home last night, I hadn't had any food for hours.
네가 지난 밤에 집에 왔을 때, 나는 몇 시간 동안 어떤 음식도 먹지 않은 상태였다.

과거완료의 개념보다, 의미상의 시간적인 순서 때문에 헷갈릴 확률이 높다. 아래의 기준만 기억하고, 예문들을 몇 번만 다시 읽어보기 바란다. 훨씬 쉬워진다. (– 기준점: 현재 → 과거 –)

미래완료 = will have + 과거분사

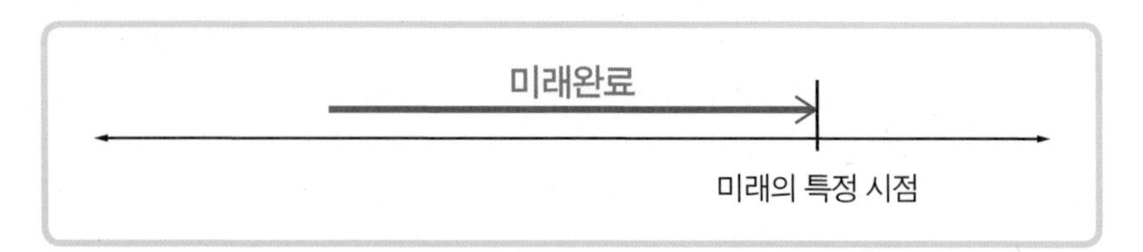

미래완료는, 미래가 기준이다! 미래의 특정한 시점을 기준으로 그 이전에 발생한 일이 완료되거나 영향을 미칠 때 사용한다. 벌써 눈치 챘으리라 생각한다. 즉 현재완료와 기준점만 다르다.

By this time next year, I will have worked here for ten years.
내년 이때쯤이면, 나는 여기서 일한 지 10년이 된다.
(by this time: 이때쯤, 이때까지)

여기서 한 가지 살펴볼 내용이 있다. '미래완료형'은 출발점이 약간 모호하다. 말을 하는 시점보다 전에 시작된 일일 수도 있고, 아닐 수도 있다!

By this time next year, I will have worked here for ten years.
내년 이때쯤이면, 나는 여기서 일한 지 10년이 된다.
→ 출발점(지금으로부터 9년 전 -과거)

미래완료

올해
(말하는 시점)

내년
(일한 지 10년이 되는 해)

추가 예시

The movie will already have started when we get to the cinema.
영화는 벌써 시작했을 거야./우리가 영화관에 도착하면
→ 출발점(영화 시작 -미래)

사실 현재완료형도 마찬가지다. 기준점은 항상 '현재'에 있다고 설명했다. 과거의 어느 시점에 정확하게 시작했는지 몰라도 사용하는 데 전혀 지장이 없다.
완료형의 특징을 잘 보여주는 '미래완료형'이다. 기준점과 이전의 상황이 '연결되어 있느냐, 아니냐'만 중요하기 때문이다.

예) I have been to Korea. 나는 한국에 가본 적이 있다.
예) (언제 다녀왔는지는 전혀 모른다!)

핵심 정리

1. 현재완료에 대한 개념만 있다면 어렵지 않다.

2. 기준점만 명확하게 판단하고 있으면 된다.
   과거완료(had+과거분사) = 과거가 기준
   미래완료(will +have +과거분사) = 미래가 기준

기본 개념이 중요한 이유입니다. '현재완료'에서
기준만 잘 잡았다면 모두 이해 가능하죠!

'p.p'에 대한 고찰
한국의 문법책에서는 'have p.p'라는 표현을 씁니다. 상당히 간단하고 유용한 표현인데, 학말영은 사용하지 않습니다. – 예전에 문법을 어렵게 만든 이유라서!

현재분사(present participle) – p.p
과거분사(past participle) – p.p
둘 다 'p.p'죠. 혼동할 수밖에 없었습니다.
여러분은 이런 고민을 하지 말기 바랍니다. 문법책의 'p.p'는 '과거분사'만을 말합니다!

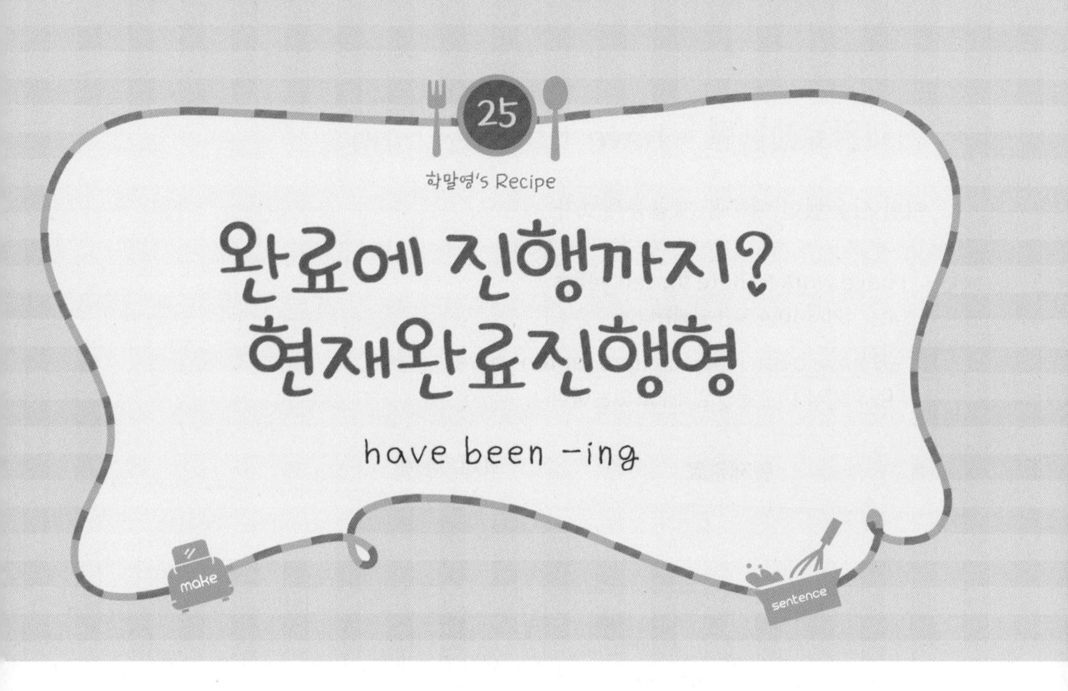

완료! 이 문구는 제발 도려내고 싶다. 난이도가 높지 않은 내용도 '완료'란 말 한 마디로 이해를 어렵게 만드는 신비한 마력을 갖고 있다. '현재완료진행형'도 마찬가지다. 완료된 내용을 어떻게 진행시키란 말인가? '제목'만 보면 당연히 납득할 수 없다.

현재완료는 '현재 완료했다, 끝났다'는 표현으로만 사용하지 않는다. 그래서, 4가지 용법 중 '계속'은, 미래에도 연결되어 있는 느낌이란 것을 기억해내야 한다.
→ 용어만 어려워 보일 뿐이다. 이미 알고 있는 개념만 결합해 쓰면 모두 해결된다.

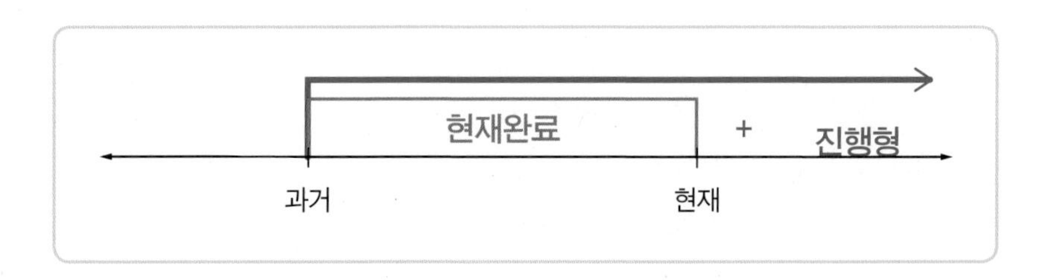

현재완료진행형 = have + been + -ing

이미 사용했던 예문을 재활용해보자.

I have worked here for ten years.
나는 여기서 10년 동안 일해왔다.

→ I have been working here for ten years.
나는 여기서 10년 동안 일해오고 있는 중이다.

현재완료		현재진행형
(과거의 어느 한 시점에서~ 지금까지 일해왔다.)	+	(~하고 있는 중이다.)
have worked		is working

상당히 복잡해 보이지만, 패턴을 읽을 수 있다.

		현재완료	+ 현재진행형
	have	worked	
+		is	working
	have	been	working
		과거분사	현재분사

이렇게 사용하면 된다.

1. 중복되는 단어는 생략한다.

'work'가 두 번 나오기 때문에 하나는 생략해 반복을 피한다.

2. 타협을 한다.

현재완료는 have 뒤에 무조건 과거분사 형태를 적어야 한다. 현재진행형은 work를 빼어가는 대신에 'is → been'으로 바꿀 수 있게 양보한다.

추측입니다. 사실이라 오해는 말아주세요!

- 현재완료수동태

have + been + 과거분사

예: The task has been completed.

그 임무는완료되었습니다!

현재완료 + 수동태

→ has completed　is completed

→ **has completed is completed**

→ **has been completed**

(수동태는 아직 배우지 않았으니 패턴만 보기 바랍니다.)

현재진행형 VS 현재완료진행형

나는 10년째 일하고 있는 중이다!

한국어로는 '현재진행형'도 가능해 보인다. '해석'만 그래 보일 뿐이다. 원어민이 생각하는 사고는 다르다! 그들의 독특한(?) 사고를 또 한 번 들여다봐야 한다.

1. 현재진행형

현재의 일시적인 동작을 나타낼 때 사용

I'm studying English.

과거는 중요치 않다. 지금 무엇을 하고 있는 중인지 아닌지만 중요할 뿐이다. 이런 경우는 현재진행형을 쓴다.

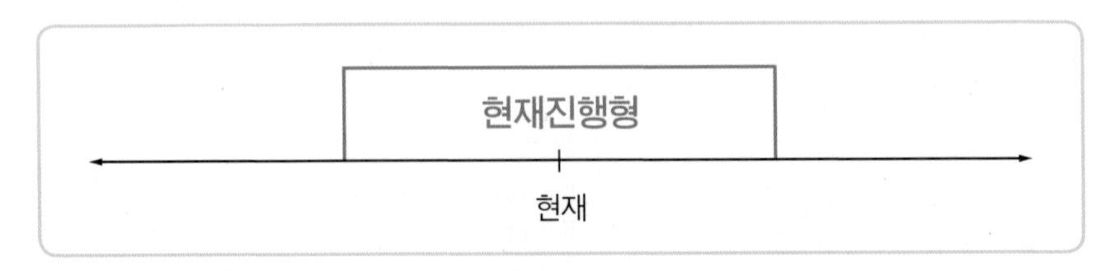

혹시 'I have been studying English.'라는 문장을 쓰면 어떨까?

엄마: 지금 뭐 해?

나: ('영어유치원' 다닐 때부터 지금까지 10년 동안) '영어공부' 중이잖아요!

→ 완전 헛소리가 된다!

2. 현재완료진행형

지금부터 절대 오해하면 안 된다. 현재완료(과거와 현재가 연결된 개념)에, 지금도 계속 하고 있다는 내용을 더 정확히 표현하기 위해 진행형을 추가했을 뿐이다.
뜻은 '현재완료'와 같다. 단지, 생동감과 강조를 하는 느낌이 덧붙여졌다.

I have been studying English for twenty years.

나는 영어를 20년 동안 공부해오고 있다.

현재진행형 불가 동사

문법책에서는, 감정, 상태, 생각이나 소유의 의미를 갖고 있으면 현재진행형을 쓸 수 없다고 가르친다.

like, hate, love, know, be, own, have('가지다'라는 의미로 사용할 때), see(보다), agree 등

I have known him since my schooldays.
→ I have ~~been knowing~~ him since my schooldays.
(상태동사인 'know'가 쓰였기 때문에, 현재완료진행형은 쓸 수 없다!)

이렇게만 설명하면 상당히 이해하기 힘들다. 이럴 때는 현재진행형의 '일시적인 동작'에 관심을 가질 필요가 있다.

상태나 생각은 자기 스스로 컨트롤할 수 없다. 일시적으로 알고 있다가 몇 분 뒤에는 모를 수 있는가? 불가능하다. 감정의 경우도 마찬가지다. 일시적으로 사랑하다가, 일시적으로 싫어할 수 있는가? 사람의 생각은 마음대로 컨트롤할 수 없다. **현재진행형을 쓰고 싶어도 쓸 수 없는 이유다.**

감정을 나타내는 동사? 105쪽의 'to부정사와 동명사 모두를 목적어로 취하는 동사'에서도 배웠습니다. 처음에는 모두 새롭겠지만, 영어의 경험치가 늘어나면서 자연스럽게 개념들이 연결되고, 이미 배웠던 내용을 재활용하게 됩니다. 그만큼 영어 공부가 쉬워지는 거죠!

I'm loving it?

나는 그것을 사랑하고 있는 중이다? 일시적으로 사랑한다는 뜻이 아니라, '현재 그것을 사랑하고 있다'는 생동감을 강조한 문장이다. 사실, '현재진행형 불가동사'는 **문법적으로 완벽하지 않은 부분**이다. 그렇다고 알 필요가 없다는 말이 아니다. '**like, know**'와 같은 단어들은 지금까지 현재진행형으로 쓰이는 경우는 본 적이 없다. 억지로 외우려 하기보다는 자연스럽게 익혀나가는 게 답이다.

이런 문장도 가능합니다.
I'm seeing someone. 나는 누군가와 만나고 있어.(사귀고 있어.)
see는'(눈으로) 보다'의 뜻으로만 쓰이지 않습니다. '누군가와 보고 있는 중이야'를 '만나고 있어'라고 표현한 문장입니다.
이렇게 '현재진행형 불가 동사'는 억지로 외우려고 하면 큰 코 다치는 문법입니다.

핵심 정리

1. 현재완료의 용법 중, '계속'은 현재완료진행형으로 쓸 수 있다.
   → 의미를 좀 더 생동감 있고, 정확하게 표현하는 방법!

2. 현재완료의 용법 중, '계속'과만 바꿔 쓸 수 있다는 오해는 버리자. 자신이 맞다고 판단하면? 그냥 사용하면 그만이다!

3. 현재완료진행형은 길다. 어렵다면 억지로 쓸 필요 없다.

4. 현재진행형에 대한 개념은 확실하게 갖고 가자!

현재진행형만 추가하면, 현재완료진행형은 이해하기 쉽겠죠?

미래완료진행형, 과거완료진행형은 일부러 설명하지 않습니다. 같은 패턴이 반복되기 때문입니다. 예문만 보고 마치겠습니다.

미래완료진행형:

By this time next year, I will have been working here for 20 years.

과거완료진행형:

When I arrived home, she had been waiting for me for a long time.

이걸로 완료는 완료! have had

한국인들을 지겹도록 괴롭혀왔던 완료형! 의외로 개념은 단순했다. 과거형에 대한 원어민들의 독특한(?) 사고, 과거와 현재가 연결되어 있다는 핵심만 알면 허탈할 정도로 간단히(?) 해결되었다. 문법도 알고 보면 기본은 단순하다. 각종 예외만 시험이 좋아해 '숲이 아닌 나무'만 봤을 뿐이다.

그런데 또 무슨 이야기가 남아 있을까?
문법에 대한 지식이 낮을 때, 납득하지 못했던 내용이 있었기 때문이다. 똑같은 동사가 나란히 쓰이는 문장을 본 것이다.

I have had dinner.

이번 설명은 그냥 마음 편히(?) 읽으면 됩니다.

have had의 have

동사가 아니다. 뜻도 없다. '과거분사'와 결합해야만, 비로소 제 역할을 한다. 부정사에 쓰이는 'to'가 아무 뜻이 없는 것과 마찬가지다. **당연히 동사가 아니기 때문에 'have had'처럼 완료형에서 겹쳐 사용할 수 있다.** 그럼 'have'는 전혀 하는 일이 없을까? 설마 그럴 리가 있겠는가!

조동사와 하는 행동이 유사하다! 이것은 의문문과 부정문을 만들 때, 정확히 알 수 있다.

He has finished his homework.
→ He has not finished his homework.
→ Has he finished his homework?

이해를 돕기 위해 조동사 'can'을 이용해 똑같이 의문문과 부정문을 만들어보겠다.

He can do it.
→ He cannot do it. (주어 + 조동사 + not + 동사원형 + 목적어)
→ Can he do it? (조동사 + 주어 + 동사원형 + 목적어?)

그런데 미래완료의 경우는 의문문을 만드는 방법이 다르다.

He will have worked here for ten years by this time next year.
→ Will he have worked here ~?

진짜 조동사인 'will'이 나올 때는 조동사의 역할을 하지 않는다.

→ 상식적으로 생각하면 된다. 그리고 '미래완료'는 활용도가 상당히 낮기 때문에 부담을 가질 필요가 없다.

말하기가 참 애매모호합니다.(——;)

have had의 had(과거분사)

'완료형 마무리'를 준비한 진짜 이유는 완료형에서 사용하는 '과거분사' 때문이다. 뜻을 포함하고 있는 부분이라 동사라는 착각을 하기 쉽다. 대부분의 과거분사는 '-ed' 형태로 동사의 과거형과 모양도 비슷하다. 사실 완료형만 공부한다면 동사처럼 생각해도 전혀 상관은 없다. 그런데 아직 배우지 않은 '수동태'와, '형용사처럼 명사를 수식하는 기능'을 하는 과거분사로서의 능력은 제대로 사용하지 못하게 된다는 게 문제다. 개념을 분리해야 한다.

have와 결합해야 완전한 동사다.

(지금부터는 마인드 컨트롤이 필요하다.)

have는 뜻이 없고, 과거분사는 형용사일 뿐이다. 불완전한 존재가 합쳐졌을 때, 동사처럼 쓰인다는 설명이 좀 더 확실한 표현이다. 무턱대고 동사의 과거형을 쓸 수 없는 이유다.

'have'와 '과거분사'가 합쳐져야 동사라는 증거

He has read **this book three times**.
그는 읽었다 이 책을

→ 완벽한 3형식 문장이다.

의문문이나 부정문을 만들 때, **have**가 조동사처럼 쓰이는 이유도 사실은 단순하다. 두 단어가 쓰이는 데, 굳이 'do'와 같은 조동사를 덧붙여 문장을 복잡하게 만들 필요가 없어서다.(원어민도 경제적으로 언어를 쓰고 싶어 한다!)

~~Does~~ he ~~have read~~ this book three times?
Has he read this book three times?
→ 훨씬 짧고 간결하게 사용할 수 있다.

핵심 정리

I have had dinner.

1. 완료형에 쓰이는 'have'와 과거분사로 쓰이는 'had'는 모두 불완전하다. 둘이 합쳐졌을 때에야 비로소 완전한 동사의 성격을 가진다.

2. have는동사가 아니다, '부정사의 to'와 유사한 조동사 역할.

3. '과거분사'는 '형용사'일 뿐.

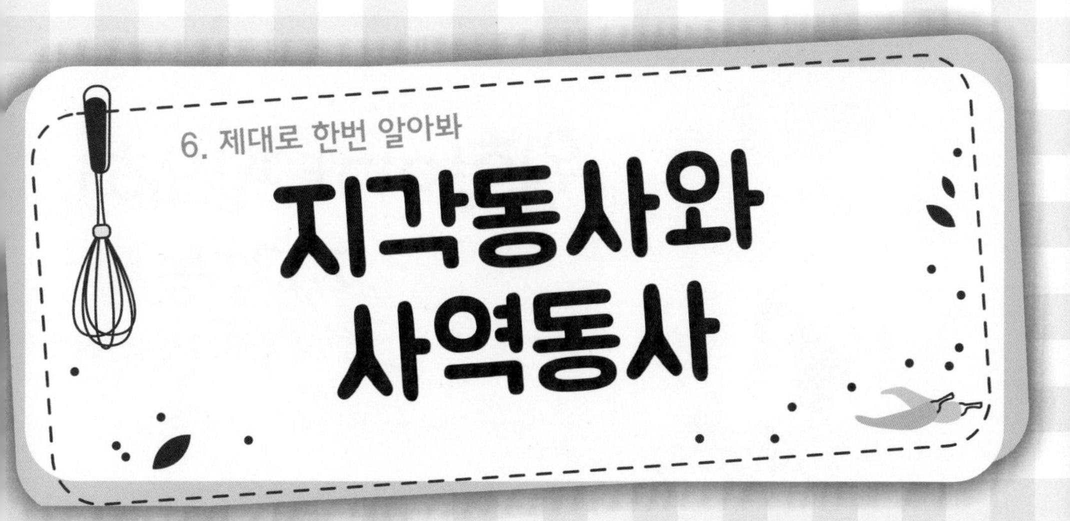

6. 제대로 한번 알아봐

지각동사와 사역동사

27
학말영's Recipe

원형이가 필요해, 지각동사!

5형식에 답이 있다!

이번 설명을 시작하기 전에 잠깐! 현재, 학말영의 강의가 어디쯤에 위치하고 있을까? '완료형 → 수동태'로 가는 목적지의 중간쯤에서 '지각동사, 사역동사'와 잠시 시비가 붙어, 길을 못 가고 있는 상태다.

문법의 핵심이라 하기에는 약간 애매모호한 포지션에 있는 내용이다. 기본적인 틀에서 벗어나는 한 가지 패턴이 있을 뿐이다. 즉 목적격 보어로 '동사원형'을 쓸 수 있다!

그런데 이 문구 하나가 미치는 영향은 대단하다. 예외를 억지로 끼워 맞추다 보니, 문법 설명이 제각각이다. 예외를 사랑하는 시험도 가만히 놔두지 않는다. 오해를 풀기 위해서 한 번은 제대로 살펴볼 필요가 있다. 문법이 아닌 해석(=언어)으로!

시험에 자주 출제되는 부분입니다. 다음에 배울 수동태에서도 변칙적인 패턴으로 활용하기 때문에 자세히 봐야 합니다.

지각동사 – 5형식에 답이 있다!

> 지각동사들
> look at, hear, see, smell, watch, feel, listen to 등

심오한 뜻이 있는 건 아니다. 인간의 오감(五感: 청각, 시각, 후각, 촉각, 미각)을 나타내는 동사들을 묶음으로 설명하기 위해 만들어진 용어일 뿐이다.

자주 쓰이는 단어들만 예로 들었습니다. 원어민도 이런 단어를 다 알 수는 없습니다. 자주 쓰이는 패턴들만 사용할 뿐이죠.

지각동사 뒤에는 동사원형이 쓰인다(5형식에서)

I saw her dance. 나는 그녀가 춤추는 것을 보았다.

I heard him sing. 나는 그가 노래 부르는 것을 들었다.

I felt someone follow me. 나는 누가 나를 따라오는 것을 느꼈다.

문장의 구조로 확인해보자.

	I	saw	her	Dance.
5형식 :	주어	동사	목적어	목적격 보어
	명사	동사	명사	동사원형
	나는	보았다	그녀가	춤추는 것을

원형부정사

지각동사(& 사역동사)를 쓸 때는 독특한 용어를 보게 된다. 원형부정사! 이 또한 문법적 설명을 편하게 하기 위해 만들어진 용어다.

원형부정사 = to부정사(to + 동사원형)에서 to를 빼면 동사원형만 남는다.
I saw her (to) dance.
실제로는 동사원형(dance) 앞에 'to'가 생략된 개념이다.
★ 원형부정사(동사원형)의 진실은 'to부정사'였다. ★

감각동사(2형식) VS 지각동사(5형식)

용어 자체는 전혀 중요하지 않다. 감각동사는 맨 처음 '문장의 형식'에서도 언급했지만, 오류도 많은 문법이다. 사용하는 방법만 주의 깊게 보기 바란다.

감각동사: look, feel, smell, sound, taste 등
사용방법: 감각동사 + 형용사
지각동사: look at, hear, see, smell, watch, feel, listen to 등
사용방법: 지각동사 + 목적어 + 동사원형(원형부정사)

문법책에서는 보통 감각동사와 지각동사를 분리합니다. 혹은 감각동사라는 용어는 전혀 없이 지각동사라는 표현만 씁니다! 용어에 신경 쓰면 안 되는 이유입니다!

두 가지 표현에 쓰이는 단어들이 모두 일치하는 것은 아니지만, 공통적으로 오감을 나타낸다.

다음을 비교해보자.

I feel terrible. 짜증나!
주어 + 동사 + 형용사 → 2형식

I felt someone follow me.
주어 + 동사 + 목적어 + 목적격 보어 → 5형식

It smells weird. 이상한 냄새가 난다.
주어 + 동사 + 형용사 → 2형식

I smelled something burning. 나는 뭔가 타는 냄새를 맡았다.
주어 + 동사 + 목적어 + 목적격 보어 → 5형식

feel과 smell은 감각동사와 지각동사, 둘 다 쓰인다? 이게 무슨 뚱딴지 같은 소릴까?

2형식에 쓰이면 감각동사, 5형식에 쓰이면 지각동사!

용어는 이 정도로만 이해하고, 기억 속에서 지워버리면 된다. 문장을 어떤 방식으로 만드는지 예문에만 집중하기 바란다. 애써 구분하려 하는 순간, 문법과는 작별하게 된다. 단순히 2형식과 5형식에서 쓰이는 용도를 쉽게 설명하기 위해 만들어졌을 뿐이다

감각동사에 대한 설명은 34쪽을 다시 확인하면 좋습니다.

지각동사 뒤에는 동사원형만 쓰이나?

문법적으로 지각동사를 가르치는 이유가 무엇이라고 생각하는가? 동사원형이 (목적격) 보어로 쓰인다는 예외적인 것을 설명하기 위함이다. 그 이상, 그 이하도 아니다. 문제는 지각동사를 처음 배울 때, 동사원형만 쓴다고 착각하기 쉽다는 데 있다.

오해를 풀기 위해 설명은 하겠지만, 솔직히 쉽지는 않다. 5형식의 목적격 보어에 쓰이는 단어들은 꽤 복잡하기 때문이다. 영어는 언어라서 법칙을 무조건 적용할 수도 없다.

hell gate: 지옥의 문

5형식: 주어 + 동사 + 목적어 + (목적격)보어

명사
형용사
과거분사
현재분사
to부정사
동사원형(원형부정사)

5형식이란 놈이 만만치 않다. 목적격 보어로 쓰이는 형태가 다양하기 때문이다.

I saw him running. (현재분사) 나는 그가 달리고 있는 것을 보았다.

I saw him run. (동사원형) 나는 그가 달리는 것을 보았다.

I saw him dead. (형용사) 나는 그가 죽은 것을 보았다.

I heard my name called. (과거분사) 나는 나의 이름이 불려지는 것을 들었다.

(목적격)보어로 정말 다양한 형태가 쓰이는 것을 확인할 수 있다.

이제 구체적인 설명을 보자

I saw him running. 현재분사: ~하고 있는 중인
나는 보았다. 그가 달리고 있는 것을

I saw him run. 동사원형
나는 보았다. 그녀가 달리는 것을

현재분사와 동사원형? ★중요

2가지 중에 어느 것을 쓸지는 본인 맘대로다. 현재분사(-ing)는 지금 동작을 하고 있다는 상태를 강조하는 표현일 뿐이다. 좀 더 자세하게 쓰고 싶다면 '현재분사', 그게 아니라면 '동사원형'을 써도 무방하다.

(뉘앙스의 차이는 분명히 존재한다. **현재진행형[be동사 + 현재분사]**에 대한 개념을 다시 한 번 생각해 보면 된다!)

I heard my name called. 과거분사: ~되어진, ~하게 된

나는 들었다. 내 이름이 불리고 있는 것을

→ 과거분사의 의미만 알고 있다면 이해하기 쉽다. '부르다 + ~되어진 = 불려지는'이라는 개념만 알면 된다.

~~'불려지다'~~ 한국어로 '불리다'가 바른 표현입니다. 해석에서는 '~해지다'를 강조하기 위해 '불려지다'로 표현했습니다.

한국어를 말할 때는 틀리는 것에 상당히 관대하지만 영어로는 조금만 틀려도 창피해 하고, 쓰면 안 된다고 생각하는 경향들이 있습니다. 모국어가 아닌데도… 시험용 영어에 의한 '인셉션 현상'입니다. 인셉션 현상: 머리에 잘못된 생각이 심어져 생기는 현상(영화 제목에서 인용)

I saw him dead. 형용사

나는 보았다. 그가 죽은 (것을)

→ 설명하지 않아도 이해할 수 있으리라 판단한다. 이미 목적격 보어에서 '형용사, 명사'가 쓰일 수 있다고 배웠으니까!

I saw her?

언어는 의사소통을 위해 쓴다. 문장이 말도 안 되는데 쓸 수는 없다. 지각동사가 쓰이면, '~가(목적어) ~하다(목적격 보어)'처럼 어떤 행동이나 상태를 설명하는 뜻이

된다. 명사를 보어로 쓰면 이런 표현이 불가능하다. 명사는 '이름'일 뿐이니까!

문법은 예외없는 공식이 아니다. '지각동사'에 명사가 쓰일까 안 쓰일까? 사실 이런 설명은 귀담아 듣지 않아도 된다. 학말영이 문법을 혐오하던 시절에는 문법을 공식처럼 생각했다. 그래서 잘못된 표현을 많이 썼다. 영어는 수학이 아니라 언어인데!

I saw her danced. 나는 그녀가 춤춰지는 것을 보았다.

'지각동사 + 목적어 + 과거분사' 형태가 가능하다고 끼워 맞추다 보면 이상한 해석의 문장이 된다. 얼핏 봐서는 괜찮은 표현 같지만, 말이 안 된다.

이게 상식적인 상황에서 가능한가?
꼭두각시 연극이라면 몰라도.
예) **I saw a doll danced.** 나는 인형이 춤춰지는 것을 보았다.

목적격 보어로 다양한 단어 형태가 올 수는 있다. 하지만 문장으로 만들었을 때 해석이 이상한지 아닌지에 따라 상황이 바뀐다. 영어를 힘들어하는 한국인들이 좀 더 자연스러운 문장을 만들고 활용하기 위해서는, 다양한 예문들에 노출되어야 하는 이유다. 눈에 익숙해지고, 반복적으로 사용하는 문장들이 많아지면, 자연스럽게 맞고 틀린 문장을 찾아낼 수 있게 된다.

문법을 배운 뒤에는 영화나 미드, 책 읽기, 시험용 독해(?) 등을 통해 실력을 쌓는 방법이 있습니다.

핵심 정리

1. 지각동사는 동사원형을 5형식의 목적격 보어로 쓴다.
   → 목적격 보어로 to부정사를 사용할 때, 'to'를 뺀다.
   → '동사원형 또는 원형부정사'라고 설명하는 이유다.
   I saw her (to) dance. → to는 절대 쓰지 않는다.

2. 5형식의 목적격 보어: 명사, 형용사, 현재분사, 과거분사, 동사원형, to부정사
   → 말만 되면 어떤 단어(품사)를 써도 상관 없다! 지각동사는 무조건 동사원형만 써야 한다는 착각을 하지 말자.

 동사원형을 써야 할 상황이 월등히 많긴 합니다.

지각동사의 목적격 보어로 동사원형이 쓰이는 게 너무 특이해서 강조해서 말하는 것뿐입니다. 영어는 언어란 것을 명심합시다.

28

학말영's Recipe

시키는 게 아니라니까! 사역동사

마트에서 파는 묶음 상품처럼 배우는 지각동사와 사역동사! 이유는 단순하다. 5형식 문장의 목적격 보어로 'to 부정사 → 동사원형'이 사용되기 때문이다.

5형식: 주어 + 지각동사, 사역동사 + 목적어 + (목적격) 보어
명사 동사원형

그런데 고민이다. 이 놈은 지각동사보다 상태가 심각하다. 오래된 문법책의 설명으로는 이해할 수도 사용할 수도 없다. 아이러니하지만, 쉽게 설명하고 이해시키기 위한 방법 때문에 발생하는 문제다.

사역동사는 크게 3가지가 있다. 공통적인 분모인 동사원형이 쓰인다는 것과, 뜻이 비슷하다는 점이 사태를 악화시킨다!

사역동사 - 시키는 동사?

문법책의 설명은 의외로 간단하다. 사역동사는 '시키다'라는 뜻을 갖고 있다, 끝!

사역의 뜻을 살펴보자

> 사역(使役): 사람을 부려 일을 시킴 + 동사 = 사역동사
>
> (한국어로는 몇십 년 전에 유행이 지난 단어로, 용어 자체부터 거부감이 든다.)

사역동사에는 어떤 것이 있을까?

> make, have, let

동사원형을 넣어 문장을 만들어보자.

> I made him clean the room. 나는 그가 방을 청소하게 만들었다.
>
> I have him clean the room. 나는 그가 방을 청소하게 했다.
>
> I let him clean the room. 나는 그가 방을 청소하도록 허락했다.

문법책에서는 '시키다'라는 뜻으로 배우지만, 실제로는 느낌이 다르다.

make = 만들다

make의 뜻은 누구나 알고 있다.

만들다!

지금부터는 사역동사에서 쓰이는 '시키다'라는 뜻은 머릿속에서 지워버리기 바란다. make는 본래의 뜻을 그대로 간직하고 있을 뿐이다.

I made him clean the room. (동사원형)
나는 그가 방을 청소하도록 만들었다.

→ 동사원형이 쓰이면 사역동사라는 말장난을 할 뿐이다!

I made him happy. (형용사) 나는 그를 행복하게 만들었다.

I made him a doctor. (명사) 나는 그를 의사로 만들었다.

I made the room cleaned. (과거분사) 나는 방이 청소되도록 만들었다.

I made him ~~cleaning~~ the room. ~~(현재분사)~~
나는 그가 방을 청소하고 있는 중으로 만들었다.(?)
해석이 이상하면 쓰지 않는다![지난 시간의 내용 기억나시죠?]

예문에 있는 글들은 모두 5형식 문장이다. 모두 '만들다'라는 뜻을 갖고 있다. '시키다'라는 뜻은 전혀 사용하지 않았다!

I	made	him	clean	the room. (동사원형)
나는	시켰다.	그가	청소하도록	방을

나는 그가 방을 청소하도록 시켰다.

예문의 첫 번째 문장에 쓰인 make의 뜻을 '시키다'로 바꿔보았다. 해석은 어색하지 않다. 하지만, 비효율적이다. '만들다'라는 뜻이 있는데, '시키다'라고 번역할 필요가 없다. 단순히 (목적격)보어로 동사원형이 쓰인 예외일 뿐이다! 뜻이 바뀐다고 오해하면 절대 안 된다.
보통 사역동사 'make'는 강요하는 뉘앙스라고 한다.
당연하다. '만들다'라는 뜻을 한 번만 더 생각해보면 된다.

I	made	him	~~cleaning~~	the room. ~~(현재분사)~~
나는	만들었다.	그가	청소 하고 있는 중으로	방을

나는 그가 방을 청소하고 있는 중으로 만들었다.(?)

현재분사는 '~하고 있는 중'이란 뜻이다.
문법적으로 **make**는 현재분사를 (목적격)보어로 취할 수 없다고 한다. 이유에 대한 자세한 설명은 도저히 할 수가 없다. 말이 안 되기 때문이다!

have - ~하게 하다

사실 사역동사로 쓰이는 have의 수많은 문법적 설명들을 확인해보면, 하는 말들이 미묘하게 다르다. 상황에 따라 해석의 뉘앙스가 바뀌기 때문이다. 'make = 만들다'처럼 설명하기도 힘들어, 문장을 직접 보며 이해하는 수밖에 없다.

주어 + **have** + 목적어 + 동사원형
과거분사

아래의 예문을 보면, '시키다'는 뜻과는 다릅니다.

I had him cut my hair. (동사원형) 나는 그가 내 머리를 자르게 했다.

I had my hair cut. (과거분사) 나는 내 머리가 잘리게 했다.

(cut은 불규칙 동사임. cut[현재] - cut[과거] - cut[과거분사])

I had him cut my hair. 나는 그가 내 머리를 자르게 했다.

관점1. 미용사라는 직업 – 머리를 자르는 일을 함. ([누군가의 임무를] 하게 하다.)

관점2,3. 미용실에 머리를 자르러 간 손님의 입장
([돈을 주고] 시키다. or [돈을 주고] 부탁하다.)

(공통적인 관점– 강제로 '시킨다'는 느낌은 아니다.)

'아이언맨1' 중에서
I had my eyes opened.
나는 내 눈이 떠지도록 했다. – (의역)나는 눈을 뜨게 되었다. – 깨달았다!
[상황 설명] '테러 조직'에서 탈출한 주인공이, 납치되었던 당시를 상상하며 하는 말.
(내 눈이 떠지도록 '시킨다'는 일은 절대 있을 수 없는 일이다!)

let –허락하다, 허용하다

make, have와 전혀 다른 뜻이다. 안타깝지만, '시키다'라는 의미와도 전혀 맞지 않는다. 사실, 놀랄 일은 아니다. **사전만 살펴봐도** '시키다'라는 개념은 전혀 없다는 것을 알 수 있다. 낡은 문법책의 설명에서 오는 오류일 뿐이다!

I	let	him	clean the room.
주어 +	사역동사? +	목적어 +	동사원형
	허락하다		
	허용하다		

나는 그가 방을 청소하도록 허락했다.

문법이 아닌 해석으로 접근하면 충분히 이해할 수 있습니다.

1. **Let me go**. (영화에서 자주 볼 수 있는 표현)

나를 가게 허락해줘.→나를 가게 좀 해줘. → (의역)손 치워, 임마!

상대방에게 자신이 갈 수 있도록 시켜달라고? 사역동사의 의미로 해석하면 말도 안되는 표현이 된다. 'let'은 '허락하다, 허용하다'라는 뜻이다. 지금부터 '시키다'라는 의미는 머릿속에서 완전히 지워버리자!

이런 표현은 여자와 남자가 싸우고 난 뒤, 혹은 이별할 때 쓸 수 있는 표현이다. 여성이 자신에게 추근거리는 남자에게도 쓸 수 있는 표현!
(남자인 학말영에게는 왠지 씁쓸한 표현입니다...)

2. **Let it go.** (겨울왕국 주제가)

그것을 가게 허용해라! → 그것을 가게 해라. → 내버려둬, 떨쳐버려!

그것을 가게 시켜라?

'It = 헤어진 그녀에 대한 생각'을 뜻한다. 여러분은 생각을 가도록 시킬 수 있는가? 사람이나 동물도 아니고, 강제로 시켜서 될 문제는 아니다. 이것은 '영어나 한국어'나 똑같다. 당연히, '떨쳐버려, 내버려 둬'라는 표현이 맞다!

(더 유명한 비틀즈의 노래 제목에도 같은 패턴이 사용됨.)

→ Let it be → 그것을 ~이게(되어지게) 허용해라 → 순리에 맡겨라 → 그냥 놔둬!

3. I let him clean the room.

나는 그가 방을 청소하도록 허락했다. (O)

나는 그가 방을 청소하도록 시켰다. (X)

let을 '시키다'라고만 생각하고 문장을 만든다면, 상대방은 당황할 수밖에 없다. 청소를 너무 간절하게 하고 싶은 사람에게 허락한다는 해석이 된다!

Let's go picnic! 소풍 가자!

문법책에서는 '시키다'와 상관 없는 '~하자'라는 뜻으로 쓰이는 숙어라고 합니다.

→ Let us - 우리가 ~하는 것을 허용해라 (우리 ~ 하자!)

→ 이런 해석이 되는 것은 당연하다!

핵심 정리

※ 공통 핵심

- make, have, let을 사역동사로 묶어 설명하는 이유는?
  → 목적격 보어로 to부정사가 올 때, 예외적으로 'to'를 생략한다!

- 동사원형은 to부정사의 'to'가 생략된 개념이다.
  → 원형부정사라고 하는 이유다.

1. make
   1) 사용법: 주어 + make + 목적어 + 동사원형, 과거분사, 명사, 형용사
   → 5형식에 쓰이는 다양한 형태의 (목적격) 보어가 올 수 있다.
   → make는 현재분사를 뒤에 쓸 수 없다. why? 말이 안 되니까!
   2) 뜻: '시키다'가 아니다. '만들다'라는 뜻이다.
   → 동사원형이 뒤에 올 때만 사역동사라고 하는 것은 완전히 말장난이다.
   예) I made **him** clean **the room.** (동사원형)
   나는 그가 방을 청소하도록 만들었다.

2. have
   1) 사용법: 주어 + have + 목적어 + 동사원형, 과거분사
   2) 뜻: 관점에 따라 다르다.(make처럼 강제성을 띠지는 않는다!)
   예) I had him cut my hair. & I have my hair cut.
   나는 그가 내 머리를 자르게 했다. & 나는 내 머리가 잘리도록 했다.

3. let

1) 사용법: 주어+let+목적어+동사원형

2) 뜻: 허락하다, 허용하다.

예) Let me go! 날 가게 허락해줘요. → 좀 가게 해줘요!

말이 되는 문장을 만들 수 없기 때문에 make처럼 다양한 (목적격) 보어가 올 수 없다. = 문법의 문제가 아니라, 해석이 자연스럽지 못해서 사용하지 않을 뿐이다!

have는 현재분사가 (목적격)보어로 오면 '(설득해서) ~하게 하다'라는 뜻을 나타낸다고 합니다. 죄송하지만, 설명하지 않습니다. 이런 것들은 직접 문장으로 만났을 때, 이해하면 됩니다. have는 활용도가 낮아, 억지로 많이 배우면 문법에도 질립니다.

29 학말영's Recipe

비슷한데 다르다고? 준사역동사

get, help

제목만 보면 상당히 당황스럽다. 사역동사라는 이름도 헷갈리는데, 준사역동사란 또 무슨 생뚱 맞은 말일까? 문법책에서는 이렇게 가르친다.

준사역동사 = 사역동사와 사용하는 방식이 비슷하지만, 약간은 다르다는 말

학말영이 싫어하는 용어다. 실제로 '사역동사'로 쓰이는 단어들과 연결해 설명할 필요는 없기 때문이다. 그런데, '준-'이라는 말을 붙여서 비슷하다고 이야기하는 이유는 뭘까?

get – **목적격 보어로 '동사원형'이 쓰이지는 않지만, 의미가 '시키다(?)'와 비슷함!**
Help – **목적격 보어로 '동사원형'을 쓸 수 있지만, 의미는 비슷하지 않음!**

준사역동사? 사역동사와 연결시킬 필요 없는 변칙적인 패턴!

get – (설득해서?) ~하게 하다, 유도하다!

문법책에서는 사역동사 'have'와 바꿔 쓸 수 있다고 가르친다. 하지만 목적격 보어로 '동사원형'이 아닌 **to**부정사를 쓴다. 준사역동사라고 부르는 이유다.

I	got	him	to chase	me.
나는	~하게 (유도)하다.	그가	쫓아다니도록	나를

주어 + get + 목적어 + **to**부정사
과거분사
현재분사

have와 비교해보자.

주어 + have (사역동사) + 목적어 + 동사원형
과거분사
(현재분사)

get이 have와 다르게 쓰이는 이유는 문법적인 차이 때문이 아니라, 해석의 미묘한 뉘앙스로 인해 발생하는 문제다.

I got him to chase me again. 나는 그가 나를 다시 쫓아다니게 (유도)했다.

How to get her chasing you! 그녀가 당신을 쫓아다니게 하는 방법
(의역: 당신에게 관심을 두게 하는 방법)
(how to + 동사원형: ~하는 방법)

영문 사이트의 '연애상담 Q&A'에서 발견한 내용입니다. 뉘앙스에 가장 알맞은 문장이기 때문이죠!
원문: How do I get him to chase me again?
그가 나를 다시 쫓아다니도록 만드는 방법 없을까요?

1. **I** got **him** to chase **me again.**

'시키다'와는 전혀 상관 없다. 행동을 자연스럽게 하도록 유도하는 뉘앙스다.

'썸'을 타던 남자가 있었다. 그런데, 자신에 대한 관심이 식었음을 느꼈다. 결국, 어떤 방법(?)을 써서 그의 마음을 돌려야만 했다. **결과는 성공!**

나는 그가 다시 나를 (좋아해서) 쫓아다니게 **(유도)**했다.

get을 '시키다'라고 해석하면 절대 이해할 수 없는 예문이다. '나는 그가 나를 쫓아다니게 시켰다?', 전혀 말이 안 된다.

2. **How to** get **her** chasing **you!**

첫 번째 예문과 쓰는 방식이 동일하다. **현재분사가 쓰였다는** 차이점이 있지만, 해석상의 차이는 거의 없다.

get + 목적어 + 현재분사 → (~을 시작)하게 하다. → 너를 쫓아다니기 (시작) 하게 하다.

실제로 'to부정사'와 '현재분사'를 쓰는 뉘앙스의 차이는 거의 없습니다.

학말영의 관점

get의 기본 의미는 '얻다'!

I	got	him	to chase	me	again.
나는 /	얻다 /	그를 /	쫓아오도록 /	나를 /	다시

나는 그를 얻다/ 나를 다시 쫓아다니도록

한 문장이라고 해도, 나누어 해석해보면 억지로 'get'의 다른 뜻을 외울 필요가 없다!

get + 목적어 + 과거분사

I got him to clean the room. 나는 그가 방을 청소하도록 (유도)했다.
→ I got the room cleaned. 나는 방이 청소되도록 (유도)했다.
(과거분사: ~되어진, ~해진)

재미있다. 단어 하나만 바꾸면 'clean'의 형태를 바꾼다? 문법이 아니라, 해석의 차이 때문이다. '과거분사'의 개념만 이해하면 모두 해결된다.

그가 → **청소한다** (to부정사)
그 방은 → **청소된다** (과거분사)

이 개념은 '수동태'를 배우면 좀 더 이해가 쉬워집니다!

help - 돕다

준사역동사에 포함된 이유가 너무 재미있다. '사역동사'처럼 목적격 보어로 동사원형을 쓸 수도 있고, 안 쓸 수도 있기 때문이다.

I	helped	him	finish(=to finish)	homework.
나는	도왔다	그가	완료하는 것을	숙제
주어 +	help	+ 목적어 +	동사원형 = to부정사	

나는 그가 숙제 완료하는 것을 도왔다.

핵심은 'to부정사 = 동사원형'이다. 어떻게 써도 뜻은 같다.

동사원형은 'to'가 생략된 개념입니다. ★중요

I	helped	finish(=to finish)	homework.
나는	도왔다	완료하는 것을	숙제
주어 +	help +	동사원형 = to부정사	

나는 숙제 완료하는 것을 도왔다.

help 뒤에 to부정사가 바로 올 수도 있다. 이런 경우에는 '동사 + 동사'(helped finish)처럼 특이한 모양의 문장도 가능하다.

5형식 VS 3형식

I / helped / him / finish homework. (5형식)
주어 / 동사 / 목적어 / 목적격 보어

I / helped / finish homework. (3형식)
주어 / 동사 목적어 / 목적어

to부정사는 목적어로 올 수 있다. (3형식)
& to부정사는 (목적격) 보어로 올 수 있다. (5형식)
→ **help를 쓸 때는 'to'를 생략할 수 있다는 것만 알면 된다!**

핵심 정리

1. get + 목적어 + to부정사, 과거분사, 현재분사

   해석: ~하게 (유도)하다.

   I got him to chase me again. (to부정사)

   How to get her chasing me! (현재분사)

   I got the room cleaned. (과거분사)

2. help + 목적어 + 동사원형 = help + 목적어 + to부정사 (5형식)

   help + 동사원형 = help + to부정사 (3형식)

   해석: 돕다

   I helped him finish(=to finish) homework. - 5형식

   I helped finish(=to finish) homework. - 3형식

'시키다'라는 뜻은 전혀 없다.
'준사역동사'라는 문법 용어도 버리자!

30 학말영's Recipe

개념은 버리고 원형이만 생각해!

지각동사·사역동사 마무리

지금 학말영의 기분이 찜찜하다. 설명을 끝낸 뒤의 느낌은? 마치 긴 변명을 한 듯하다. 오류가 많은 문법 내용을 설명했기 때문이지만, 더 큰 이유가 있다. 지각동사에서도 잠깐 언급했지만, 변칙적인 패턴일 뿐이다. 그래서, 여러분의 짐을 조금(?) 덜어줄 수 있는 시간을 마련했다!

to부정사 대신에 동사원형을 쓴다!

지각동사와 사역동사를 공부하는 이유는 너무 단순하다. 목적격 보어로 동사원형이 쓰인다는 예외 때문이다. 그런데 문법 설명이 길어지면서 문제가 발생한다. 5형식의 복잡성 때문이다.

5형식: 주어 + 동사 + 목적어 + (목적격) 보어
목적격 보어로 '명사, 형용사, 과거분사, 현재분사, to부정사, '동사원형(예외)'을 사용할 수 있다.
I saw her dance.
I saw her dancing.

I saw her danced. (X)

차라리 문법을 모른다면 이런 문장을 만들 수 있을지 없을지에 대한 생각은 하지 않았을 것이다. **문법을 알아서 발생하는 역효과다!**

한국어로는 '나는 그녀가 춤춰지는 것을 보았다.'와 같은 문장은 생각조차 하지 않는다. 당연히 이런 말을 할 수 있는 상황은 거의 없으니까! **지각동사를 설명하며, 억지로 만들어낸 문장일 뿐이다.**

사역동사의 불완전함? – 아니다, 5형식 자체가 불완전하다!

동사원형이 쓰인다는 이유만으로 'make, have, let'을 마트에서 파는 묶음 상품처럼 설명했다. 그래서 문제가 발생한다.

I let him play the piano.
나는 그가 피아노를 연주하도록 허용했다. → 나는 그가 피아노를 연주하도록 내버려뒀다.

I let him played the piano. 나는 그가 연주되도록 허용했다? 내버려뒀다?

같은 사역동사인 **have**와 **make**는 과거분사를 사용하는데, **let**만 불가능하다?

과거분사를 쓰면 해석 자체가 불가능한 문장이 된다. 당연히 문장을 만들 수 없으니 안 된다고 설명하지만, 배우는 입장에서는 그렇지 않을 수도 있다. 이런 생각들이 계속 되면, '꼬리에 꼬리를 무는 문법'이 된다. 머리가 아파지고, 문법을 싫어하게 된다. 법칙이 아닌 해석으로 접근해야 한다.

지각동사와 사역동사(준사역동사 포함)는 수천, 수만 개의 동사 중 일부다. 수많은 동사들을 모두 어떤 방식으로 쓰는지 공부한다는 건 불가능하다!

→ make에는 '명사, 형용사'도 쓰인다? 현재분사는 쓰이지 않는다? let은 '과거분사'가 쓰일 수 없다? 이런 것들은 영어의 경험치가 쌓이면서 자연스럽게 판단할 수 있는 내용이다.(해석을 잘 하게 되면서, 예문들에 대한 노출이 많아지면서!)

want는 to부정사를 목적격 보어로 취한다. (5형식에서)

I want him to play the piano.
나는 그가 피아노를 연주하기를 원한다(바란다).

사실 자주 쓰이지는 않지만, 형용사가 쓰이는 경우도 있다.

I want him dead. 나는 그가 죽기를 바란다.

I want him found. 나는 그가 찾아지기를 바란다.

= I want him to be found.

문법적으로 want는 'to be'가 없이는 형용사를 목적격 보어로 취할 수 없다. 'to부정사를 목적격 보어로 취하니까!'라는 설명도 있다. 하지만 영어는 언어다. 의사소통에 지장이 없다면 어떤 표현이라도 가능하다! (문법도 설명하는 방식이 제각각입니다.)

want 뒤에 to부정사가 쓰인다고 설명할 때는 아무도 의심하지 않습니다. 그 이외의 것은

궁금하지 않고요. 그러나 지각동사와 사역동사는 묶어서 설명하기 때문에 과거분사가 쓰이는지, 현재분사가 쓰이는지 궁금해집니다. 어쩔 수 없는 현상입니다. 학말영부터 머리 싸매고 고민했으니까요!(ㅠ.ㅠ)

시험에 나오면?

어떤 시험이라도 실전에 대비한 준비 단계가 있다. 수많은 유형의 문제를 풀어보며, 출제자가 선호하는 방식을 터득하는 것은 기본이다! 반복적인 훈련을 하면, 패턴을 변형해도 출제 의도가 보이게 되어 있다.

지각동사? 사역동사? - 개념을 날려버리자!

see, make, let, have 등의 동사들을 보면 나도 모르게 '동사원형'이 떠오른다. 지각동사? 사역동사?라는 것을 따지며, 영어의 사용을 제약한다. '문법을 위한 문법'으로 전락하는 순간이다.
지각동사라는 이름을 벗어던지면, 다양한 목적격 보어를 쓸 수 있다.

주어 + (지각)동사 + 목적어 + 현재분사, 과거분사, 형용사
I saw him running. (현재분사) 나는 그가 달리고 있는 것을 보았다.
I heard my name called. (과거분사) 나는 내 이름이 불리는 것을 들었다.
I saw him dead. (형용사) 나는 그가 죽은 것을 보았다

문법책에서는 지각동사로 사용할 때, '동사원형, 현재분사'를 쓸 수 있다고 배웁니다.
잘못된 표현입니다. 현재분사라는 개념은 날려버려야 합니다.
다양한 목적격 보어가 쓰이는 5형식에서, 해석이 자연스러워 쓸 뿐입니다.

사역동사 make는 '만들다'라는 뜻의 평범한 동사다.
단지 to부정사 대신에 '동사원형'을 쓰는 예외가 있을 뿐이다.

주어 + make + 목적어 + 동사원형, 형용사, 명사, 과거분사

I made him clean the room. (동사원형) 나는 그가 방을 청소하도록 만들었다.

I made him happy. (형용사) 나는 그를 행복하게 만들었다.

I made him a doctor. (명사) 나는 그를 의사로 만들었다.

I made the room cleaned. (과거분사) 나는 방이 청소되도록 만들었다.

let도 마찬가지입니다. '동사원형'을 쓴다는 특징이 있을 뿐입니다.
(have는? '학말영'은 자주 쓰지 않습니다. [주관적인 관점임])

핵심 정리

지각동사, 사역동사의 핵심!
to부정사 대신에 동사원형이 쓰인다.
끝!

이제부터는 '지각동사 · 사역동사'를 겁내지 맙시다.

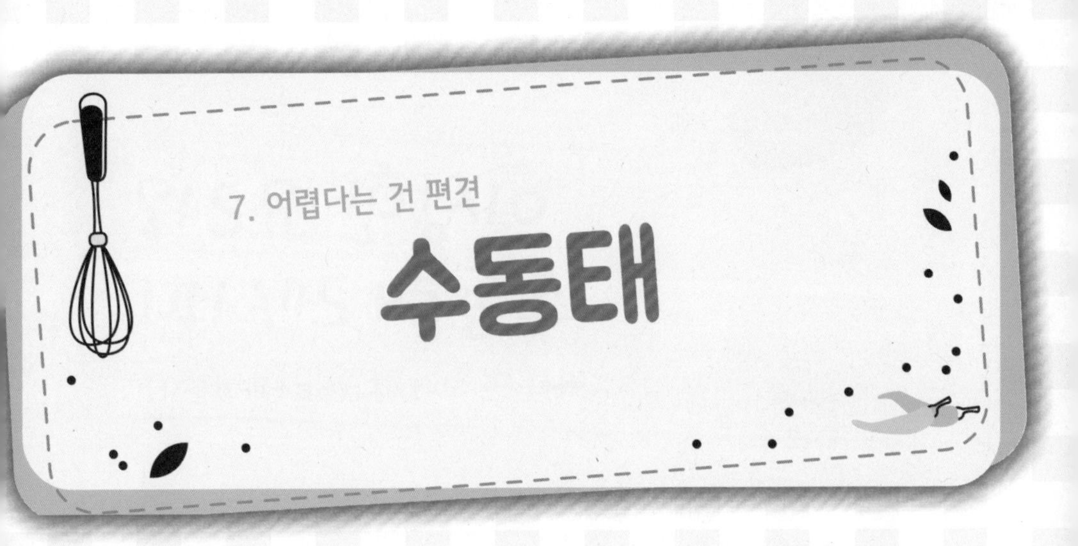

7. 어렵다는 건 편견

수동태

이상한 요리? 수동태 레시피

~~하다~~ → 되어지다(be+과거분사)

수동태를 본격적으로 시작하기 전에, 요리법(만드는 법)부터 알아보겠습니다. 만들어진 요리가 있어야 맛을 볼 수 있으니까요.

너무 가볍게는 읽지 말아주세요! 수동태의 기본 핵심이 모두(?) 들어 있습니다.

귀찮게 '수동태'를 요리하는 이유가 뭘까요? '당하다, ~되어지다' 라는 표현을 하고 싶어서입니다.

예) bully: 괴롭히다(왕따시키다)

He bullied 학말영. 그는 학말영을 괴롭혔다.

학말영 was bullied. 학말영은 왕따당했다(=왕따되었다). - 수동태 먼저 수동태를 요리하기 위한 재료가 필요하다.

She cleaned this room. (3형식) 그녀는 이 방을 청소했다.

1, 2형식처럼 목적어가 없는 문장은 재료로 부적합합니다. 수동태로 요리할 수가 없거든요. 명심하세요!

수동태 요리법

1. 먼저 주어와 목적어를 자른 다음, 자리를 뒤집어주세요!

This room cleaned her. 이 방은 그녀를 청소했다.

she → her: 사람을 나타내는 대명사(인칭대명사)는 주어와 목적어의 모양이 다릅니다.

2. 동사에 'be+과거분사'라는 양념을 첨가해주세요!

be + 과거분사 = ~이다 + ~되어진 = 되어지다.
was + cleaned = ~였다 + ~청소된 = 청소되었다.

This room was cleaned her. 이 방은 그녀를 청소되었다.(?) – 아직 해석이 이상하다!

3. by(~에 의해서)를 her 앞에 첨가한다.

her → by her (전치사+명사)

전치사 뒤에는 무조건 목적격을 쓴다는 것, 기억하시죠?

This room was cleaned by her.
이 방은 / 청소되었다. / ~에 의해서 / 그녀
→ 이 방은 그녀에 의해 청소되었다. (수동태)

재료를 잘못 손질했을 때

This room was cleaned ~~by her~~. → This room was cleaned. 이 방은 청소되었다.

누가 청소했는지 모를 때는, by + 명사(목적어) 부분을 생략할 수 있습니다.

핵심 정리

수동태 만드는 법(She cleaned this room.)

1. 주어와 목적어의 자리를 바꾼다.
   This room cleaned her.

2. 동사의 형태를 'be+과거분사' 형태로 바꾼다.
   This room was cleaned her.

3. by를 첨가한다. → 완성!
   This room was cleaned by her.

수동태 요리법, 전혀 어렵지 않습니다. 다음 시간에는 이 맛없는 요리를 도대체 왜 만드는 것인지 좀 더 자세히 살펴보도록 하겠습니다.

수동태는 소극적

수동태를 처음 배울 때는 궁금증이 생긴다. 귀찮게 문장을 바꿔 쓰는 이유가 뭘까? 지난 시간에 '당해지다, ~되어지다'라는 의미로 쓰고 싶어 활용한다고 했지만, 한국인에게는 귀찮고 복잡한 문법일 뿐이다.

이런 불만은, 한국의 시험용 영어에서 학생들을 괴롭히는 훌륭한 도구로 수동태를 사용하기 때문에 발생한다. 대부분의 문법은 어쩔 수 없이 시험용으로 처음 접하게 되지만, 관점을 바꿔볼 필요가 있다. 시험 점수를 높이기 위해 배우는 게 아니라, 언어로 생각하면 의외로 개념은 단순해진다. 한국어로 충분히 이해 가능하기 때문이다!

수동태를 쓰는 이유

이런 표현은 한국어에서도 사용한다. 단지 영어와 연결시키지 못할 뿐이다.

'Made in Korea'! 한국에서 만들어진 제품에 원산지 표시는 필수다. 이럴 때는 '수동태'를 쓴다. 영어로 표시할 때는, 주어와 동사가 빠져 있어 수동태라고 생각하지 않을 수도 있다.

(It is) made in Korea.
이것은 한국에서 만들어집니다. (의역:한국산입니다.)
– 수동태:만들다 + ~되어지다 → 만들어지다.

한국에서 만들다 vs 한국에서 만들어지다

이런 미묘한 표현의 차이는 문장의 일부분을 생략할 수 있기 때문에 발생한다. 먼저 수동태를 만들기 전후의 문장을 살펴보자.

Somebody makes it in Korea.
누군가 / 만들다 / 그것을 / 한국에서

It is made in Korea by somebody.
그것은 / 만들어진다 / 한국에서 / 누군가에 의해

(Somebody) makes it in Korea. (누군가) 한국에서 (그것을) 만들다.
→ 수동태로 바꾸기 전의 모습이다. 주어를 생략하면 '한국에서 만들다'라고 표현할 수 있다.

(It) is made in Korea (by somebody).
(그것은 누군가에 의해) 한국에서 만들어진다.

→수동태로 바꾼 후의 모습이다. 마찬가지로 주어를 생략한 채 사용하는 경우다.

주어와 동사의 관계에 주목하라!(~하는가 VS ~되는가)

아직은 설명이 부족하다. 한국어로 해석하다 보면 의역이 되어 영어 그대로의 뜻을 놓치는 경우도 많기 때문이다. 수동태를 이해하려면 주어와 동사의 관계를 이해하는 게 필수다. (의역: 원문의 단어나 구절에 지나치게 얽매이지 않고, 모국어에 맞추어 자연스럽게 해석함!)

It is translated **liberally**.
그것은 해석이 되다 + 자유롭게 → 의역이 되다.

It is boring. 지루해. – 현재진행형
I am bored. 지루해. – 수동태
(분사에서도 언급한 문장임!)
(bore: 지루하게 만들다[하다])

고백할 게 한 가지 있다. 학말영은 외국인 앞에서 창피(?)를 당하고서야 위의 두 문장을 구분할 수 있었다. 이유는 한국어의 해석에 있다. 두 문장 모두 '지루해!'라는 의미!

1. 주어가 동사의 행동을 직접 하고 있을 때(능동적)

이런 경우에는 수동태를 사용할 수 없다! 이해를 돕기 위해 구체적인 뜻을 모르는 '그것, it'을 His performance라고 바꿔 설명해 보겠다.

His performance **is boring**.
그의 공연은 / ~ 하고 있다. + 지루하게 만들다
주어 동사

= 그의 공연은 지루하게 만들고 있다. = (의역) 공연이 지루해!
→ 공연이라는 행동이(주어) 상대방을 지루하게 만들고 있다.(동사)
주어(공연) – 동사(지루하게 만들다) – (관객)

공연을 보고 있는 관객이 지루하게 만들 수는 없다. 공연 자체가 재미없게 만드는 행동을 하고 있을 뿐이다.
= 주어가 직접 동사의 행동을 하고 있다!

You are boring me.
너는 + 지루하게 만들고 있어. + 나를
너는 나를 지루하게 하고 있어!
너는 지루해!

| 2. 주어가 동사의 행동을 당하는 경우(수동적)

주어의 의도와는 상관 없이, 누군가에 의해 동사의 행동을 하게 되거나, 상황에 처하게 된다. 이런 경우에 수동태를 쓴다. **설명이 더 어렵다.**(^^;) 바로 예문을 보자!

I am bored.

나는 지루해졌어.

주어 동사

= 나는 (누군가에 의해) 지루해졌어. = (의역) 나는 지루해!

→ 나는(주어) 상대방에 의해 지루해졌다.(동사)

주어[나] – **동사**[지루하게 되다]

다른 누군가에 의해서 지루해졌다? **'~해지다, ~되어지다'**라는 표현의 수동태를 쓰는 게 당연하다!

괜히 어려워 보일 뿐, 상식적인 '한국인'의 사고로 충분히 이해하고 활용할 수 있다.

사전의 의미를 파악하라

사실 수동태를 어려워하는 가장 큰 이유는 상당히 단순한 데 있다. 단어의 뜻을 정확히 모르기 때문이다. 위의 예문에 쓰인 'bore'에 대한 사전적 의미를 살펴보자.

bore: 지루하게 만들다, 지루하게 하다.

영어의 초보자들은 한국어로 해석할 때, '지루하다'라는 뜻으로 생각하기 쉽다. 그렇게 되면 수동태로 쓰인 문장은 납득할 수 없다.

(X) I'm boring. 지루하다. + ~하고 있는 중이다. = 지루한 상태로 있다(?).
(O) I'm bored. 지루하다. + ~되어지다. = 지루하게 된 상태다.

둘 다 뜻이 비슷하다는 착각을 하는 문제가 발생한다. 수동태를 어렵게 만드는 결정적인 이유로도 작용한다! → 'I'm boring.'은 분명히 틀린 문장이다. 정확하게는 문법이 틀린 게 아니라, 뜻이 완전히 달라진다. '나는 지루한 놈이야!'
이런 실수를 하지 않기 위해서는, 항상 사전에 나와 있는 뜻과 예문을 같이 익히는 습관을 갖는 게 좋다.

bore라는 동사에는 수많은 뜻이 있습니다. 사전에 나와 있는 의미를 직접 확인해봅시다!

이런 예를 더 살펴보자.

surprise: 놀라게 하다 ('놀라다'가 아님)

I am surprised at the news.
수동태: ~가 되었다. + 놀라게 하는
→ 나는 그 뉴스에 놀라게 되었다. → (의역)나는 그 소식을 듣고 놀랐다.

The news surprised me.
→ 그 뉴스는 나를 ~~놀랐다(?)~~. → 그 뉴스는 나를 놀라게 했다.

interest: ~에 흥미를 일으키다, 갖게 하다. ('흥미로워하다'가 아님)

I am interested in English.
수동태: ~되어지다. + ~에 흥미를 갖게 한다
→ 나는 영어에 흥미를 갖게 되다. → (의역)나는 영어에 흥미가 있다.

English is interesting.
→ 영어가 ~~흥미로워하다~~. → 영어가 흥미를 갖게 하다. → 영어가 흥미롭다.

'흥미로워하다'로 생각하면 희한한 문장이 되다!

I am interesting English.
나는 ~~영어를 흥미로워한다~~. → (정확한 뜻)나는 영어를 흥미롭게 한다.
– 정말 황당한 뜻이 된다!

'수동태' 문장의 의미는, 주어의 의도와 상관없이 억지로 당하는 느낌이다.
(= 주어는 소극적인 놈이라 직접 하려는 의지가 없다.) 그래서 어려운 문법 용어가 만들어졌다.

I am interested in English.

처음에는 관심도 없었다. 그런데 학교와 TV에서 영어가 계속 중요하다고 하니, 어쩔 수 없었다. 결국, 영어라는 놈에게 흥미가 생기게 되었다.

결국, 주어는 **소극적** → **수동적** → **수동적 문장형태** → 수동태 라는 말을 쓰게 되었다.

핵심 정리

1. 수동태를 쓰는 이유?
   '당하다, 되어지다'라는 표현을 하고 싶어서!

2. 수동태를 이해하지 못하는 이유?
   1) 주어와 동사의 관계를 이해하지 못해서
   2) 동사의 뜻을 정확히 몰라서

3. '수동태'라는 용어?
   주어가 소극적인 놈이라 만들어졌다.

by를 쓸 것인가, 말 것인가?

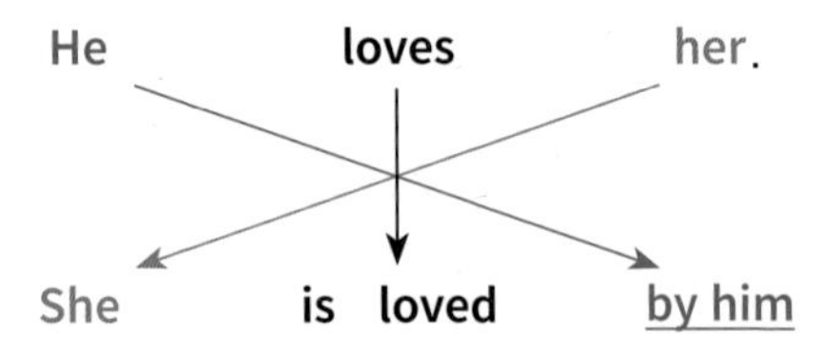

수동태는 위의 예시처럼 문장을 변형하는 방법부터 배운다. 이때 심각한 오해가 발생한다. 수동태로 바꾸기 전의 핵심인 '주어'가 'by+명사(목적격)'로 바뀌기 때문이다. 그래서 영어의 초보자는 수학공식처럼 꼭 써줘야 한다고 착각하기 쉽다! (예시에서는 'he → by him'으로 바뀌었다.)

본격적으로 설명을 읽기 전에,수동태에서 나왔던 예문들만 다시 확인하기 바랍니다.→ '**by**'가 있는 수동태 문장은 단 하나밖에 없었습니다!
It is made **in Korea by somebody**.

다 읽고 나면, 진실은 의외로 단순합니다!

by를 생략할 수 없을 때

수동태는 바뀌기 전의 문장과 원칙적으로 같은 뜻을 갖고 있다. 그렇다면 **뜻에 포함된 중요한 정보는 모두 전달해야 한다.**

I love her.
→ She is loved. 그녀는 사랑받아진다. → (의역)그녀는 사랑받는다.

예문에 쓰인 수동태에서는 일부러 주어(I)에 대한 정보를 뺐다. 이런 경우, 듣는 사람은 그녀가 누구에 의해 사랑 받는지 궁금해진다. 가장 큰 문제는 '내(I)'가 그녀를 사랑하고 있다는 사실을 아무도 알 수 없다는 것이다.

She is loved by me.
-'by me'를 써야 의미가 정확하게 전달된다!

My father **built this house.**
→ **This house was built** by my father.

수동태로 바꾸기 전의 주어는 'my father'다. 당연히 같은 뜻을 전달하기 위해서는 '아버지'라는 정보를 전달해야만 한다. 이런 경우는 생략하지 않는다.

문법책에서는 이렇게 가르친다.

주어가 특정한 정보를 제공하고 있다면, 수동태로 바꿀 때 'by + 명사(목적격)'를 사용한다. = 누가 (동사의) 행동을 하는지 말하고 싶을 때 'by~'를 사용한다.

by를 생략할 수 있을 때

1. (수동태로 바꾸기 전의) 주어가 불특정한 일반인일 때

People love her.
사람들은 그녀를 사랑한다.
→ She is loved. 그녀는 사랑받는다.

그녀가 인기 있는 연예인이라고 가정해보자. 불특정한 사람들로부터 사랑을 받는다. 이런 경우에는 주어를 생략할 수 있다.
(생략 안 했을 때 → She is loved by people.)

2. (수동태로 바꾸기 전의) 주어가 누구인지 말할 의미조차 없을 때

1) 누구인지 말 안 해도 아는 상황

This product was made in Korea.
이 제품은 한국에서 만들어졌습니다.

→ 한국에서 누가 만들었을까요? 당연히 한국인(Korean)이 만들었겠죠?

생략 가능하다고 했지만, 써야 한다고 판단되면 마음대로 쓰면 됩니다.

2) 누구인지 모르거나 중요치 않은 상황

That house was built in 1990. 저 집은 1990년에 지어졌다.

I was born in 1994. 나는 1994년에 태어났다.

당연히 엄마가 낳으셨죠!

by는 모두 생략 할 수 있다 ★중요

by를 쓸 것인가, 말 것인가? 수동태를 배우는 사람들을 괜히 복잡하게 만든다. 걱정할 필요 없다. 모두 생략할 수 있다! 문법적으로도 충분히 입증할 수 있다.

1. 전치사구는 문장의 핵심 요소가 아니다.

by + 명사(목적격) = 전치사 + 명사 = 전치사구 = 부사구 = 부사

부사는 문장의 핵심 요소가 아니다. 당연히 빼줘도 상관없다.

부사에 대해서는 70쪽에서 이미 설명했습니다!

2. **He loves her. → She is loved ~~by him~~.**

앞에서, 'by him'은 중요한 정보라 생략하지 않는다고 했다. 그런데 이 문장을 직접 말하는 사람이 중요하지 않다고 생각한다면 어떻게 할까? 당연히 쓸 필요가 없다. = 문장에서 강조하고 싶은 내용이 '사랑 받는다'일 뿐, 누가 사랑하는지는 필요없다고 판단!(영어는 언어라, 개인적인 생각이 추가된다!)

'이상한 요리? 수동태'에서도 **'by him'**을 사용하지 않은 문장이 있다.

He **bullied 학말영**. 그는 학말영을 괴롭혔다.

학말영 was bullied. 학말영은 왕따당했다(=왕따되었다).

→ 학말영이 왕따를 당했는지 아닌지만 중요한 문장이다!

예문으로 쓰고 괜히 마음이 불편하네요. 이해를 돕기 위한 문장이었을 뿐입니다. → 누군가를 괴롭히는 행동은 절대 하지 맙시다!

핵심 정리

by를 쓸 것인가, 말 것인가!

내 맘대로다. 필요하면 쓰고, 아니면? 안 쓰면 그만이다!

오해를 풀기 위해 설명이 길어졌습니다.

다른 전치사도 쓴다지?

I was surprised at the news.

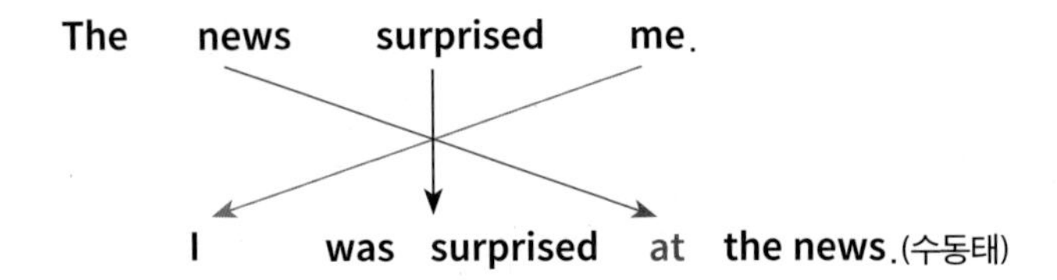

위의 수동태 문장을 보면 다소 이상한 점이 있다. 수동태로 바뀐 문장에서 'by'가 아니라 'at'을 사용하고 있기 때문이다. '이상한 요리? 수동태 레시피'와 지난 설명들이 마치 거짓말처럼 느껴진다.

미안하지만, 일부는 거짓말을 했다. 문법에는 한계가 있기 때문이다. 이번 시간에는 아래의 내용으로 변명을 하겠다. 제대로만 읽어보면, 학말영을 용서(?)하리라 생각한다.

수동태에 쓰이는 여러 전치사

먼저 by가 쓰이지 않는 경우를 몇 가지(?)만 알아보자.

be interested in: ~에 관심이 있다
be known to: ~에게 알려지다
be made of: ~으로 만들어지다
be ashamed of: ~에 대해 부끄러워하다
be surprised at: ~에 놀라게 되다, 놀라다
be satisfied with: ~에 만족하다
be pleased with: ~에 만족하다
be worried about: ~에 대해 걱정하다.

문법을 공부할 때, 가장 괴로운 상황이다. 정말 외울 게 많아 보인다. 그런데 위의 내용이 전부도 아니다. 회화를 할 때 자주 쓰이는 몇 가지만 예시로 보여줬을 뿐이다.
더 큰 문제가 있다. 억지로 외운다고 해도 활용하기 힘들다. 먼저 이런 표현들이 나온 이유를 알아야 한다.

위의 예시들은 주로 수동태로만 쓰입니다!
I'm surprised at the news. VS The news surprised me.
→ 둘 다 가능한 표현이지만, 대부분 수동태를 활용하죠!
숙어처럼 쓰이기 때문에 수동태라는 개념조차 없이 사용합니다.

더 자연스럽게

문장을 수동태로 바꿀 때, 대부분은 '~에 의해서'라고 해석해야 자연스럽다. 수학 공식처럼 'by'를 이용해 수동태를 배우는 이유다. 하지만 언어에 완벽한 법칙 같은 건 없다!

I am worried about my test score.
나는 / ~ 되어지다 + 걱정하다 / ~에 대해서 / 내 시험점수
→나는 내 시험 점수에 대해서 걱정된다(걱정되어지다).

by로 바꿔보자.

I'm worried by my test score.
→나는 내 시험 점수에 의해서 걱정된다(걱정되어지다).

전치사 'about'과 'by' 중, 좀 더 자연스러운 해석을 판단할 수 있겠는가? 당연히 'about'을 쓴 문장이 이해하기 쉽고, 깔끔한 해석이다.
영미권 사람들도 'about'을 자주 쓰다 보니, 'by'를 쓰면 귀에 거슬리는 지경에 이르렀다.
('be worried about'을 'by 이외의 전치사를 쓰는 수동태'로 가르치는 이유다!)

절대 틀린 문장은 아닙니다.

I was satisfied with my test score.
나는 / ~ 되어지다 + 걱정하다 / ~에 대해, ~에 / 내 시험점수
→나는 내 시험 점수에 대해 만족하게 되었다.

I was satisfied by my test score.
→나는 내 시험 점수에 의해서 만족하게 되었다.

He was surprised at the news.
→ 그는 그 뉴스(소식)에 놀라게 되었다.

He was surprised by the news.
→ 그는 그 뉴스(소식)에 의해서 놀라게 되었다.

by도 버리고, 전치사의 패턴도 버려라!

– 전제 조건: 한 번은 외워보고!

수동태 뒤에는 by를 써야 한다? 예외적인 경우에는, 무조건 'at, with, about' 등의 다른 전치사를 써야 한다? 이런 말들은 영어의 활용을 제한하는 족쇄다!

'be worried about' 대신에, 'by'를 써도 된다.

The company was worried by a walkout.
그 회사는 파업에 의해서 걱정되어졌다.
→ (의역)그 회사는 파업을 걱정했다.

당연히 **'be surprised at'** 대신에, **'by'**를 쓰는 경우도 있다. (심지어 문장을 쓰는 경우도 있다.)

I'm surprised by you. 나는 너에 의해서 놀라게 되었다.

by가 쓰일 수 있다는 것을 보여주기 위해, 일부러 만든 문장이다. 그림과 비슷한 상황에서는, 대부분 I'm surprised. 라고만 사용한다.

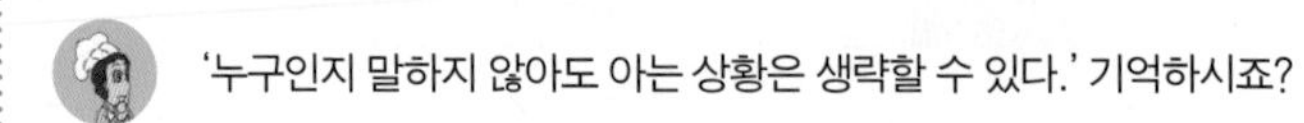
'누구인지 말하지 않아도 아는 상황은 생략할 수 있다.' 기억하시죠?

I'm surprised he didn't say hello. 나는 그가 인사를 하지 않았다는 것에 놀랐다.

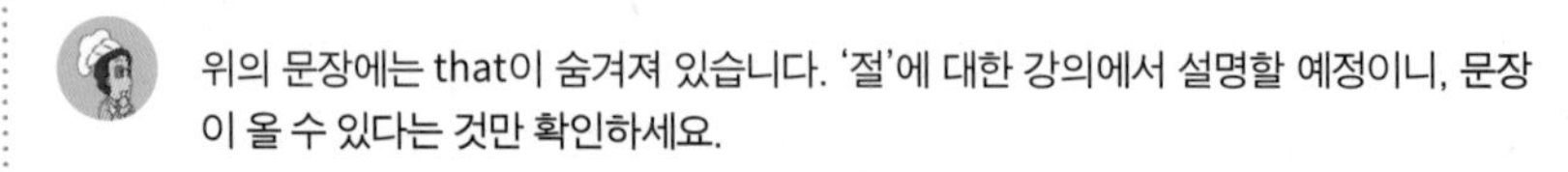
위의 문장에는 that이 숨겨져 있습니다. '절'에 대한 강의에서 설명할 예정이니, 문장이 올 수 있다는 것만 확인하세요.

'~의, ~에게, ~에 대하여, ~로, ~에 의하여' 등
전치사는 명사와 합쳐져서 다양한 뜻을 전달한다. → 좀 더 자연스러운 표현이라 판단한다면 전치사를 외운 대로만 쓸 필요는 없다.

핵심 정리

1. 학말영은 수동태에서, 전치사는 심각하게 고민하지 않는다.
   특정한 법칙이 아니라, 다양한 전치사의 뜻에 따라 자주 쓰이는 경우와 아닌 경우가 있을 뿐이다.
   by 이외의 전치사를 쓰는 패턴은 영어에 자주 노출되다 보면, 자연스럽게 외워지고 쓸 수 있는 표현들이다.

2. 학말영 권장 사항
   회화용 - 외울 필요가 없다. 한 번만 읽어보며 뜻을 음미(吟味)해 보자!
   시험용 - 억지로 외워보는 게 좋다. 안 외워지면? 스트레스 받을 필요 없다. 영어 실력의 키워드는 반복과 암기다! 포기만 하지 않는다면, 시간이 지나면서 자연스럽게 외워진다.

눈앞에 닥친 시험에 무조건 나온다고 하면 급하게 외워야 합니다. 아쉽지만, 급하게 외우면 급하게 잊어버립니다.

목적어가 두 개! 어떻게 바꾸지?

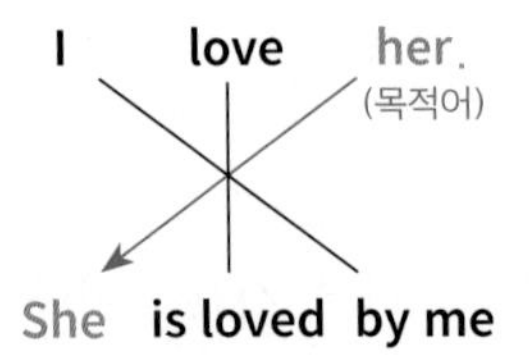

수동태로 바꾸기 위해서는 목적어가 필요하다. 지금까지 배운 기본 개념에서 3형식 문장을 계속 사용한 이유다. 그렇다면 목적어가 쓰이는 문장은 3형식뿐인가? 아니다. 4형식과 5형식도 있다. 이해를 돕기 위해 기본 개념에서는 3형식만 사용했을 뿐이다. 자, 그럼 4형식과 5형식은 어떻게 바꾸는지 찬찬히 보자.

문장의 형식은 꼭 기억하고 있어야 합니다.

4형식 문장을 수동태로

He gave me a present.
주어 + 동사 + (간접)목적어 + (직접)목적어

수동태는 목적어를 주어로 보내서 만드는 것이므로 목적어가 2개인 수동태 문장을 만듭니다. → 4 형식은 당연히 2개의 수동태 문장을 만들 수 있습니다.

me를 주어로!

He gave me a present.
그는 주었다 나에게 선물을

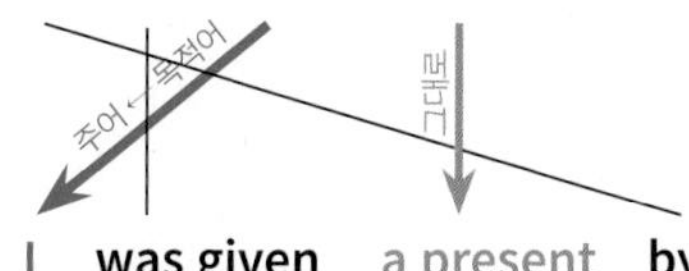

I **was given** a present **by him**.
나는 주어졌다(받았다) 선물을 그에 의해서

(의역) 나는 선물을 받았다.

a present를 주어로!

He gave me **a present**.
그는 주었다 나에게 선물을

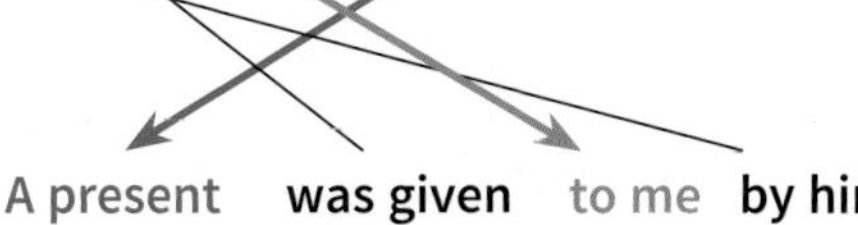

A present **was given** to me **by him**.
선물은 주어졌다(→ 받았다) ~에게 그에 의해서

(의역) 선물은 나에게 주어졌다.

He gave me a present. → He gave a present to me.

해석을 자연스럽게 하기 위해 전치사가 추가되었을 뿐이다. 어떤 대단한 공식이 있는 게 아니다. 억지로 외운다기보다는 해석 자체가 자연스러운 표현이 무엇인지 고민해봐야 한다.

He asked me a question.
그는 나에게 질문을 물어보았다. → (의역)그는 나에게 질문을 했다.

| me를 주어로!

He asked me a question.
그는 물어보았다 나에게 질문을

I was asked a question by him.
나는 물어봐졌다 질문을 그에 의해서

| a question을 주어로!

He asked me a question.
그는 주었다 나에게 질문을

A question was asked of me by him.
질문은 주어졌다(→ 받았다) ~에게 그에 의해서

4형식 → 3형식

He asked me a question. → He asked a question of me.

핵심 정리

1. 문장의 형식에 대한 기본 개념은 필요하다!

2. 목적어가 있으면 수동태를 만들 수 있다.

→ 4형식은 목적어가 2개 있으므로 2가지 형태로 수동태를 만들 수 있다.

He gave me a present.
→ I was given a present by him.
→ A present was given to me by him.

잠깐, 하나 더

간혹 2개의 목적어 중 1개는 수동태로 바꿀 수 없다고 설명하는 경우가 있다.

He bought me a car.
→ A car was bought for me (by him). 차는 사졌다. / 나를 위해 / 그에 의해
→ I ~~was bought~~ a car (by him). 나는 사졌다 / 차를 / 그에 의해
('나는 사졌다?' 이런 표현은 우리말로도 안 쓴다. 영어의 수동태도 억지로 외울 일이 아니라 해석으로 이해해야 하는 내용이다.)

5형식은 어떻게 요리해요?

먼저 5형식의 구조를 다시 떠올려보자.

주어 + 동사 + 목적어 + (목적격) 보어
명사 형용사 / 명사

(5형식의 보어: 현재분사, 과거분사 – '형용사', to부정사, 동사원형 – '명사' 처럼 쓰임 → 형용사와 명사, 2가지로만 기본 개념 설명!)

| 목적격 보어가 명사일 경우

수동태로 만드는 방법은 4형식과 유사하다. 목적어가 1개라서 한 가지 형태로만 바뀌는 것이 차이점일 뿐이다!

People call him 학말영. 사람들은 그를 학말영이라고 부른다.

수동태로 바꿔보자.

People call him 학말영.

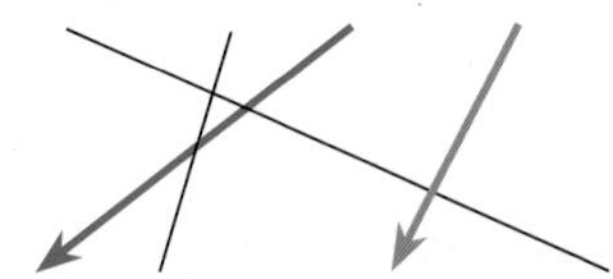

He is called 학말영 **(by people).**
그는 불리워진다 학말영이라고 (사람들에 의해서)

→그는 학말영이라고 불려진다.

목적어가 있는 경우만 수동태로 바꿀 수 있는 이유

단순히 4형식과 형태가 같다고 생각하면, 수동태도 두 개로 만들 수 있지 않느냐고 생각할 수 있지만, 착각이다.

4형식: 명사 + 동사 + 명사 + 명사

5형식: 명사 + 동사 + 명사 + 명사

예문에 쓰인 목적격 보어(학말영)를 이용해 수동태로 바꿔보면 이유를 확실히 알 수 있다.

People call him 학말영.
→ 학말영 is called him (by people).
(해석)학말영은 그라고 불려진다.

수동태로 바꾸기 전의 뜻 - 사람들은 그를 학말영이라고 부른다.
= 목적어를 주어로 옮겼을 경우 - 그는 학말영이라고 불려진다.

≠ 보어를 주어로 옮겼을 경우 - 학말영은 '그'라고 불려진다.
목적어를 주어로 옮겼을 때만 뜻이 같다. 목적어가 있는 경우만 수동태로 바꾸는 이유다.

목적격 보어가 형용사인 경우

They painted the roof white. 그들은 지붕을 흰색으로 칠했다.
(white:흰색의[형용사], 흰색[명사] - 둘 다 가능)

수동태로 바꿔보자.

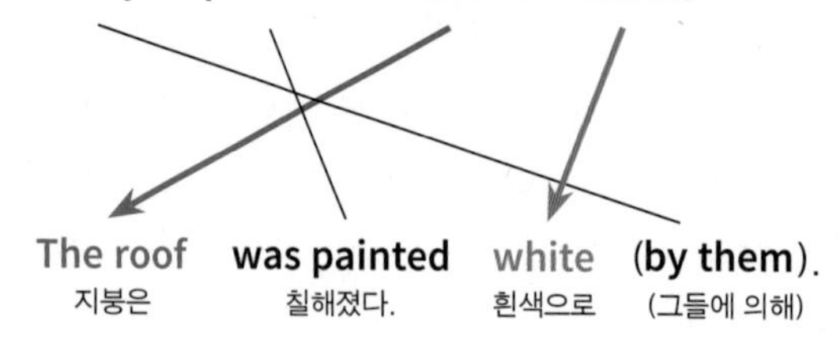

추가 예문

I made her happy. 나는 그녀를 행복하게 만들었다.
→ She was made happy (by me). 그녀는 행복하게 만들어졌다(되었다).

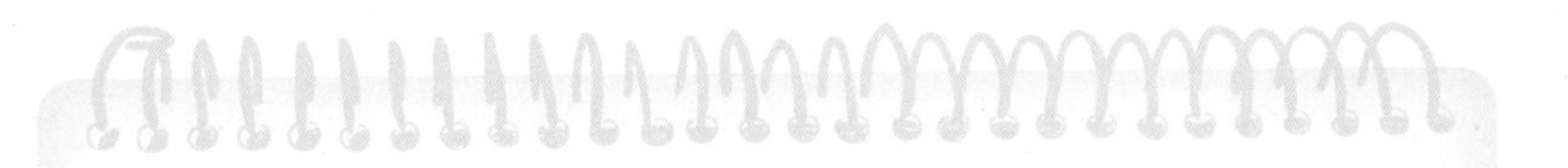

핵심 정리

1. 목적어를 주어로 보내고, 목적격 보어는 그대로 자리를 지킨다.

People call him 학말영.

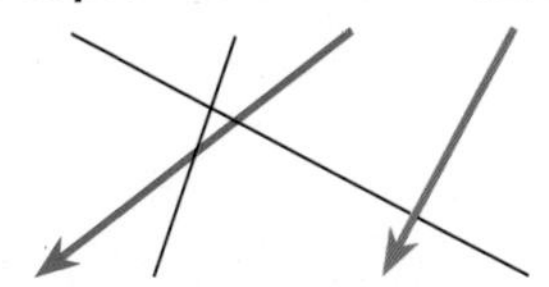

He **is called** 학말영 **(by people)**.
그는 불리어진다 학말영이라고 (사람들에 의해서)

→ 그는 학말영이라고 불려진다.

1. 목적격 보어를 이용해 수동태를 만드는 실수를 하지 맙시다.

2. 목적어가 있어야 수동태를 쓸 수 있습니다.
   4형식 수동태 – 2가지 형태로 바꿀 수 있다.
   5형식 수동태 – 1가지 형태로 바꿀 수 있다.

37 학말영's Recipe

how

정체를 밝혀라!
지각동사와 사역동사 수동태

sentence

제목만 보면 뭔가 대단한 법칙이 있을 것 같지만(?) 대단한 것은 전혀 없다. 지각동사와 사역동사에서 배웠던 한 가지만 기억하고 있으면 된다.

to부정사 대신에 동사원형을 목적격 보어로 사용한다!

이 법칙만 잘 기억한다면 수동태로 바뀔 때의 변칙적인 패턴을 바로 이해할 수 있다. 문제는 별 게 없다 보니, 문법책에서는 일부러 배울 것을 만들어내는 기현상이 벌어진다는 것이다.

지각동사 → 수동태

I saw her dance. 나는 그녀가 춤추는 것을 보았다.

수동태로 바꿔보자.

I saw her dance.

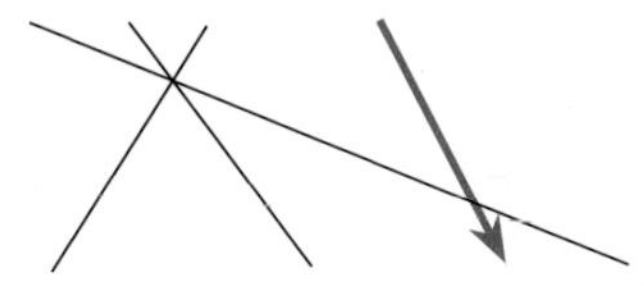

She was seen to dance (by me).
그녀가 보여졌다. 춤추는 것이 (나에 의해)
→ (의역) 그녀가 춤추는 것이 (나에게) 보였다.

수동태로 바꿀 때, 목적격 보어로 쓰인 'dance(동사원형)'의 본색이 드러난다. 사실은 지각동사가 쓰인 문장에서 동사원형이 쓰인 게 아니었다. to부정사의 'to'가 예외적으로 생략된 것일 뿐이었다.
어렵게 수동태로 바꿔서 알 수 있는 건, 베일에 싸여 있었던 '원형부정사'의 진실이었다! 그뿐이다.

꼼짝 마! = Freeze!(얼어!): 영화에서 자주 볼 수 있는 표현.

I saw her dancing. 나는 그녀가 춤추고 있는 장면을 보았다.
→ She was seen dancing (by me).

동사원형이 쓰이지 않는 경우는 자세히 설명할 필요도, 배울 필요도 없다.

사역동사 → 수동태

지각동사의 수동태 변형과 마찬가지다.

I made him clean the room. 나는 그가 방을 청소하게 만들었다.

수동태로 바꿔보자.

I made him clean the room.

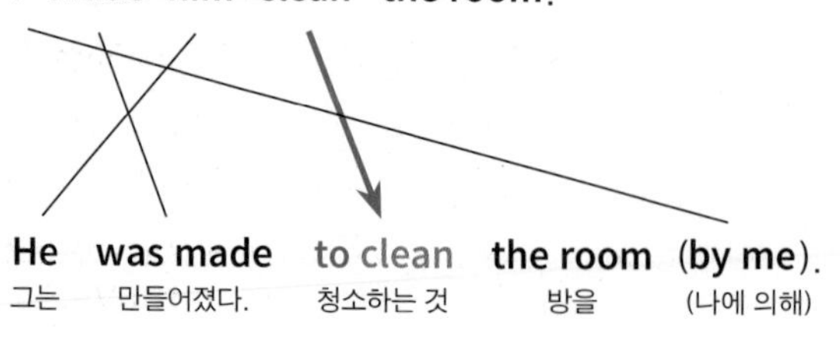

clean → to clean

사역동사를 묶음 상품으로 배워 발생하는 역효과

have와 let은 수동태로 바꿀 수 없다. 이유는 해석에 있다.

I had him cut my hair.

→ **He was had to cut my hair by me.**
그는 하게 되었다. 자르는 것 내 머리를 나에 의해

(의역)그는 자르도록 하게 되었다?

→ 이런 말은 한국어에서도 쓰지 않는다.

해석상의 문제만은 아니다. 수동태로 억지로 바꿔쓸 필요가 없어서다.

→ 의사소통을 위해 사용하는 언어를, 굳이 어렵고 복잡한 문장으로 만든다면 정말 어리석은 행동이다.

수동태로 바꿀 수 없다. = 원어민은 사역동사처럼 쓰이는 **let**과 **have**를 수동태로 바꿀 생각조차 하지 않는다는 뜻이다.

문법을 위한 문법(have와 let의 수동태)

간혹 다른 방법으로 수동태를 만들 수 있다고 설명하는 문법책도 있어 소개하겠다.

have → be made to, be asked to

I had him cut my hair.
→ He was made to cut my hair.

이유? have의 뜻이 make와 가장 비슷해서 바꿀 수 있다고 설명함!
(중요하지는 않은 내용임, 기억에서 지워버려도 상관 없음!)

→He was asked to cut my hair.

이유? have의 뜻에 강제성이 없기 때문에 비슷한 뜻의 '요청받다'라는 표현을 씀.

be asked: 요청받다, 부탁받다.
→숙어처럼 사용함, 실생활에서도 많이 활용!

let → be allowed to

I let her go home. 나는 그녀가 집에 가도록 허락했다.
→She was allowed to go home. 그녀는 집에 가도록 허락 받았다.

be allowed to: ~하는 것이 허용되다
→숙어처럼 사용함, 실생활에서도 많이 활용!

사역동사(let, have)와 절대 연결시킬 필요 없습니다.
뜻이 비슷할 뿐입니다.
→ask, allow는 수동태의 형태로 자주 쓰이죠.
수동태가 아니라, 숙어처럼 하나의 덩어리로 이해하는 것이 더 낫습니다.

핵심 정리

1. '지각동사, 사역동사 수동태'의 개념은 단순하다.
   → 동사원형(원형부정사)에 숨어 있던 'to부정사'가 수동태로 만들 때 다시 등장한다.
   I made him clean the room.
   He was made to clean the room (by me).

2. have와 let에 대한 설명은, 한 귀로 듣고 한 귀로 흘려도 좋다.
   - 숙어처럼 쓰이는 표현만 알아놓자.
   → be allowed to: ~하도록 허용되다.
   → be asked: 요청받다, 부탁받다.

오해는 말아 주세요! - 문법에 질리지 않도록, 거품을 걷어내는 설명이었습니다.

38 학말영's Recipe

이런 것도 있나? 시험용 수동태

sentence

시험용? 굳이 이런 제목을 붙인 이유가 궁금할 것이다. 대단한 건 아니다. 수동태는 예외적으로 안 된다는 설명이 많고, 3~5형식까지의 문장이 골고루 쓰인다. 그러다 보니 문법적인 허점(공백)이 생긴다. 시험이 이런 점을 놓칠 리 없다.

구조로 파악하라?

사실 이번에 살펴 볼 내용은 단 한 가지다. 수동태 문장은 변형되기 전의 형태를 이해하지 못한다면, 법칙이 아예 없는 것처럼 보인다.

3, 4, 5형식 수동태 종합

I'm bored.

This room was cleaned.

I was given a present.

A present was given to me.

The roof was painted white.

I am called 학말영.

I was made happy.

She was taught to study English.

She was seen to dance.

She was seen dancing.

어떤 형태에서 바뀌었는지 생각해봅시다. 하지만 어렵다면 일단 넘어가주세요. 몇 형식에서 바뀌었는지 맞추는 것이 '시험용 수동태'의 핵심은 아닙니다. 마지막에 가면 수동태로 바뀌기 전의 문장이 있습니다.

수동태는 4, 5형식에서도 활용하기 때문에, 'be+과거분사' 뒤의 형태가 다양하다.

→ 명사, 형용사, to부정사, 현재분사 등

수동태에 대한 신기한 반응

4, 5형식에서 변형되는 수동태를 여러 번 배워도, 명사, 형용사 등이 뒤에 온다는 설명은 믿지 못하는 경향이 있다. 그 이유는 쉽게 설명하려는 '시험용 해설'에 있다.

수동태 뒤에 명사나 형용사는 올 수 없다?

수동태에 질릴 것을 걱정해 만들어진 간단한 설명이다. 그런데 수동태에 대한 올바른 이해는 망치게 된다.

= (3형식을 변형한) 수동태(만) 뒤에 명사나 형용사가 올 수 없다.
이런 뜻이 숨겨져 있다는 것을 모른다면, 시험문제에서 구조만으로 답을 찾을 수도 있다는 착각을 하기 쉽다. 곧 단순한 패턴에만 익숙해져 있는 학생들을 뒤흔들 수 있는 절호의 찬스!

수동태 기본 – 3형식 구조

기본을 제대로 알아야 시험 문제의 해설을 봐도 당황하지 않는다. 3형식에서 변형된 수동태 뒤에는 명사나 형용사가 올 수 없다는 이유를 알면 수동태도 좀 더 쉬워진다!

3형식 수동태

I'm bored.
This room was cleaned.

수동태로 바꾸기 전

He bores me.
He cleaned this room.

실제로, 'by him'이 생략되어 있는 문장인지는 알 수 없다. 하지만, 수동태로 변형하기 전의 모습을 직접 보여주기 위해 학말영 마음대로 추가시켜보았다.

완벽한(=완결된=완성된) 문장 형태?

1형식으로 봤을 때

I am bored / by him.
나는 지루해졌다 / ~에 의해서 그
주어 동사 / 전치사+목적어

2형식으로 봤을 때

I am bored / by him.
나는 ~이다 지루해진(과거분사) / ~에 의해서 그
주어 동사 형용사 / 전치사+목적어

전치사 + 명사 = 전치사구 = 부사구 = 부사

→ 부사는 문장의 형식에 전혀 영향을 미치지 않는다. 즉, 'by + 목적어'를 빼도 완벽한 문장이다.

'1형식이냐, 2형식이냐?'는 전혀 중요하지 않습니다. 문법적으로 싸우는 경우가 있어 두 가지를 한꺼번에 표현했을 뿐입니다.

완벽한 문장의 정확한 뜻

'I am bored. 또는 This room is cleaned.'처럼 수동태 모양(be+과거분사)으로 끝나는 것만 봐도 문장이 틀렸는지 아닌지 식별할 수 있다?

→ '(3형식에서 변형된) 수동태는 완벽한 문장 형태다.'라고 말해야 한다.

4, 5형식 패턴 문제

문법에 취약한 학생들을 뒤흔들 수 있는 찬스는 여기서 만들어진다! '시험용 수동태'가 빛을 발하는 순간이다.

시험문제1: 아래에서 맞는 형태를 고르시오.

> I met Jane by chance in downtown. Interestingly, she had a cute teddy bear on her hand.
> "Where did you get this?"
> "I (gave/was given) a teddy bear as a free gift."
> (by chance:우연히)

이 세상에 4형식이 존재하지 않는다고 판단하면, 답은 너무 뻔해 보인다.

I gave a teddy bear as a free gift. 나는 사은품으로 테디 베어를 주었다.

위의 문장만 분리했을 때는 문법적으로 전혀 문제 없고 해석도 자연스러운 문장이다! 하지만 앞의 질문을 봤을 때는 동문서답이다.

> 정답: was given
> I was given a teddy bear as a free gift.
> 나는 사은품으로 테디베어를 받았다.
> - 주어졌다 = 받았다(O), 주었다(X)

사실 난이도가 높은 문제는 아니다. '그건 어디서 얻었어?'라는 질문에 대한 답변으로 무엇이 좋을까라는 판단을 해보면 쉽게 답을 구할 수 있다.

하지만 4형식 패턴의 수동태를 이해하지 못한 채, 수동태 뒤에는 명사가 나올 수 없다고 판단한다면? 무조건 틀릴 수밖에 없다! 글 전체의 흐름으로 판단해야 한다.

수동태로 바꾸기 전

Someone gave me a teddy bear as a free gift.(4형식)

문제를 풀 때, 이런 형태까지 고민할 필요는 없다. 수동태 뒤에 명사가 올 수도 있다는 것만 파악하고 있으면 된다. (수동태를 4형식으로 바꿔보라는 문제는 내지 않는다!)

시험 문제2: 알맞은 형태를 고르시오.

The roof was leaking, so it needed to (fix/be fixed). And my father decided to change the color. A few days later, The roof (painted/was painted) white.

수동태에 익숙하지 않다면 약간 난이도가 있다. 첫 문장은 to부정사에서 응용해야 되는 패턴이라 이상하게 부담이 된다! 이번에는 '완벽한 문장이다, 아니다', '4, 5형식이다, 아니다'라는 문법적인 부분은 완전히 배제한 채, 해석으로만 답을 찾아보기 바란다.

정답 및 해설

정답:be fixed, was painted
it(the roof) needed to be fixed.
지붕이 고쳐지다(O), 지붕이 고치다(X)

모양이 다소 헷갈릴 수도 있지만, 해석으로 찾으면 된다.

The roof was painted white.
지붕이 칠해지다(O), 지붕이 칠하다(X)

동사 뒤에 White라는 형용사가 나오지만, 5형식에서 변형된 개념일 뿐이다. 해석으로 찾으면 된다.

수동태로 바꾸기 전

My father painted the roof white.(5형식)

앞의 문장에서 '아버지'가 색깔을 바꾸기로 결정했었죠? 다시 쓸 필요는 없으니까요!

지금 설명한 문제들에 재미있는 점이 있다!

수동태는 문장의 구조만으로 답을 찾기 어렵다. 3형식에서 변형되면, 뒤에 명사나 형용사가 나올 수 없다고 한다. 그런데? 4, 5형식에서는 명사나 형용사가 나올 수 있다.

4, 5형식의 문법 개념이 없어도 답을 찾기 어렵지 않은 이유가 여기에 있다. '~되어지다'라는 개념만 갖고, **해석으로 판단하면 대부분 해결된다.**

핵심 정리

1. 구조만으로는 수동태를 써야 되는지 아닌지 시험에서 확인할 수가 없다.
   → 4, 5형식은 문장의 변화가 다양하다.
   → 답은 해석으로 찾아야 한다!

2. 이런 복잡한 설명을 한 이유는?
   → 간혹 잘못된 문제 해설을 하는 경우가 있다.
   → 시험은 이를 악용(?)한다.
   → 답은 해석으로 찾아야 한다!

수동태로 변형하기 전

외우지 마세요. 읽기만 하세요.

I'm bored. → He bores me.
This room was cleaned. → He cleaned this room.
I was given a present. → He gave me a present.
A present was given to me. → He gave me a present.
The roof was painted white. → He painted the roof white.
I am called 학말영. → He calls me 학말영.
I was made happy. → He made me happy.
She was taught to study English. → He taught her to study English.
She was seen to dance. → He saw her dance.
She was seen dancing. → He saw her dancing.

모두 'by him'이 생략되어 있다는 가정하에 문장을 변형했습니다!

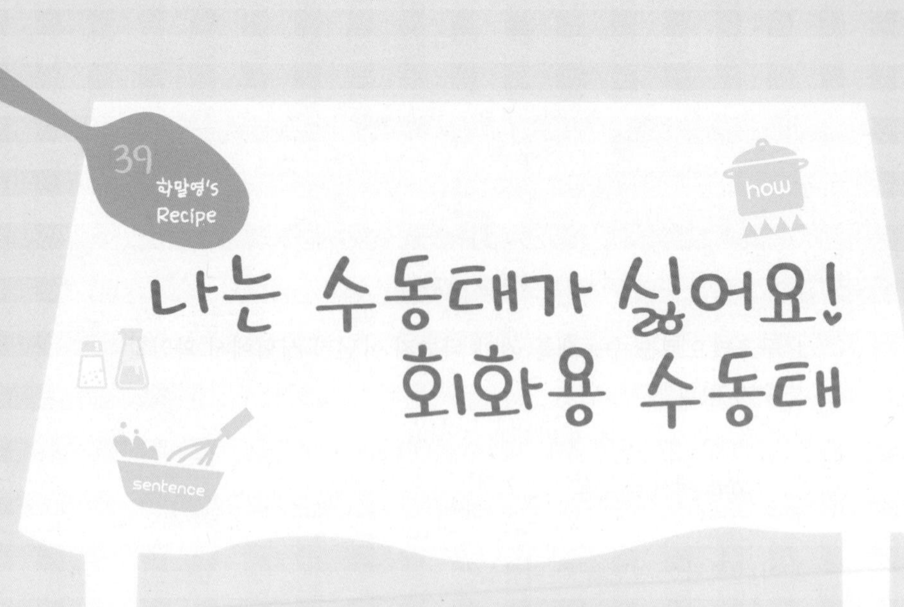

나는 수동태가 싫어요! 회화용 수동태

지금까지 복잡한 수동태를 배웠다. 설명을 하면서 학말영도 놀랐다. 생각했던 것보다 분량이 엄청나게 길어졌다. '시험용 수동태'라는 웃지 못할 설명까지 있었다. 굳이 이유를 대자면, 수동태 자체가 문법적인 허점이 많아 다양한 변명이 필요했을 뿐이다.

그런데 회화에서는 어떨까? 사실, 수동태를 자주 사용하지는 않는다!

수동태는 완벽하지 않은 문법입니다. 그만큼 부연 설명이 길었던 점 진심으로 사과드립니다. 이제 수동태를 훌훌 털어버리는 시간을 갖겠습니다.

회화에서는 활용이 적다!

이유는 간단하다. 대화를 할 때, '나는 ~한다.'라고 말한다. '나는 ~되어진다.'라고 설명해야 하는 상황은? 극히 일부분이다.

I was taught English in school yesterday.

이런 말을 억지로 쓸 이유가 없다.

I learnt English in school yesterday.
→ 대부분은 '영어를 배웠다'라고 쓴다.

'당했다 = 받았다'라는 표현으로 생각할 수도 있습니다. '가르침을 받았다'라는 뉘앙스로 표현하고 싶다면? 'was taught'로 사용할 수 있다는 것은 기억하기 바랍니다.

I was given a teddy bear as a free gift.
나는 사은품으로 테디베어를 주어졌다(= 받았다).

이런 말을 알고 있으면 좋지만, 활용도가 낮다.

I got a teddy bear as a free gift.
나는 사은품으로 테디베어를 얻었다(= 받았다).

→ 이런 방식으로 쓰는 문장이 훨씬 더 쉽고, 직관적이고, 편하다.

수동태가 쓰인 문장을 예문으로 활용하기 위해 '영화와 미드'도 유심히 살펴보았지만, 찾기가 어려웠다. 대화에서는 활용할 기회가 별로 없기 때문이다. 찾았다고 해도, 무늬만 수동태인 경우가 많았다.

무늬만 수동태

대표적인 예가 있다.

She is married.
그녀는 결혼되었다? → (의역)그녀는 결혼했다(결혼한 상태다).

정말 활용도가 높은 문장이다. 왜 그럴까?
대부분 이런 말을 할 때, 누구와 결혼했는지는 전혀 관심이 없다. '결혼을 했는지, 아닌지'만 중요할 뿐이다. 대화를 할 때, 정말 많이 쓰이는 수동태 모양이지만 수동태라는 생각조차 없이 사용하는 문장이다.

문법에 너무 집착할 필요는 없습니다.

이외에도 설명에서 자주 활용했던 문장도 무늬만 수동태다.

I'm bored. 지루해.

위의 문장은 'He bores me.'에서 변형되었다고 설명했지만, 원리를 이해하기 위한 도구였을 뿐이다. 회화에서 너무 자주 쓰이는 패턴이기 때문에 수동태라는 것도 잊고 사용할 뿐이다. 해석 자체도 '당하다'라는 의미로 표현하지 않는다.

221쪽, '수동태에 쓰이는 여러 전치사'가 모두 이런 표현들입니다! 자주 쓰다 보면, 수동태라는 것도 잊어버리게 됩니다!

학말영식 수동태 사용법

She is beautiful식이다! 이미 설명한 바 있다. 2형식 구조처럼 생각한다.

I	am	bored.	
주어	동사	과거분사	
주어	동사	형용사	– 2형식 구조

수동태가 1형식이라고 설명하는 문법책들이 많으나, 내 맘대로다. 왜냐하면 과거분사는 형용사처럼 사용하기 때문이다. → 이렇게 생각하면 문장의 활용도는 극대화된다.

I was bored in 학말영's class. (전치사 + 명사 = 부사)
나는 학말영 수업에서 지루해졌다.

I was bored to read the book. (to부정사 = 부사처럼 사용)
나는 책 읽는 것에 대하여 지루해졌다.

I was bored after reading the book. (전치사 + 동명사 = 부사)
나는 책을 읽고 나서 지루해졌다.

I was bored to death. (전치사 + 명사 = 부사)
지루해 죽을 것 같다.

She was married in the fancy wedding hall.
그녀는 비싼 웨딩홀에서 결혼했다. (fancy:비싼, 화려한)

She was married to him. 그녀는 그와 결혼했다.

'She married him.'이라고 표현해도 같은 의미입니다. → 이런 문장을 봤을 때, 틀렸다고 생각하면 안 됩니다. (문법적으로 따지지는 않기 바람)

전치사 + 명사 = 부사

'문장의 형식'에 영향을 미치지 않는다. ★중요

수동태를 자주 활용하는 패턴의 문장을 활용해 설명했습니다.

예문을 통째로 외우자 – '4, 5형식 패턴'에서

학말영이 '4, 5형식 수동태'를 설명하기 전에는 실생활에서 사용할 일이 거의 없었다. 복잡한 패턴을 굳이 쓸 필요는 없다고 판단했다. 그런데 설명을 하다 보니 활용하면 좀 더 자연스러운 표현도 있다는 것을 직감했다.

누구인지 모르거나 중요치 않은 상황

→ 'by'를 쓸 것인가, 말 것인가'에서 이미 언급했음!

예문를 보자.

I was asked a question (by ?). 나는 질문을 요청받았다(질문을 받았다).

모르는 사람이 길을 물었다. 혹시, 좀 전에 있었던 이 상황을 친구에게 설명한다면? 제대로 활용할 수 있는 문장이다.

Someone asked me a question.
→ I was asked a question.

그런데 이런 문장을 4형식에서 바뀌었다고 생각하고 쓸까? 문장을 이런 식으로 바꿔가면서 대화를 할 사람은 아무도 없다. 패턴을 외워서 사용하는 것이다. 이것은 수동태라는 개념을 버리면 의외로 사용하기 쉽다.

I	was asked	a question.	
주어	동사	명사(목적어)	- 3형식
나는	요청받았다	질문을	

'was asked'를 수동태가 아닌 한 개의 동사로 외워버리면, 활용도는 갑자기 높아진다.

I	was given	a present.	
주어	동사	명사(목적어)	- 3형식
나는	요청받았다	선물을	

앞에서, 자주 사용하지는 않는다고 했던 'was given'도 마찬가지다. 수동태를 하나의 동사로 외워버리면, 4형식에서 바뀌었는지 아닌지는 전혀 중요하지 않다. 단순히 3형식 문장처럼 활용할 뿐이다. 이런 방법이 바로 원어민이 영어를 사용하는 것과 좀 더 유사해지는 방식이다!

수동태에 대한 기본적인 개념은 이해한 다음에 활용하는 방식입니다. 사용하는 방식을 스스로 납득하지 못하면, 이런 문장을 회화에서 사용할 시도조차 하지 않습니다.

The roof was painted white. 지붕은 흰색으로 칠해졌다.

'5형식 패턴'도 외워서 활용할 수 있다. 그렇다면 어떻게?

The roof	was painted	white.	
주어	동사	형용사	- 2형식
지붕은	칠해졌다	흰색으로	

(It looks white. 그것은 흰색으로 보인다. → 2형식 개념만 이해하고 있다면 충분히 활용 가능하다!)

4, 5형식에서 변형된 수동태를 활용하는 예가 많지는 않습니다. 유용한 표현이라 판단한다면, 상황에 따라 외워서 활용할 것을 권장합니다.
예) I was made + ~~ (나는 만들어졌다[되었다]~~~.)
→ 다양한 '보어'가 올 수 있는 5형식 패턴을 활용해 다양한 단어를 넣어봅시다!

수동태를 제대로 싫어해보자!

I love her. → She is loved by me.

원리를 설명하기 위해 활용한 문장이었다. 이런 문장을 대화에 사용할 일은 거의 없다. 어렵게 꼬아서 말할 필요가 없기 때문이다.

그러나 아래와 같은 방식은 간혹 보게 된다!
She is loved. 그녀는 사랑받는다.
누가 사랑하는지 모르거나 중요치 않은 상황에서는 이런 표현은 충분히 활용할 수도 있으니까!

This room is cleaned by her.

이런 문장도 거의 쓰이지 않는다. 이 말의 뜻이 무엇인지 아시겠나요?

'by + 목적어(명사)'가 중요한 의미를 갖고 있다면, 수동태의 활용이 극히 드물다. = 회화에서는 일부러 꼬아서 문장을 만드는 예가 극히 드물다.

'She cleaned this room.'이라고 표현하면, 편하고 훨씬 이해하기 좋다!

글에는 의외로 수동태 문장이 많이 쓰인다

시험용 영어에서는 철학, 의학, 과학, 심리학 등의 주제가 많이 쓰인다. (토익은 그렇지 않다. 실생활 영어를 표방하기 때문이다.)

Animals are used in experiments. 동물들은 실험에 사용된다.
Chimpanzees have been studied for 25 years.
침팬지는 25년 동안 연구되어오고 있다.
(현재완료 개념 결합: have studied + be studied = have been studied)

그리고 정중한 표현을 위해 말을 돌려서 표현할 때나, 문장을 어렵게 만들고 싶을 때도 활용할 수 있다.

사실 글에 수동태가 많이 쓰이는 이유는 '대화'가 아니기 때문이다.
= 일부러 어렵게 표현할 시간적 여유가 많다!

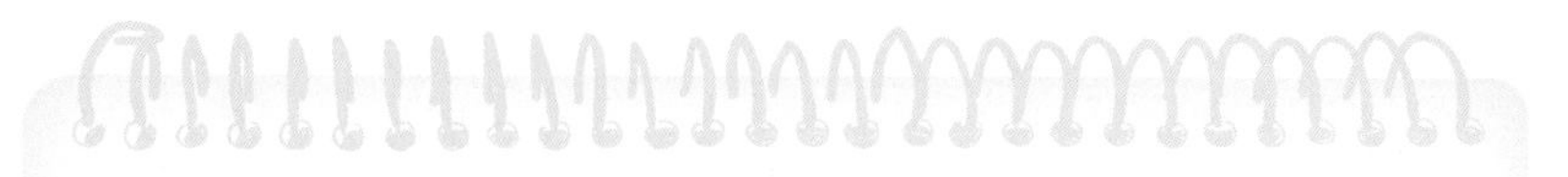

핵심 정리

1. 회화에서는 수동태를 어려워할 필요가 없다.
   → '과거분사=형용사'라는 개념만 알아도 활용도는 폭발적으로 상승한다.

2. 회화에서는, 절대 수동태로 만들기 전의 문장을 상상할 필요가 없다.
   → 문법을 공부할 때는 3, 4, 5형식을 변형해 수동태로 만들지만, 원리를 이해하기 위한 설명이었을 뿐이다.

3. 수동태는? 대화에서 자주 쓰지 않는다.

원리를 알고 난 다음에 사용할 수 있는 '회화용 수동태'였습니다. 이것으로 멀고도 험했던, 수동태! 대단원의 막을 내립니다. 감사합니다.

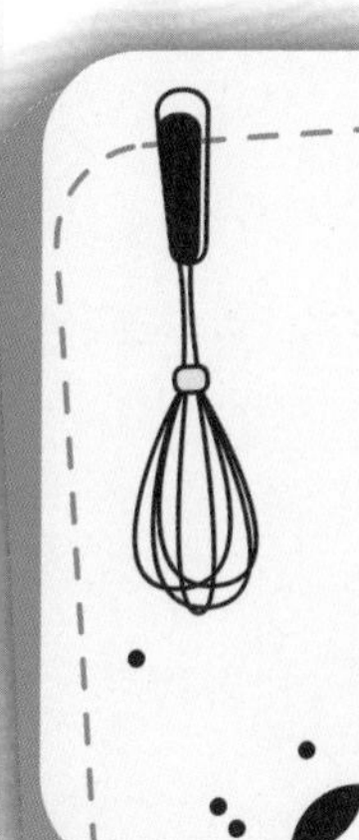

8. 자, 날아오르자고!

절과 구

'절'을 설명하려니 너무 설렌다! 영어의 수준을 한 단계 업그레이드시킬 수 있는 절호의 기회를 만나게 되어서다. 사실 좀 더 빨리 설명하고 싶었지만, 여러 문법 요소에 익숙해진 다음에야 이해할 수 있는 부분이라 이제서야 밝히게 되었다. 그래도 기분이 좋다. 이제는 말할 수 있어서!^^

사실 문법책에서는 '절'을 분리해서 가르치지 않는다. 여러 부분에 흩어져 나오기 때문에 여러분의 머릿속 개념도 계속 흩어져 있다.

관계대명사를 배우기 위한 사전 지식이기도 합니다. 제대로 알아야 합니다!

시험용부터 회화용까지 버릴 게 없습니다!

문장 속의 문장

앞의 설명에서도 한 번 언급한 적은 있다.

절 - 문장 형태를 띠고 있다. ('주어+동사'의 구조)

기본 개념은 단순하다. 이것으로 모두 설명한 것이나 마찬가지다. 예문을 보며 직접 확인해보자.

I know you want to kiss me!
나는 네가 나한테 키스하고 싶은 것 알고 있어!

정말 닭살 돋는 멘트지만, 아껴뒀던 문장이다. 어느 쇼핑몰 앞을 지나면서 보게 된 광고 문구다. 여기에 절이 숨겨져 있다.

너무나 유명한 that절이다.

I	know	/	(that)	you	want	to kiss me.
주어	동사	/	that	주어	동사	목적어(명사)
주어	동사	/			목적어	

(that: 목적어로 '문장'을 쓰고 싶어 사용됨[생략 가능].)

절을 사용하는 의도가 확실해진다. 바로 문장 속에 문장을 쓰고 싶어 만들어졌다.

'언어의 효율성'을 위해서입니다.

언어의 효율성을 높인다!

문법을 처음 배울 때, 괜히 머리만 아프게 하는 내용이라고 느끼는 부분이 '절'이다. 문장이 길어져 해석을 하기 어렵기 때문이다. 자연스럽게, 쓸데없는 문법으로만 느껴진다.
하지만 일반적으로 생각하는 것과는 정반대다. 효율적인 말하기를 가능하게 하는 유용한 방법이다. 아직 못 믿겠다면? 절을 쓸 수 없다고 생각해보자!

~~I know you want to kiss me.~~
→I know something.
→You want to kiss me.

절을 사용할 수 없다고 생각하면, 두 문장으로 분리시켜야 한다. 짧은 문장을 쓰는 게 더 편하다고 느낄 수도 있지만, 대화가 오히려 길어지는 역효과가 발생한다. 비효율적이다!

한 번 오가면 되는 대화를 두 번이나 이어지게 한다!
아직 납득할 수 없을지도 모른다. 한국에서는 문법에 대한 불신이 높다는 것을 잘 알고 있다. 시험용 영어에서도, 문장을 엄청나게 길게 할 수 있는 '절'의 장점(?)을 유용하게 활용하기 때문이다.

문장의 형식을 알면 보인다!

절을 어려워하는 가장 큰 이유는, 문장의 형식을 벗어났다고 착각하기 때문이다. 아이러니하게도, 문제를 해결하는 키워드 또한 문장의 형식에 있다.

먼저 '절'의 또 다른 의미를 보자.

> 節(마디 절) = 문장의 한 마디(일부분)

'to부정사'를 알고 있다면 이해하기 쉽다. 문장 속에서 동사를 '명사, 형용사, 부사'처럼 쓰고 싶기 때문에 'to부정사'를 사용하게 되었다. '절'도 마찬가지다.

문장을 '명사, 형용사, 부사'처럼 쓰고 싶다.
= 문장의 일부분으로 사용하고 싶다.

What you did was wrong. 네가 한 것(행동)은 잘못되었다.
주어(명사절) + 동사 + 형용사 = 2형식
→ 주어에는 명사가 쓰인다.

I know (that) you want to kiss me.
주어 + 동사 + 목적어(명사절) = 3형식

He told me (that) I should read 학말영's blog.
주어 + 동사 + 목적어 + 목적어(명사절) = 4형식
그는 내가 학말영 블로그를 읽어야 한다고 나에게 말했다.
→ 목적어에는 명사가 쓰인다.

I was fat because I liked chocolate.
주어 + 동사 + 형용사 + 부사(부사절) = 2형식
나는 초콜릿을 좋아했기 때문에 뚱뚱했다.
→ 문장의 형식에 영향을 미치지 않으면 문법에서는 쉽게(?) 설명하기 위해 '부사'라고 말한다.

I realized the truth that you love me.
주어 + 동사 + 목적어 + 형용사(형용사절) = 3형식
나는 네가 나를 사랑한다는 진실을 깨달았다.
→ 'the truth'라는 명사를 수식하는 형용사로 쓰인다.
(주의: 문법책에서는 '명사절'이라고 설명합니다.[다시 언급 예정!])

학말영은 문장의 형식을 기본으로 문법을 설명하는 중이다. 빵 틀과 비슷하다. 단순하게 생각해야 한다. 빵 틀에 재료만 바꿔 넣을 뿐이다.
→ '명사, 형용사, 부사'를 대신해 문장을 써보고 싶은 것뿐이다.

영어의 빅뱅

문장을 엄청나게 길게 할 수 있는 '절'의 효과! 아래의 문장을 보면 영어의 빅뱅을 느낄 수 있다.

I know / (that) you want to kiss me / because I realized the truth / that you love me.

I know / that ~~~ / because ~~~/ that ~~~
주어 동사 / 목적어(문장) / 부사(문장) / 형용사(문장)

자, 여기서는 절을 사용하는 방식에 대한 전체적인 모습만 보면 된다. 학말영이 고의적으로 한 문장으로 표현한 이유다. (숲을 보는 시간)
그런데 한 문장으로 연결시켜놓았을 뿐, '/'로 끊어놓은 부분들을 분리해서 해석해 보면 어려운 문장은 전혀 없다.

절을 활용해 문장들을 제대로 연결할 수 있다면? → 영어의 활용도는 폭발적으로 늘어난다.

핵심 정리

1. 절 = 문장형태 = 주어+동사~~

2. 문장의 형식(영어의 기본 구조)을 활용해,
→ '명사, 형용사, 부사' 대신 문장을 끼워넣을 수도, 뺄 수도 있다.

3. '절'을 제대로 다룰 수 있다면?
→ 영어의 '빅뱅'을 가능하게 한다.

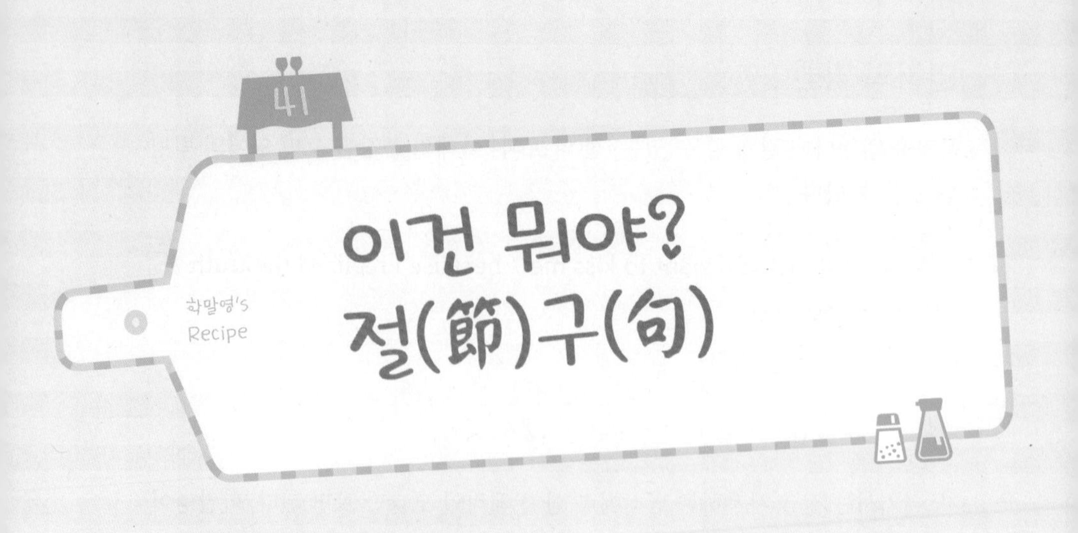

이건 뭐야? 절(節)구(句)

제목만 보고 의아스러울지 모른다. 절(節) 구(句)? 뭐 하는 거지?

문법책에서는 '절 → 구', '구 → 절'로 바꿔가며 괴롭힌다. 뜻도 비슷해서 문법을 포기하게 만드는 주된 원인 중의 하나이다. 그러므로 정확한 이해가 필요하다!

먼저 한자의 뜻을 살펴보자.

> 節(마디 절) - 문장의 일부분
> 句(글귀 구) - 마디, 문장의 단락(일부분)

'절'이 아니면 '구'다!

이게 무슨 말장난일까? 맞다. 인정할 수밖에 없는 심각한 말장난이다! 그런데 이런 식으로밖에는 표현할 방법이 없다.

구 - 문장 형태가 아닌 단어의 묶음(조합)
= '주어 + 동사'의 문장 형태가 아니라는 것만 기억하면 된다.
= 절이 아니면 구다!

'구'라는 용어는 문법의 설명을 쉽게 하기 위해 만들어졌을 뿐입니다. 실제로는 다양한 형태가 존재하기 때문에 모양만으로는 설명하기 힘들죠! '절이 아니면 구다.'라는 정도만 생각합시다!

학말영도 용어 때문에 힘드네요~~~

절 → 구, 구 → 절

정확한 이해를 위해 오늘의 재료를 선정했다. '절과 구'가 사용되는 방식은 꽤나 다양하지만, 대표적인 2가지를 보면 쉽게 이해할 수 있을 것이다!

주재료(main ingredients)

1. **to부정사구**
→ 부정사를 만들기 위해서는 'to + 동사원형'처럼 단어가 결합해야 한다. 그런데, 문장 형태는 아니다. → '구'라는 말장난을 하게 되었다.
(구 = 단어의 묶음)

2. that절

→ 절에 쓰이는 'that'은 '저것, 그것'이라는 의미와 전혀 상관없다. 뜻이 전혀 없고, 문장의 일부분으로 쓰기 위한 도구로만 활용된다. 무색무취(無色無臭)다.

학말영이 좋아하는 방식의 설명은 아니다. 하지만 숨은 뜻을 알고 나면 '절과 구'라는 용어가 영어를 이해하는 데, 꽤 많은 도움을 준다는 것을 알게 된다.
문법책이나, 고난도(?)의 시험 문제에서도 많이 활용하는 부분이라, 꼼꼼히 따져봐야 한다.

절 → 구

학말영's blog is so easy that people can understand.(절)

→ 학말영's blog is so easy to understand.(구)

학말영의 블로그는 너무 쉬워서 사람들이 이해할 수 있다. (절)

→ 학말영의 블로그는 이해하기에 (구) 아주 쉽다.

시험 문제로 밥 먹듯이 나오는 'so ~ that ~: 너무 ~해서 ~하다.'를 응용해보았다. 억지로 외워서 쓰는 문장이지만, 의외로 별 것 아니다. 구와 절의 개념만 이해하면 된다.

의문이 생긴다. 문법책에서 설명하는 방식과 한 가지가 다르다.

so + 형용사 + that + 주어 + can
→ 형용사 + engough + to부정사

아주 흔하게 소개되는 문법 공식(?)이다. 하지만 지킬 필요 없다. 여러 번 설명했지만, 언어에서 정확한 법칙 같은 건 존재하지 않는다. '절'을 '구'로 고칠 때 'enough'를 포함시키면 의미가 더 비슷해진다는 이야기일 뿐이다.

학말영은 enough를 빼야만 의미상 더 비슷하다고 판단했다.

학말영's blog is easy enough to understand.(구)
학말영의 블로그는 이해하기에 충분히 쉽다.
→ '충분히'와 '아주'는 엄청난 차이이다!

그러나 시험 문제에 나오면, 무조건 공식처럼 풀기 바랍니다!

그런데 people은 또 어디로 사라졌을까? 수동태 강의를 봤다면 바로 이해된다. 불특정한 일반인은 생략된다. 똑같다. 문법들이 분리되어 있는 것도 아니다. 적극적으로 재활용해야 한다!

구 → 절

학말영's blog is too difficult for her to understand.(구)
→ 학말영's blog is so difficult that she can't easily understand.(절)
학말영의 블로그는 그녀가 이해하기에 (구) 너무 어렵다.
→ 학말영의 블로그는 너무 어려워서 그녀가 쉽게 이해할 수 없다(절).

이번에는 문법책의 설명을 먼저 들어보자.

too ~ to : 너무 ~해서 ~ 할 수 없다.
= so + 형용사 + that + 주어 + can't ~

공식처럼 사용하지만, 여기에도 약간의 모순점이 있다. 실제로는 'too~to'에 '할 수 없다'라는 뜻이 없다. 정확한 뜻은 이렇다.

too ~ to : ~하기에 너무 ~ 하다.
(~~너무 ~해서 ~ 할 수 없다.~~ - 뉘앙스에 따라 '할 수 없다'라고 해석하는 것이 더 맞는 경우는 있으나, 더 헷갈린다.)

위의 문장에서는 '이해하기에 너무 어렵다.'는 뜻의 문장이다. '너무 어려워서 이해할 수 없다.'라고 해석하면 의미가 완전히(?) 달라져버린다. 절(문장 형태)로 변형할 때는, 'easily(쉽게)'라는 단어를 끼워넣은 이유다.

의미상 주어 = **for her**
누가 이해하는가? 그녀다! 위의 문장에서는 꼭 필요한 내용이다.
= 문장에서 중요한 의미를 차지하기 때문에 뺄 수 없다.
= (수동태 설명과 유사)불특정 일반인이 아니면 생략할 수 없다.

왜 이런 귀찮은 말장난을 할까요?

'구 → 절', '절 → 구'로 바꾸는 이유

문법책에 약간의 오류는 있지만, 쓸데없이 만들지는 않는다. 모든 결과에는 원인이 있는 법이다. 힌트는 '절의 형태'에 있다.

주어 + 동사

대화를 할 때,

> 전달하고 싶은 내용이 많을 때 → '절'을 활용
> 전달하고 싶은 내용이 짧을 때 → '구'를 활용

회화를 하는 이에게 선택권을 주는 것이다. 상황에 따라서 좀 더 자연스러운 표현은 다르다. 의사소통은 간단명료한 게 좋지만, 때에 따라서는 좀 더 자세한 설명이 필요하기 때문이다.

1. '구'를 쓴다!

학말영's blog is so easy that people can understand.
→ 학말영's blog is so easy to understand.

문장 형태(절)를 유심히 보자! 전혀 쓸모 없는 'people'이라는 단어를 말해야 한다. 의사소통을 할 때도 군더더기가 많아진다. → 당연히 'to부정사(구)'를 쓴다!

2. '절'을 쓴다.

학말영's blog is too difficult for her to understand.
= 학말영's blog is so difficult that she can't easily understand.

'누가(주어) 무엇하다(동사)'라고 설명할 때
'누가'라는 의미가 필요한지 아닌지 판단해보면 사용 가능한 방법을 선택하기 좀 더 쉽다.

to부정사의 의미상 주어로 쓰이는 'for her'는 이상하게 거부감이 생긴다. 듣는 사람도 'for'는 '~하기 위해'라는 의미가 있어 헷갈리지 않을까 걱정하게 된다. 이럴 때는 좀 더 구체적이고 자세한 설명을 할 수 있는 '절'을 사용하게 된다.
(영어 실력이 늘다 보면, 자연스럽게 '문장형태'로 쓰는 게 편하다는 것을 느끼게 된다!)
→ '의미상 주어, to부정사'의 2가지 개념을 고민하는 것보다, 문장으로 1가지만 고민하는 게 훨씬 편하다.

'understand'라는 표현이 중요하지 않다고 생각할 때
학말영's blog is too difficult for her.
→ 전치사 + 목적어(명사) = 전치사구 = 부사구
→ 이런 표현에 억지로 문장을 쓸 사람은 아무도 없다.

핵심 정리

절 vs 구

절 = 문장 형태(주어+동사)

vs

구 = 단순한 단어의 조합, ~~문장 형태~~
= 문장이 아니면 구다. = 절이 아니면 구다.

1. 왜 '구 → 절, 절 → 구'로 바꾸는가?
   대화를 할 때, 선택권을 주는 것이다.
   전달하고 싶은 내용이 많을 때 → '절'을 활용
   전달하고 싶은 내용이 짧을 때 → '구'를 활용

2. 구는 문장 형태인 절로 바꿀 수 있다.
   이 개념만 알면 외울 필요가 없습니다!

위의 설명과 같은 패턴의 예
의문사 + to부정사
I don't know what to do. 나는 무엇을 해야 할지를 모르겠다.
= I don't know what I should do. 나는 무엇을 해야 할지를 모르겠다.

'절'로 바꿀 때, '**should**'를 쓴 이유는? 의미를 비슷하게 바꾸려면, 어쩔 수 없는 선택을 해야 했다. → '의문사 + to부정사'는, '~해야 한다'라고 해석된다. 절로 바꿀 때, 'should'를 사용하는 이유다. (특이해서 시험에 자주 나옴)
(학말영이 'easily'를 포함시켰던 문장 기억나시죠? 비슷한 이유입니다.)

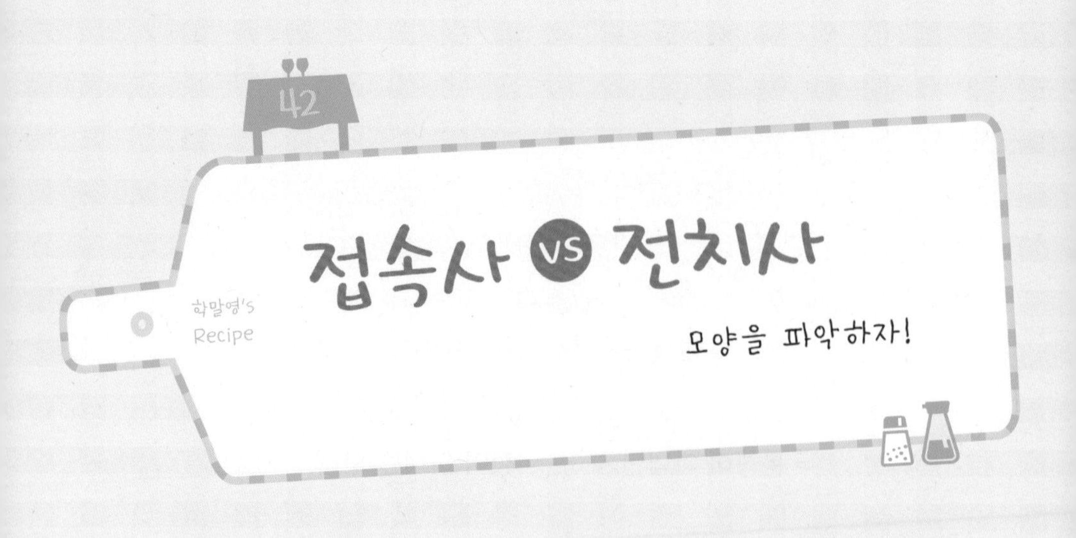

'절과 구'에 대한 설명은 이제 끝났을 거라고(?) 생각했을 분들에게는 먼저 양해의 말씀을 구하고 싶다. 아직 몇 단계를 더 거쳐야 한다. 그 중에서도 이번 설명이 가장 중요하다. 지금까지 고질적으로 괴롭혀왔던 문법 용어, '접속사와 전치사'를 어설프게 알아서는, '절과 구'를 활용할 수 없기 때문이다!

전치사에 대한 언급은 이미 몇 번 했으니 여기서는 접속사를 위주로 설명하려고 한다. 먼저 사전적인 의미를 살펴보자.

> 접속사: 문장과 문장, 단어와 단어를 연결해주고(접속시켜주고), 문장, 단어 사이의 관계를 나타냄.
>
> 전치사: 명사 앞에 위치해 다른 단어와의 관계를 나타냄.

예문으로 추적해보자

접속사 - since(~한 이래로, 이후로)

예) It has been two years since he left. 그가 떠난 이래로 2년이 되었다.

전치사 - to(~에, ~에게), with(~와 함께)

예) I went to the shopping mall with my friend.
나는 쇼핑몰에 갔다./ 내 친구와 함께

특징을 알 수 있겠는가?

접속사 - 앞과 뒤를 연결(접속)해준다는 개념이 강하다.

전치사 - 명사 앞에서 의미를 덧붙여, 문장에 연결시켜준다.

셜록 탐정도 찾지 못한(?) 뻔한 차이점이 있다. 전치사 뒤에는 명사가 오지만, 접속사 뒤에는 문장이 온다.

접속사 + 문장, 전치사 + 명사

'접속사+문장'이라는 말은 절대 잊어버리면 안 됩니다. ★매우 중요
이 개념은 정말 중요합니다. 전치사와 접속사를 이해하지 못해왔다면, 가장 큰 원인은 여기에 있을 확률이 높습니다. 사실, 다음에 이어질 설명들을 보면 정신이 다시 혼미해질 수도 있습니다. 하지만 이 개념을 떠올리면 분명 빛이 보일 겁니다!

접속사는 팔색조다!

She is beautiful and smart.
→ 형용사 + 접속사 + 형용사

She is a teacher and the mother of two children.
→ 명사 + 접속사 + 명사

She is beautiful and she is smart.
→ 문장 + 접속사 + 문장

학말영이 또 사기를 쳤다고 생각할지도 모르겠다. 이런 문제는 왜 벌어지는가? 이미 설명했다.

접속사는 앞과 뒤를 연결해준다.

이런 특징을 갖고 있기 때문에, 연결만 시킬 수 있다면 다양한 형태의 단어 또는 문장이 올 수 있다.

연결 vs 붙임

위에서 설명한 예문을 다시 한 번 보자.

She is a teacher and the mother. → 접속사 + 명사
She went to the shopping mall. → 전치사 + 명사

문장의 모든 것을 빼고 'and the mother'만 보면, '접속사+명사'와 '전치사+명사'의 차이를 절대 납득할 수 없다. 하지만 분명한 차이는 있다. 위의 두 문장을 보면 약간 다른 점이 있다.

1. 명사 + 접속사 + 명사 = 연결
앞뒤로 같은 형태의 명사가 나오고 있다. 문법책에서는 and를 등위접속사라는 독특한 용어로도 설명한다. = 동등한 형태의 단어, 문장이 앞뒤로 나온다는 뜻

2. 문장 + 전치사 + 명사 = 붙임
문장에 덧붙이는 말(명사)일 뿐이다.

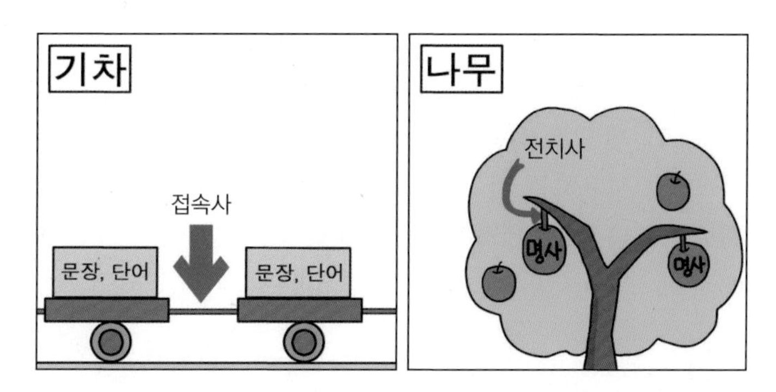

접속사는 앞뒤의 기차 칸을 연결하는 역할을 한다고 생각하자! 전치사는 문장이라는 큰 나무에 열매(명사)를 덧붙인다고 생각하면 이해(?)가 쉽다.

접속사에 대한 문법 설명의 한계

전치사에 비해서, 접속사는 어떤 방식으로 쓴다고 정확히 설명하기는 어렵다. 예를 들어, 접속사인 'because, although'는 문장 형태만 뒤에 올 수 있다.

I like meat because it's delicious.
Although he is poor, she likes him.

접속사는 사용 방식이 제각각이라, 헷갈리는 단어는 직접 사전을 찾아보며 확인하는 게 좋다. 그런데 학말영은 왜 이런 설명을 하고 있는 걸까?
바로 변칙적으로 사용하는 접속사에 질리게 되는 것을 미리 방지하기 위해서다. 실제로는, 문법적으로 완벽하지 않은 접속사에 대한 개념은 단 한 가지만 알면 된다.

접속사 + 문장 = 절

학말영이 머릿속에 저장하고 있는 접속사의 개념은 단 한 가지다.

I know that you want to kiss me.
접속사 'that'이라고 말한다. that의 뒤에 절(문장)이 오기 때문이다.

'접속사 + 문장'이라는 개념만 알아도 충분한 이유!

She is beautiful and **(she is)** smart.
She is a teacher and **(she is)** the mother of two children.

Although **(he was)** poor, he wasn't discouraged.

– 원칙적으로는, '접속사' 뒤에 '문장'만 사용할 수 있다. 하지만 언어를 좀 더 빨리, 쉽게 말하고 싶었다.

→ 반복되는 부분은 생략하게 되었다.(언어의 효율성)

→ '접속사 + 문장'으로만 생각해도 충분한 이유다.

(Although + 형용사: '주어 + 동사'가 생략되었을 뿐입니다.)

영어를 사용하다 보면, 접속사 뒤에 명사 또는 형용사가 오는 모습을 보고 당황할 수 있습니다. 곧 이어서 '접속사+문장'의 개념만 활용할 예정이라, 한 번은 개념을 정리해보는 시간을 마련하고 싶었습니다!

핵심 정리

여기서 알아둬야 할 개념은 단 두 가지!

접속사 + 문장 = 절

전치사 + 명사 = 구

걱정할 필요 없습니다.
'접속사+문장, 전치사+명사'만 꼭 기억해주세요!

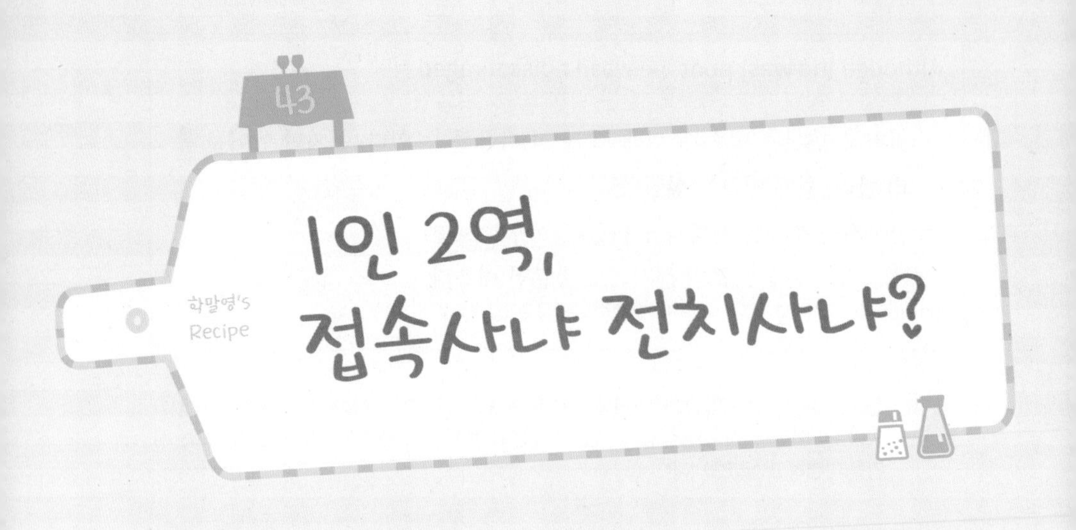

1인 2역, 접속사냐 전치사냐?

접속사와 전치사 둘 다로 쓰인다? 당황스럽겠지만, 바로 앞에서 배운 2가지 개념만 머릿속에 저장하고 있으면 된다.

접속사 + 문장 = 절
전치사 + 명사 = 구

앞에서 배웠던 개념이 약간 모호하기도 했다. 애써 '접속사와 전치사'를 구분하려 했지만, 오히려 더 비슷하다고만 느꼈을 수도 있다. 이것은 용어만의 문제가 아니다.
원어민들도 둘의 경계가 모호할 정도로 마음대로 바꿔 쓰는 경우가 많다. 그래서 이것을 이해하고 나면 영어의 활용도가 (또?) 한 단계 업그레이드된다.

접속사와 전치사, 둘 다 된다?

같은 단어라도 다양한 뜻이 있다. 단어의 형태도 한 가지 방식으로만 사용되지 않는다.

dream

Dreams come true. 꿈은 이루어진다. – 명사

It is my dream car. 이것은 내 꿈의(이상적인) 차다. – 형용사

I dreamt about you. 나는 너에 대한 꿈을 꾸었다. – 동사

I dreamed a dream. 나는 꿈을 꿨다. – 동사, 명사
(dream의 과거형: 'dreamt, dreamed' 둘 다 가능)

접속사와 전치사도 마찬가지다. 한 가지 단어가 두 가지 성격을 동시에 갖고 있는 경우가 많다. 그런데 단어마다 다르다. 공통적인 법칙도 보이지 않는다. 문법으로만 배워서 활용하려다 보면, 접속사와 전치사라는 개념은 '안드로메다'로 가버린다. 각 단어 별로 사용법을 살펴봐야 한다!

'until(~까지)'이라는 단어를 전치사라고만 알고 있다고 해보자. 뒤에 '명사'만 쓰려고 한다. → 자신의 영어 실력을 제한하는 효과(?)가 있다.

until을 접속사로 쓰면, 뒤에 문장이 올 수도 있다.

I'll wait here
until you finish the work.(접속사)
네가 일을 끝낼 때까지 여기서 기다릴게요.

I'll wait here until 3 o'clock.(전치사)

('until'은 'till'로 바꿔쓸 수도 있음.)

다양한 예

until과 같은 단어들을 준비했다! 이런 식으로 사용되는 단어들은 엄청나게 많아, 학말영이 '주관적'으로 시험에서 자주 사용하거나, 회화에서 활용도가 높은 단어들을 엄선했으니, 자세히 봐주기 바란다. 버릴 게 없는 단어들이다!

사전처럼 단어의 모든 뜻을 밝히지는 않습니다. 자주 쓰이는 해석들을 위주로 설명합니다.

1. as

1)~로서

She worked as a teacher.(전치사) 그녀는 선생님으로 일했다.

2)~처럼

I think her as a teacher.(전치사) 나는 그녀를 선생님처럼 생각한다.

'나는 그녀를 선생님으로(서) 생각한다.'
해석은 잘못되었지만, ~처럼이라는 뜻을 굳이 모르더라도 의미가 통하죠. 억지로 모든 의미를 외울 필요는 없습니다.

3) ~하고 있을 때, ~할 때

(앞뒤 문장의 행동이 거의 동시에 이뤄지는 뉘앙스 – 사전에 친절히 나옴.)

He surprised me as I entered the room.(접속사)

= As I entered the room, he surprised me.
내가 방에 들어가고 있을 때, 그는 나를 놀라게 했다.

4) ~ 때문에

As he is honest(접속사), I trust him. 그는 정직하기 때문에, 나는 그를 신뢰한다.

5) ~대로

I studied as he said.(접속사) 그가 말한 대로 나는 공부했다.

as의 뜻은 정말 다양하지만, 자주 쓰이는 패턴들을 골라서 설명했습니다. 위의 다섯 가지는 꼭 기억하기 바랍니다. 해석할 때, 애를 먹이는 단어 중에 하나니까요!

2. before, after

I'll come back before lunch. (전치사) 나는 점심 시간 전에 돌아올 것이다.

Come back before it is dark. (접속사) 어둡기 전에 돌아와.

I have been here before. (부사) 전에 여기에 와 본 경험이 있다.

I'll come back after lunch. (전치사) 나는 점심 시간 후에 돌아올 것이다.

Play the game after you finish homework. (접속사)
숙제 다 하고 게임해라.

before가 부사?

접속사처럼 문장이 뒤에 오지도 않고, 단어의 앞뒤를 연결시켜주지도 않는다. 전치사처럼 뒤에 명사가 오는 것도 아니다. 문장의 형식에 영향을 미치지도 않고 혼자 쓰인다. 이런 경우는 부사라고 한다. 원래 애매모호하면 부사라는 말을 잘 갖다 붙인다. (뜻과 예문만 보면 충분히 이해 가능)

3. since(~한 이래로, 이후로)

It has been(=is) ten years since I studied English. (접속사)
내가 영어 공부한 이후로 10년이 지났다.

I have studied English since 2004. (전치사) 2004년 이래로 영어를 공부해왔다.

4. because(접속사) + 문장, because of(전치사) + 명사

I study English because 학말영 teaches English very well. (접속사)
학말영이 영어를 아주 잘 가르치기 때문에 나는 영어를 공부한다.

I study English because of 학말영's blog.(전치사)
학말영의 블로그 때문에 나는 영어를 공부한다.

요즘은 시험조차 무시하는 뻔한(?) 패턴이다. 이 말을 한 이유는 따로 있다. because of를 '전치사'라고 설명한다는 점이다. → '전치사와 접속사'의 개념을 이해하고 있다면 문법책이나, 시험 문제 해설을 볼 때 이해의 속도는 훨씬 빨라진다!

5. Although = even though = though 비록 ~일지라도

Although he is poor, he is happy.(접속사) 그는 가난하지만, 행복하다.

Even though I'm tired, I should work until midnight.(접속사)
나는 피곤하지만, 자정까지 일해야 한다.

He failed the entrance exam, though he studied hard.(접속사)
그는 열심히 공부했지만, 입학 시험에 떨어졌다.

6. despite, in spite of ~에도 불구하고

I played soccer despite the bad weather.(전치사)
나쁜 날씨에도 불구하고, 나는 축구를 했다.

In spite of all his efforts, he lost the game.(전치사)
그의 노력에도 불구하고, 그는 경기에서 졌다.

시험이 아주 사랑하는 패턴이다. 'although, though' 등은 접속사로만 쓰이기 때문에, 뒤에 명사만 올 수는 없다. 이럴 때 비슷한 뜻의 'despite, in spite of'와 같은 전치사를 써야 한다고 설명한다!

전치사냐? 접속사냐?

솔직히 중요하지는 않다. '문장과 명사를 둘 다 쓸 수 있느냐, 혹은 아니냐' 정도만 알아도 영어를 활용하는 데 전혀 지장이 없다. 하지만 문제집, 시험의 해설에서는 어쩔 수 없이 이런 용어를 활용한다. 왜 그럴까?
용어를 쓰지 않으면 설명이 길어지고, 장황해진다. 듣는 사람도 집중력이 떨어질 수밖에 없다. 의미를 함축하고 있는 용어를 쓸 수밖에 없는 이유다. 굳이 싫다면, 알 필요는 없다. 하지만, 이것만은 장담한다. 알아두면 분명히 유용하다!

학말영의 설명만으로 영어 공부를 완전히 끝낼 수는 없습니다. 전치사와 접속사의 개념을 알고 나면 여러 가지 영어 자료들을 볼 때, 이해의 속도가 훨씬 빨라집니다.

핵심 정리

이해가 어려운 단어는 직접 찾아보고, 예문을 보며 활용도를 높이자!

1. 전치사와 접속사, 둘 다로 쓰이는 단어들이 있다.
   → until, as, before, after, since 등
   → 하지만 이런 단어를 한꺼번에 외울 수는 없다. 해석을 할 때나 시험 문제를 풀 때마다 사전을 찾아보는 습관을 길러야 한다!

2. 뜻은 비슷하지만 전치사와 접속사로 쓰일 때 모양이 다른 경우도 있다.
   → because, because of, although, though, despite, in spite of 등

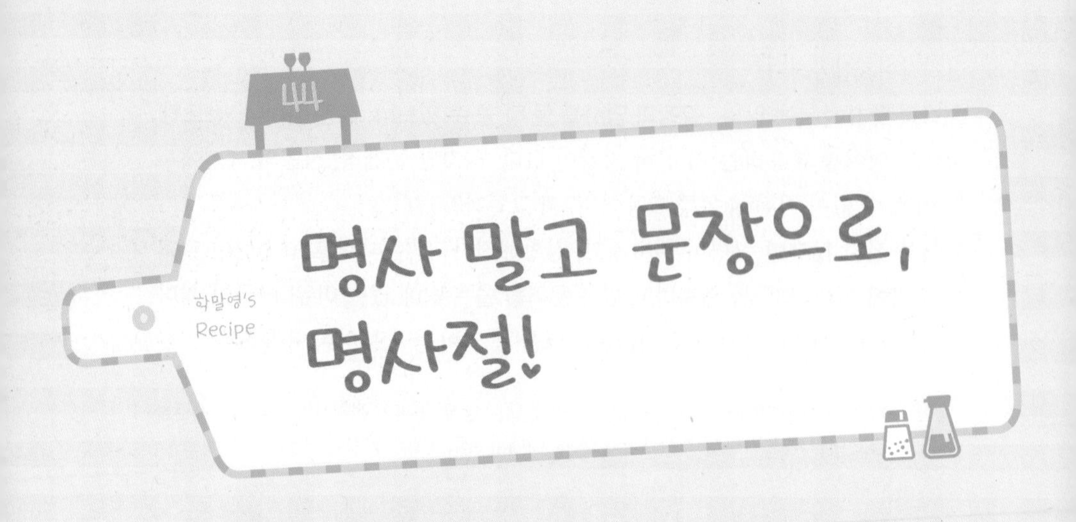

명사절! 처음 배울 때는 시험을 어렵게 내기 위한 도구쯤으로 생각하기 쉽다. 사실 문법을 고리타분하게 만드는 요소인 건 맞다. 하지만 **'명사절'이란 용어를 만든 이유는 순수하다.** 여러분이 영어를 좀 더 잘하도록 고민하다 나온 말이다.

> 명사의 위치에 문장을 바꿔 넣어서 활용할 수 있다! = 명사절

영어의 초보자들은 **쉽게 문장을 만들 수 없다.** 이럴 때는 문장의 형식이라는 퍼즐판을 이용해, '명사 → 문장'으로 바꿔가며 연습해보는 게 가장 좋다.
퍼즐을 맞추듯이 단어를 배열해 문장을 만들어내는 것을 돕기 위해 '명사절'이라는 용어를 사용한다. 제대로 알고 나면 활용도가 상당히 높은 부분이다.
(퍼즐판=문장의 형식)

아래의 개념이 머릿속에 있어야만 이해하기 편합니다.

문장의 형식
절 = 문장
접속사 that

접속사 that

I (주어) **know** (동사) (that) **you want to kiss me.** (목적어(명사) / 명사절(문장형태))

이미 소개했던 문장으로 'that절'이 명사처럼 사용되는 경우다. 그럼 이런 표현에 좀 더 익숙해지기 위한 예문들을 살펴보자.

That he is honest is true. 그가 정직한 것은 진실이다.
=It is true that he is honest.
The truth is that he is honest. 진실은 그가 정직하다는 것이다.
I think that he is honest. 나는 그가 정직하다고 생각한다. (가장 많이 쓰이는 형태)
She told me that he is honest. 그녀는 나에게 그가 정직하다는 것을 말했다.

1. **That he is honest is true.** = **It is true that he is honest.**
주어(=명사) 가주어 진주어

주어는 명사가 와야 한다. = 명사처럼 쓸 수 있는 that절은 주어로 가능하다.
그런데, 맨 앞에 that절이 오는 경우는 거의 활용하지 않는다. 대부분은 의미가 없는 'it'이라는 놈을 주어 자리에 놓고, 맨 뒤로 'that절'을 보내는 형태를 사용하기 때문!

it = that절 – '가주어, 진주어'라는 용어는 시험용 해설을 볼 때를 제외하면? 필요 없습니다. 'It is ~that절'은 자주 사용하는 패턴으로, 문법적(학문적)으로 이해시키려다 보니 나온 복잡한 설명일 뿐입니다.

2. **The truth is (that) he is honest.**
주어 be동사 보어(=명사)

→ 2형식의 보어로 사용

3. **I think (that) he is honest.**

목적어(=명사)

3형식 패턴은 정말 중요하다.

that절의 대부분은 3형식의 목적어로 활용된다. 조금 과장하자면, 이 부분만 알아도 that절의 70% 이상은 활용할 수 있다고 봐도 된다!

4. **She told me (that) he is honest.**

목적어 목적어(=명사)

4형식에서 쓰이는 that절은 쓰임이 상당히 제한적이다. 친절하게 다음과 같은 설명까지 찾아볼 수 있다.

4형식에 that절을 쓸 수 있는 동사들

notify, inform, convince, tell, advise, remind, assure…

부담 가질 필요 없다. 학말영은 전혀 외우지 않는다. 위의 동사들을 보고 생각해야 할 점은 한 가지다.

that절(문장)을 넣어, '~에게 ~을'로 해석할 때 가장 자연스러운 동사들이다!

접속사 that이 생략되는 경우

일반적으로 주어로 사용되는 경우를 제외하고는, 명사절로 사용되는 that을 생략할 수 있다고 합니다. 하지만 정확한 법칙은 없습니다. 생략하지 않는 게 의미 전달에 더 좋다고 판단하면 빼지 않는 게 좋습니다.

게임과 비슷합니다. 실력이 늘어나면서 감(感)이 좋아지죠! '촉(觸)이 생긴다, 촉이 좋습니다'라는 말도 쓰죠.

whether, if ~인지 아닌지

Whether he is honest or not is important to me.

= Whether or not he is honest is important to me.

(주어)그가 정직한지 아닌지는 나에게 중요하다.

I don't know whether he is honest or not.

= I don't know whether(=if) he is honest.

나는 (목적어)그가 정직한지 아닌지 모른다.

1. 'whether or not, whether ~ or not'은 숙어처럼 쓰인다.
   - 'or not'은 안 써도 틀린 문장이 아니다.

2. if는 꼭 문장의 중간에만 쓸 수 있다.

   ~~If~~ he is honest is important to me.(X)

if가 앞에 나오면, 본능적으로 대표적인 뜻으로 쓰이는 '만약 ~이라면'으로 해석하려는 경향이 있어서 생긴 규칙이 아닐까라는 학말영의 생각

3. if가 올 때는 일반적으로 'or not'을 붙이지 않는다.

   (간혹 'or not'을 붙여 쓰는 원어민의 글들을 보기도 한다.)

if: '~인지 아닌지'로 해석하는 문장을 자주 쓰지는 않습니다. but, 시험에서는 여러분을 괴롭힐 수도 있습니다.

의문사절 = 의문사 + 주어 + 동사

재료

what, which, who, where, how, when, why

의문사절은 명사가 쓰이는 주어, 목적어, 보어에 모두 쓰인다.

I don't know what time it is.(목적어) 나는 몇 시인지를 모르겠다.

What you did(주어) was wrong. 너가 했던 것(행동)은 잘못되었다.

I don't know which color he likes.(목적어)
나는 그가 무슨 색깔을 좋아하는지 모르겠다.

Who did that(주어) is not important. 누가 그것을 했는지는 중요하지 않다.

I don't know who he is.(목적어) 나는 그가 누구인지 모르겠다.

I don't know where he worked.(목적어) 나는 그가 어디서 일했는지 모르겠다.

This school is where he studied English.(보어)
이 학교는 그가 영어를 공부한 곳이다.

I don't know how he did that.(목적어)
나는 그가 어떻게 그것을 했는지 알지 못한다.

I don't know when he left.(목적어) 나는 그가 언제 떠났는지를 모른다.

The problem is why he did that.(보어)
문제는 왜 그가 그런 것(행동)을 했느냐이다.

I don't know why he did that.(목적어)
나는 그가 왜 그랬는지를 모르겠다.

예문들만 일부러 나열해보았다. 혹시 어렵게 느껴진다면 이유는 두 가지다.

1. 의문사의 쓰임을 제대로 모른다.
2. 문장의 형식을 모른다.

그래서 다음으로 '의문사' 편을 마련했습니다.

핵심 정리

퍼즐판(문장의 형식)에 있는 '명사' 위치에 문장을 끼워넣고 싶다! = 명사절

1. 명사절 that은 실생활에서 정말 자주 쓰인다.(특히 3형식에서)
   예) I know (that) you want to kiss me.

2. whether, if는 '~인지 아닌지'라는 뜻으로 쓰인다.
   시험에서는, 'if'의 뜻으로 헷갈리게 할 수도 있다.

3. 의문사절 = 의문사+주어+동사
   법칙이 완벽하지는 않다.
   의문사의 쓰임을 제대로 알아야 한다.

물어보는 말, 의문사

기본적인 원리를 알자!

의문사는 언제 쓸까? 당연히 **물어보는 문장**(의문문)을 만들 때 쓰인다. 문법의 기초에 배우는 부분이기도 해서 상당히 쉽고, 간단하게 생각한다.

의문사(what, who) + 조동사 + 주어 + 동사원형 ~?
예) What did you do?

의문사 + be동사 + 주어 ~?
예) Who is he?

의문사 + 동사 + 목적어 ~? → '의문사=주어'일 때
예) Who did that?

위의 공식을 따라하는 게 어렵지도 않다. 문장에 나온 단어들의 순서를 조금만 바꾸면 된다. 문제는 다음이다. 쉽다고만 생각해서 그냥 지나치다 보면, 제대로 활용은 못 하게 된다. **의문사의 쓰임, 문장의 구조를 정확히는 모르기 때문이다.**

의문사 이분법

기본적인 사용 방식에 따라 두 가지로 나눌 수 있다.

의문대명사 – what, who, which
의문부사 – when, where, how, why

용어가 나오면 나도 모르게 무시하고 싶어진다. 문법을 싫어하게 되는 요소로만 간주한다. 아니다. 핵심만 보면, 상당한 도움이 된다!

what, who, which – 명사
when, where, how, why – 부사

명사와 부사라는 증거들

지난 시간의 의문사절을 활용해 명사와 부사가 맞는지 검증해보는 시간을 갖겠다.

1. **what** – 무엇

What you did (의문사절) was wrong.

명사인지 확인하는 방법은 단순하다. 의문사절(의문사+주어+동사)의 내용만 빼서 단어를 재배열해보는 것이다.

You	did	what.	너는 무엇(무슨 일)을 했다.
주어	동사	목적어 명사	= 3형식

의문문: what did you do?

의문문이 어렵다고 느껴진다면, 일반문장(평서문)으로 바꾸는 훈련을 해보는 게 좋다. 이런 방식을 시도하면 보이지 않던 것이 보이게 된다.

1990년대 초히트 상품, 매직아이! 뚫어지게 보면 아무것도 없는 그림에서 글자가 튀어나옴.

문법(학문적) 설명

의문사 What은 목적어의 역할을 하기 때문에, '의문사+주어+동사' 뒤에 다른 목적어를 취할 수 없다. → 의문사절로 만들기 전의 문장에서, what이 목적어였기 때문에 나온 말이다.

문법의 허점: 해석에 따라 설명이 다른 경우가 있다!

I don't know what he said.
나는 그가 말했던 것을 알지 못한다
- 관계대명사 what(= the thing which + 주어 + 동사)

나는 그가 무엇을 말했는지를 알지 못한다.
- 의문사절(의문사 + 주어 + 동사)

해석은 마음대로지만, 문법적인 설명은 완전히 달라진다. 이런 내용은 언어를 사용하는 데 별로 중요하지 않다. → '것'과 '무엇'으로 모두 해석 가능하다.
(알아야 할 내용은 이것뿐이다. 관계대명사에서 다시 언급된다!)

2. **who** - 누구

I don't know who he is. (의문사절)

He is who. 그는 누구이다
주어 동사 보어 = 2형식
명사

의문문: Who is he?

★ 의문사가 주어인 경우 ★

Who did that (의문사절) is not important.

Who did that. 누가 그것을 했다.
주어 동사 목적어 = 3형식
명사

의문문: Who did that?

(비교: What did you do? / 의문사가 목적어인 경우)

3. **which** - 어느 것

I don't know which you like best. (의문사절)

You like which best. 너는 어느 것을 가장 좋아한다.
주어 동사 명사 부사 = 3형식

의문문: Which do you like best?

4. **where** – 어디서

I don't know where he worked. (의문사절)

He worked where. 그는 어디서 일했다.
주어 동사 부사 = 1형식

의문문: Where did he work?

부사에 대한 설명

where를 다른 단어로 바꿔보면 이해가 더 쉽다.

He worked in the factory(=where).
주어 동사 = 1형식
그는 일했다 공장에서

전치사 + 명사 = 부사구 = 부사
문장의 형식에 영향을 미치지 않기 때문에, 부사라는 애칭을 붙인다.

5. **how** – 어떻게

I don't know how he did that. (의문사절)

He did that how. 그는 그것을 어떻게 해냈다.
주어 동사 목적어 부사 = 3형식

의문문: How did he do that?

6. **when** – 언제

I don't know when he left. (의문사절)

He left when. 그는 언제 떠났다.
주어 동사 부사 = 1형식

(when → in the morning[부사]으로 바꾸면, '그는 오전에 떠났다.')

의문문: When did he left?

7. **why** – 왜

I don't know why he did that. (의문사절)

He did that why. 그는 왜(어떤 이유로) 그것을 했다.
주어 동사 목적어 부사 = 3형식

핵심 정리

1. 의문사는 크게 두 가지 형태로 나눌 수 있다.
   → 명사와 부사

2. 의문문 or 의문사절로 만드는 것이 어렵다면, 이렇게 해보자.
   → 일반적인 문장(평서문)을 만들어본다.

의문사 설명을 후회하고 있습니다. 캐면 캘수록, 예상치 못했던 새로운 진실을 접하게 되니까요.

변신하는 의문사

판도라의 상자

문법 설명을 하면서 느끼는 신기한 점이 있다. 아주 간단하게 설명하면 끝날 줄 알았는데 그게 아닌 것이다. 특히 의문사가 그렇다.

복잡하거나 이해가 어려워서는 아니다. 단순하게만 생각했던 '의문사'에 추가로 설명할 부분이 계속 생겨서다. 마치 '판도라의 상자' 같다.

형용사처럼 쓴다! (의문형용사)

지난 시간에 '의문사' 중 몇 가지는 명사처럼 쓴다고 했다.
의문대명사 - what, which, who = 명사

그런데 의문사를 공부하면 다른 용어도 같이 보게 된다.

의문형용사 - what, which, whose(누구의) = 형용사

이런 말을 쓰는 이유는 무엇일까? 간단하다.
명사처럼 쓰지만, 형용사로 활용할 수도 있다.

What time is it now? 지금 몇 시입니까?
→It is what time. 무슨 시간이다.
형용사 명사

해석은 약간 이상하겠지만, what(무슨)과 time(시간)의 관계만 살펴보기 바란다. 명사를 꾸며주는 '형용사'의 성질을 그대로 활용하고 있는 것을 확인할 수 있다.

Which fruit do you like? 어느 과일을 좋아하니?
형용사 + 명사

whose pencil is this? 이것은 누구의 연필인가?
형용사 + 명사

whose - 누구의
사전에는 의문형용사라는 말이 전혀 없다.

whose - 의문대명사(who)의 소유격
(my, your, his와 같은 패턴임.)

학말영식 사용법: what, which와 같은 성격으로 쓰면 되기 때문에 용어 자체에 집착할 필요 없다. → 문법은 영어를 잘 활용하기 위해 배울 뿐이다.

의문부사 - how

부사처럼 쓰이는 의문사 중 how는 변칙적인 형태로도 사용할 수 있다. 이유는 how의 독특한 뜻에 있다. '어떻게'라는 대표적인 의미 외에도 '얼마나'라는 의미로 사용할 수 있어서다.

how의 뜻: 얼마나~하게, 얼마나 ~ 한
추가적인 부사의 능력 활용 → 형용사, 부사를 수식할 수 있다!
- 다른 단어를 꾸며줄 수 있는 해석이 가능해진다.

혹시 기억이 안 난다면, 69쪽을 확인해주세요.

1. How fast is the train? 기차는 얼마나 빠른가?

The train is how fast. 그 기차는 얼마나 빠르다.
부사 형용사 → 2형식
얼마나 빠른

2. How fast did he run? 그는 얼마나 빨리 달렸는가?

He ran how fast 그는 얼마나 빨리 달렸다.
부사 부사 → 2형식
얼마나 빨리

(fast는 '형용사와 부사', 둘 다 사용 가능하다.)

위의 예문처럼 '형용사냐, 부사냐? 몇 형식이냐?'를 따질 필요는 없습니다. 이해하기 편하도록 구분했을 뿐입니다. 예문을 많이 접하면서, 익숙해지는 게 중요합니다.

How much is it? 얼마예요?

How much money do you have? 돈 얼마나 갖고 있어?

How far is it from here to Paris? 여기서 파리까지 얼마나 멀어요?

How long does it take from here to Paris?
여기서 파리까지 시간이 얼마나 걸려요?

감탄문: how + 형용사/부사 + (주어+동사)! ([주어+동사]는 생략 가능.)

How beatiful (she is)! (그녀는 얼마나 아름답단 말인가! = 아주 아름답다.)
How fast (she is)! (그녀는 얼마나 빠른가! = 아주 빠르다.)

how의 특성만 이용하면 쉽게 이해하고 외울 수 있다.
의문사절로 자연스럽게 활용 가능하다.

You don't know / how beatiful she is!
너는 알지 못한다 / 그녀가 얼마나 아름다운지를

해석 자체는 감탄문처럼 하는 것이 자연스럽지만, 문장의 패턴은 '의문사절' 이다. → 여러 문법을 알면 응용도 가능하게 된다.

전치사가 나오는 패턴

영어의 초보자들이 어려워하는 내용이 있다. 문장이 전치사로 끝나는 패턴!

I have a letter to write.
– 문장재조합: I write ~~(with)~~ a letter. 나는 편지를 쓴다.

I have a pencil to write with.
– 문장재조합: I write with a pencil. 나는 연필로(을 이용해서) 쓴다.

(이미 'to부정사'에서 설명했음, '66쪽' 참조.)

의문사도 똑같이 활용할 수 있다.

Who is he talking to?

★ 누구한테(에게) ★

원래 문장은 달랐다. 저런 문장이 나오게 된 이유를 문장의 변천사로 설명하겠다.

He is talking to whom. 그는 누구에게 말하고 있는 중이다.
전치사 + 목적어(명사) – 누구에게

→To whom is he talking? 그는 누구에게 말을 하고 있나요?(의문문)
전치사 + 의문사 + be + 주어~?

→Whom is he talking to?
의문사 + be + 주어 + to?

→Who is he talking to?

변칙적인 패턴 몇 가지

1. whom을 싫어한다.

→ 원어민들조차, 의문문을 만들 때 'who'를 사용하는 실수를 아주 많이 했다는 말이다.

→ whom 대신에 who를 써도 상관없다는 방식으로 언어의 형태가 바뀌었다.
whom을 써도 맞는 표현이다.(이런 문장은 거의 본 적이 없겠지만)

한국어에서 '짜장면'이 너무 자주 쓰이다 보니, 자장면과 짜장면 모두 표준어가 된 것과 유사합니다.

2.전치사가 앞에 오는 것을 싫어한다.

→ 왜 'to'를 뒤로 보내 어렵게 만드는지 이해할 수 없을지 모른다. 하지만 자주 쓰이는 패턴이 있다.

문장 + 전치사 + 명사(목적격)

대부분 문장 뒤에서 전치사를 활용한다. 그런데 의문문을 만들기 위해서는 어쩔 수 없이 전치사를 앞으로 빼야 했다. → 왠지 모를 어색함이 느껴졌다! 어느 순간부터 전치사만 뒤로 빼서 사용하기 시작했고, 자연스러운 언어 형태로 발전하게 되었다.

What are you talking about? 너는 무엇에 대하여 말하고 있는 거야?
→ 너 무슨 말 하는 거니?

문장을 변형해가며 대화할 사람은 아무도 없습니다. 이런 예문들을 자연스럽게(?) 외우고, 상황에 맞게 단어 몇 개를 바꿔가며 사용하는 게 훨씬 편합니다. 예문에서 사용한 문장도 학말영이 좋아하는 영화의 인상 깊은 장면에서 나와, 기억하기 싫은데도 기억하게 된 내용입니다.

what과 which - 무엇, 어느 것

What fruit do you like? 무슨 과일 좋아해?

Which fruit do you like? 어느 과일을 좋아해?

의외로 헷갈리는 문장이다. 둘의 차이점을 이해하겠는가?

그림을 보면 특징이 있다.

what - 정해지지 않았을 때 → 수많은 과일 중 무엇을 좋아하는가?
which - 정해져 있을 때 → 앞에 놓여 있는 것 중에 어느 것을 좋아하는가?

몇 개 중에 선택을 할 수 있는 상황에서는 which를 쓴다. 그게 아니라면 what을 쓴다. 사실 which는 아래와 같은 방식으로 더 많이 사용한다.

Which fruit do you like better, an apple or a banana?
→ '어느 것' 중에 골라야 하는 상황에서 쓰는 '의문사'이기 때문!

'which fruit do you like?'라는 문장에서는, 앞에 놓여 있는 과일이 무엇인지 알기 때문에 뒤의 내용을 생략한 것뿐이다!

핵심 정리

1. what, which, whose - 형용사처럼 사용 가능
   → What time is it now?
   → Which fruit do you like?
   → Whose pencil is this?

2. how - 얼마나 ~하게('부사와 형용사'를 꾸며줌)
   → How fast is the train?
   형용사
   → How fast did he run?
   부사

3. 전치사가 뒤에 나오는 패턴은 예문으로 익숙해지자.
   → Who is he talking to?

4. what과 which - '무엇'과 '어느 것'
   → What fruit do you like?
   → Which fruit do you like better, an apple or a banana?

역시 의문사는 '판도라의 상자'가 맞습니다. 영어란 놈이 만만치 않네요!

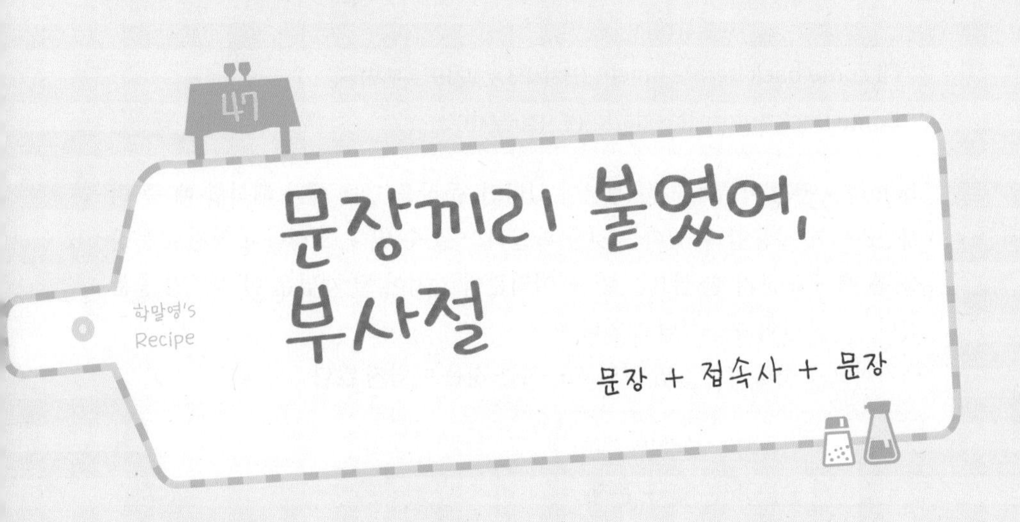

When I was young, I hated English.

부사절

나는 어렸을 때, 영어를 싫어했다.

앞 부분은 부사절이라는 표현을 쓴다. 이유는 단순하다. 문장을 쪼개보면,
When I was young, – '내가 어렸을 때'라고 해석되어 문장이 완결되지 않았고, 핵심적인 내용도 빠져 있는 인상을 준다.
I hated English. – 해석 자체가 자연스럽고, 구조도 완벽한 3형식이다.

when이 포함된 '문장'은 없어도, 문법적으로 전혀 문제가 없다. 언제 영어를 싫어했는지 의미만 추가시키고 있을 뿐이다! 이럴 때는 문법 용어로 '부사절'이라는 말을 쓴다. (만만하면 다 '부사'라고 한다!)

쓸데없는 말일 수도 있다. 그런데 시험용 영어를 공부하면, 밥 먹듯이 듣게 되는 말이다. 당연히 알아두면? 훨씬 이해하기 편하다.

I'll come back before lunch. (전치사구 = 부사구 = 부사)

Come back before it is dark. (부사절=부사)

'before + 문장'이 부사라는 개념이 있다면, 문장을 만들 때나 해석할 때 좀 더 자연스럽게 사용할 수 있다는 것을 확실히 느낄 수 있다. 그렇다고 억지로 문장을 볼 때 구분하려 할 필요는 없다. 여러분이 가져야 될 개념은 이 정도면 충분하다. → '문장이 부사처럼 쓰인다.'

추가적으로 문장의 구조만 알면 사용하는 것은 어렵지 않다.

문장 + 접속사 + 문장(부사절)

= 접속사 + 문장(부사절) + 문장

접속사는 문장과 문장을 '연결'해주는 특성이 있다는 사실만 이해하고 있다면 부사절에 대한 설명은 모두 끝난 셈이다.

문법책에서는 '부사절'에 사용되는 접속사들을 뜻에 따라 일부러 나눠 설명한다.

조건, 시간, 이유, 양보 접속사 등

문법을 싫어하게 되는 원인 중 하나인데, 의도는 좋다! 외우기 쉽도록 비슷한 뜻끼리 정리해놓았기 때문이다.

외우기 편리하게 하기 위한 도구일 뿐입니다! 부사절에 나오는 용어에는 집착할 필요가 전혀 없다는 점! 기억해주세요.

'조건, 시간 부사절' 접속사

조건 : if(만일~라면), unless(만일~하지 않는다면) 등

If it rains tomorrow, I'll not play soccer.
내일 비가 내린다면, / 축구 안 할 거야!

Unless it rains tomorrow, I'll play soccer.
내일 비가 오지 않는다면, / 축구할 거야!

시간 : when(~할 때), while(~하는 동안에, 반면에), before(~전에), after(~후에), as soon as(~하자마자), since(~한 이래로) 등

I'll call you as soon as I finish the work.
내가 전화할게요. / ~하자마자 / 일을 마치다.
(의역) 일을 마치고 바로 전화할게요!

when(~할 때, 언제)

'부사절과 명사절'의 개념만 이해하고 있다면 어렵지 않다.

When I was young(부사절), **I hated English**.
문장(부사) + 문장
→ 내가 어렸을 때, 영어를 싫어했다. (~할 때)

I don't know when he comes.(의문사절)
주어 + 동사 + 목적어(명사 = 명사절)
→ 나는 그가 언제 오는지를 모르겠다. (언제)

문장의 구조를 유심히 보기 바란다. 문장의 일부로 쓰였는지, 문장과 문장이 연결된 개념인지만 살펴보면 답은 쉽게 찾을 수 있다.

while(~하는 동안, 반면에)

While he was playing the piano, she sang a song.
그가 피아노를 치는 동안에, 그녀는 노래를 불렀다. (~하는 동안)

While he is rich, she is poor.
그는 부자인 반면에, 그녀는 가난하다.(~임에 반해서, 반면에)

뜻이 전혀 다르다. while은 다양한 방식으로 쓰이기 때문에 꼭 사전을 찾아보기 바란다!

억지로 외우는 것보다는 확실히 효과가 좋습니다.

★ 시간, 조건 부사절은 현재가 미래를 대신한다? (아주 중요) ★

If it ~~will~~ rains tomorrow, I'll not play soccer. (조건 부사절)

After I ~~will~~ finish the work, I'll call you. (시간 부사절)

시간, 조건을 나타내는 부사절에서는 미래 형태를 쓸 수 없다고 한다. 왜 그럴까? 우리말로 이해하면 된다.

will (~할 것이다, ~일 것이다.)

1. will을 포함한 해석

- 내일 비가 내릴 것이라면, 나는 축구를 하지 않을 것이다.
- 나는 일을 완료할 것인 후에, 나는 너에게 전화할 것이다.

2. will을 뺀 해석

- 내일 비가 내린다면, 나는 축구를 하지 않을 것이다.
- 나는 일을 완료한 후에, 나는 너에게 전화할 것이다.

둘 중에 자연스러운 해석은? 당연히 2번이다. 영어의 예외가 아니다.

시간이나 조건을 나타내는 경우, '미래'에 대한 의미가 들어가면 해석이 어색해진다. = 접속사 자체에 will이 필요 없는 의미를 포함하고 있다.

'양보부사절, 이유부사절' 접속사

다시 한 번 말하지만, 용어는 절대로 외울 필요가 없다.

양보 : - although, though, even if, even though (비록 ~일지라도)
- whether (~인지 아닌지) 등

Although he is handsome, he doesn't have a girlfriend.
그는 잘생겼지만, 여자친구가 없다.

Whether he is honest or not, it's not important to me.
그가 정직한지 아닌지 간에, 그것은 나에게 중요하지 않다.

명사절로 쓰였던 whether는 '문장+문장'의 구조로 쓸 수 있다. 이럴 때는 부사절이라고 한다.

이유 : because, since, as, for(~ 때문에) 매우 중요

I'm tired because I couldn't sleep well.
나는 잠을 편히 잘 수 없었기 때문에(잠을 설쳐서), 피곤하다.

Since he is honest, I believe him.
그는 정직하기 때문에, 나는 그를 믿는다.

I'm tired now as I couldn't sleep well.
나는 잠을 설쳐서, 피곤하다.

I believe him, for he is honest. (왜냐하면 ~니까)
그는 정직하기 때문에, 나는 그를 믿는다.

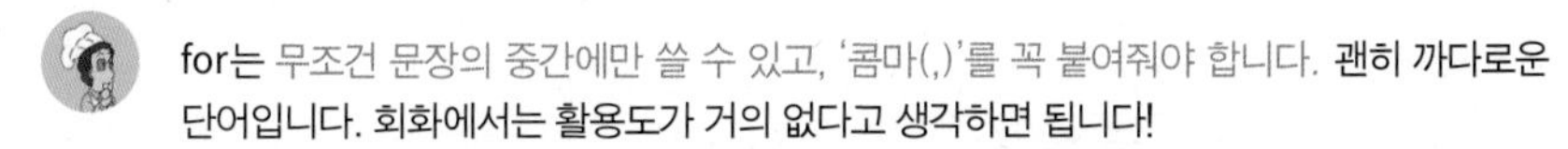

for는 무조건 문장의 중간에만 쓸 수 있고, '콤마(,)'를 꼭 붙여줘야 합니다. 괜히 까다로운 단어입니다. 회화에서는 활용도가 거의 없다고 생각하면 됩니다!

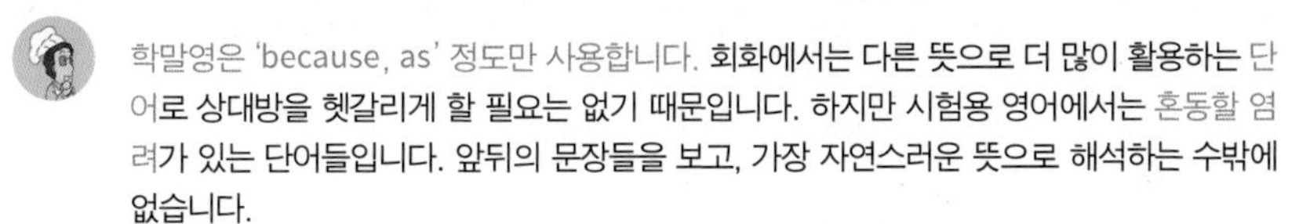

학말영은 'because, as' 정도만 사용합니다. 회화에서는 다른 뜻으로 더 많이 활용하는 단어로 상대방을 헷갈리게 할 필요는 없기 때문입니다. 하지만 시험용 영어에서는 혼동할 염려가 있는 단어들입니다. 앞뒤의 문장들을 보고, 가장 자연스러운 뜻으로 해석하는 수밖에 없습니다.

한국어에서도 이유의 뜻으로, '이니까', '이므로', '때문에','이라서' 등 다양한 말을 쓰는 것을 생각하면 된다.

부사절로 쓰이는 that절

I am gald that you are happy.
주어 동사 형용사 / 부사절
→ 나는 네가 행복한 것에 대해서 기쁘다.

I am happy that you passed the exam.
주어 동사 형용사 / 부사절
→ 나는 네가 시험에 통과한 것에 대해서 기쁘다.

용어가 낯설게 느껴지겠지만, 이미 배운 개념이다.

학말영's blog is so easy that people can understand.
→ 학말영's blog is so easy to understand.
사람들이 이해할 수 있을 정도로(부사) → 쉬운(형용사)
(to부정사의 '부사적 용법'과도 바꿔 쓸 수 있는 패턴이다!)
– 이해하기에(부사) → 쉬운(형용사)

'부사의 개념'만 알면 충분히 이해할 수 있습니다.

that과 연관된 추가 표현들

1. so that ~하기 위해서

He works hard so that he makes good money.

= He works hard to make good money.

그는 많은 돈을 벌기 위해 열심히 일한다.

(so와 that이 붙어 나오면 '~하기 위해서'로 해석 가능.)

→ 활용도는 상당히 제한적입니다. 대부분 쉽고 짧게 쓸 수 있는 to부정사를 쓰기 때문!

2. that이 숙어처럼 쓰이는 형태

seeing that (~인 것으로 보아)

in that (~라는 점에서)

Seeing that he is honest, I can trust him.

그가 정직한 것으로 보아, 나는 그를 믿을 수 있다.

He is honest in that he hasn't lied to me.

그가 나에게 지금까지 거짓말을 하지 않았다는 점에서 정직하다.

(자주 쓰이는 패턴은 아니지만, 수능 이상의 시험에서는 간혹 혼란을 주기 위해 활용되어 잠깐 소개했습니다.)

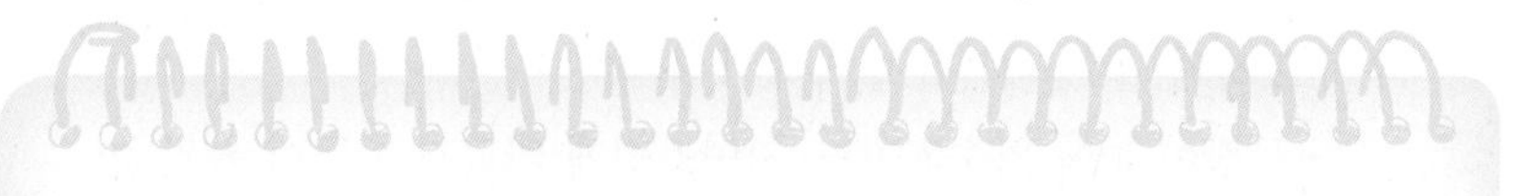

핵심 정리

1. 부사절의 개념?

→ 문장이 부사처럼 쓰인다.

문장 + 접속사 + 문장(부사절)

= 접속사 + 문장(부사절) + 문장

2. 시간, 양보, 이유 부사절을 만드는 접속사?

→ 용어에 신경 쓸 필요 없다.

→ 예문들을 보며 뜻과 구조만 정확히 살펴보자!

명사절, 부사절이라는 개념 자체가 중요하지는 않다.

→ 문법적인 설명과 이해를 위해 구분해서 배울 뿐이다.

→ 익숙해지고 나면, 버리자!

회화를 할 때, 활용도가 상당히 높습니다. 특히 시간 부사절에서 설명한 'when, if' 같은 경우는 학말영도 밥 먹듯이(?) 사용합니다.

외울 내용이 많아 발생하는 역효과도 있습니다. 단어만 억지로 외우려고 하지 말고, 예문을 반복해서 봅시다.

→ 문장이 눈에 익숙해지면, 자연스럽게 외워질 확률이 훨씬 높습니다.

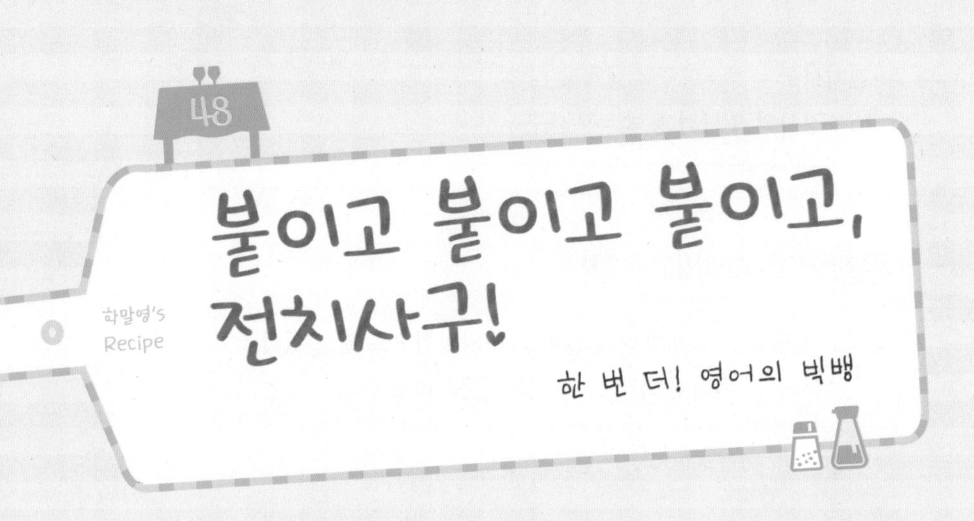

바늘 간 데 실 따라간다!

'절'을 만들어주는 대표주자 '접속사'! '구'를 만들어주는 대표주자 '전치사'! 서로 사촌지간임에도 학말영이 '접속사'를 너무 편애한 것 같아, 조촐하지만 전치사를 위한 자리를 마련했다.

전치사는 앞의 설명에서도 계속 나왔던 내용이므로 어려운 이야기(?)는 없다.

오늘의 재료

구 = 문장 형태가 아닌, 단어의 조합
전치사구 = 전치사+명사(목적어 형태) = 전명구
전치사구 = 부사구 = 부사

전치사구 = 형용사구 = 형용사(?)
to부정사의 부사적 용법 = 부사구 = 부사

문장의 마지막에 온다!

실제로 설명을 자세하게 하지 않아도 무의식적으로 알고 있다.
→ '전치사구'가 가장 흔하게 쓰이는 곳은 '문장의 끝'이다.

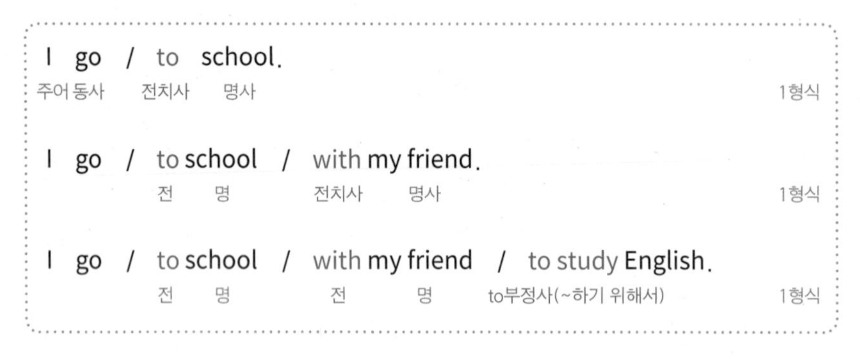

일부러 '전치사구'와 'to부정사'도 붙여보았다. 무슨 대단한 법칙이 있는 것 같지만, '학말영'은 어떤 법칙도 공부하지 않았다. 자연스럽다는 느낌으로 붙이면 그만이다.

시간이 지나면서 어떤 방식이 자연스러운지는 저절로 알 수 있다. 학말영이 자신 있게 말할 수 있다. 안타깝지만, (예문을 많이 봐서) 영어의 직관력이 발생하기 전에는 헷갈린다. 왠지 어색한 문장을 만들게 된다. 그래서 문법책에서는 이에 대한 설명을 시도하는데, 의외로 도움이 된다!

전치사구를 쓰는 순서

장소 → 방법 → 시간(= '장방시'라고 외움.)

샘플에서 사용한 문장을 살짝 바꿔보겠다.

I go to school by bus at 7 a.m every day.
장소 방법 시간

→ 나는 / 간다 / 학교에 / 버스를 타고 / 7시에 / 매일

전치사를 어떻게 써야 한다는 절대적인 기준은 없다. 하지만 위와 같은 방식으로 쓰면 자연스러운 문장이 될 확률이 가장 높다는 의미다.
학말영의 경험을 얘기하자면, 직관적으로 '시간'이 가장 마지막에 오는 것이 좋다는 것을 알고 있다. 이것은 스스로의 판단이 절대 아니다. 영어를 공부하면서 문장을 많이 읽고 들으면서, 반복되는 패턴이 자신도 모르게 머릿속에 저장되기 때문에 일어나는 현상이다. 그러다 보면 시간이 지나면서 영어도 모국어를 쓰는 방식과 유사해진다.

그렇다면 **to**부정사는 어디 쓸 것인가?

I go / to school / with my friend / to study English / at 8 a.m.
장소 ? to부정사 시간

약간 당황스러운 문장이다. '장방시'라는 기준으로, 'with my friend'가 나오는 위치는 이해할 수 없다. to부정사는 왜 저 위치에 오는 걸까? 정확한 법칙이 아니다. 여러 개의 전치사를 한꺼번에 쓸 수 있다는 것을 보여주기 위해 뜻을 추가하다 보니 나온 문장일 뿐이다.

I 학말영식 사용법

단순하다. 해석이 자연스러운 방식으로 '전치사구'를 붙인다. 끝!

I usually go to school with my friend. 나는 보통 친구와 함께 학교에 간다.

I go to school to study English. 나는 영어를 공부하기 위해서 학교에 간다.

I go to school at 8 a.m. 나는 8시에 학교에 간다.

→ 3개로 나눈 문장들의 해석을 유심히 보자! 일반적으로는 전치사를 과도하게 연결해서 사용하지는 않는다. 상대방도 짧게 말하면, 이해하기 훨씬 쉽다. 간결하기 때문이다. 학말영은 이런 해석의 문장들을 최대한 자연스럽게 합치고 싶었을 뿐이다.

→ 어떤 법칙으로 배울 게 아니라, 직접 문장을 만들어보거나 여러 예문들을 접하면서 본인이 자연스럽다고 느끼는 방식을 찾아가면 된다!

문장의 맨 앞에 온다!

글을 쓸 때는 많이 쓰이지 않는 패턴이다. 하지만 대화를 할 때는 빈번히 사용된다. 강조하고 싶을 때(=먼저 말하고 싶은 내용), 문장의 앞에 써도 전혀 어색하지 않다.

In my class, she is the most beautiful girl!
내 학급(수업 시간)에서, 그녀가 제일 예뻐!

In the bus, I fell asleep. 버스에서, 나는 잠이 들었다.

To study English, I go to school. 영어 공부하기 위해, 나는 학교에 간다.

To play soccer, I go to the school. 축구하러, 학교에 간다.

예문과 해석만 봐도 충분히 이해할 수 있다. 더 이상의 설명은 하지 않겠다!

명사 뒤에 온다!

Angelina in my class is the most beautiful girl.
안젤리나 / 내 학급에 있는 → 내 학급에 있는 안젤리나는

The flowers in the garden are beautiful.
꽃들 / 정원에 있는 → 정원에 있는 꽃들은

해석이 독특하다. 명사를 꾸며주는 의미가 되기 때문이다. 이럴 때는 전치사구를 다른 식으로 설명한다. → 전치사구 = 형용사구

학말영은 이런 문법 설명을 처음 듣고 당황했던 기억이 있다. 단순히 해석이 명사를 수식한다는 느낌 때문에, 문법 용어를 바꿔 말하는 심한 말장난이다. '전치사구'는 문장에 의미를 덧붙이는 기능만 할 뿐이다. '부사구'인지 '형용사구'인지 따지는 것은 문법학자들만 하면 된다. 여러분은? 해석만 잘하면 된다. 오히려 이해하기에 걸림돌이 된다고 판단해 학말영은 사용하지 않았다.

명사 뒤에 쓰이는 전치사구는, 실제로는 'to부정사의 형용사적 용법'과 패턴이 비슷하다.

예) I have something to drink. 나는 마실 것이 있다.

지금까지 거짓말한 점, 죄송합니다!

변칙적인 패턴

주어 + **be**동사 + 전치사구

She is in my class. 그녀는 내 학급에 있다.
학말영 is in the bus. 학말영은 버스에 있다.

'문장의 형식'에서도 설명한 내용이다. 대부분 'be동사'가 오면, 2형식으로만 쓰인다고 생각한다.

She is beatiful.(형용사), 학말영 is a teacher.(명사) – 2형식

아니다. 'be동사' 뒤에 바로 전치사구가 오는 경우도 있다. 꼭 기억하자!

문법책에서는 대부분 1형식이라고 가르칩니다. 실제로는, '1형식, 2형식' 등으로 나눌 필요가 없습니다. '문장의 형식'으로 설명할 수 없는 허점이라고 보면 됩니다. 몇 형식이냐에 집착할 필요가 없다는 점, 명심하세요!

핵심 정리

1. 전치사구의 위치
   → '문장 앞, 문장 뒤, 명사 뒤'에 쓸 수 있다.
   (부사에 대한 기본 개념만 있다면, 충분히 활용 가능)

2. 전치사구를 쓰는 순서는 '장소, 방향, 시간(장방시)'으로 배운다.
   → 절대적인 기준은 아니다. 공부를 하면서 해석이 자연스러운 방식으로 사용하는 것이 가장 좋다!(예문들에 많이 노출되면서 가능해짐)

   예) I go to school by bus at 7 a.m. every day.

3. 명사 뒤에 오는 경우는 전치사구의 '형용사적(?) 용법'으로 배운다.

→ '부사구와 형용사구'로 구분할 필요는 없다. 해석만 잘하면 된다.

(학말영의 사용법: '전치사구 = 부사구'라는 개념만 머릿속에 있음!)

예) Angelina in my class is the most beautiful girl.

4. be동사 뒤에 쓰이는 '전치사구'는 꼭 기억하자. 자주 쓰인다.

예) She is in my class.

문법이란, 정확한 법칙은 아닙니다. 예문들을 많이 접하면서 익숙해지는 것이 중요합니다!

9. 영어는 아름다워!

관계사

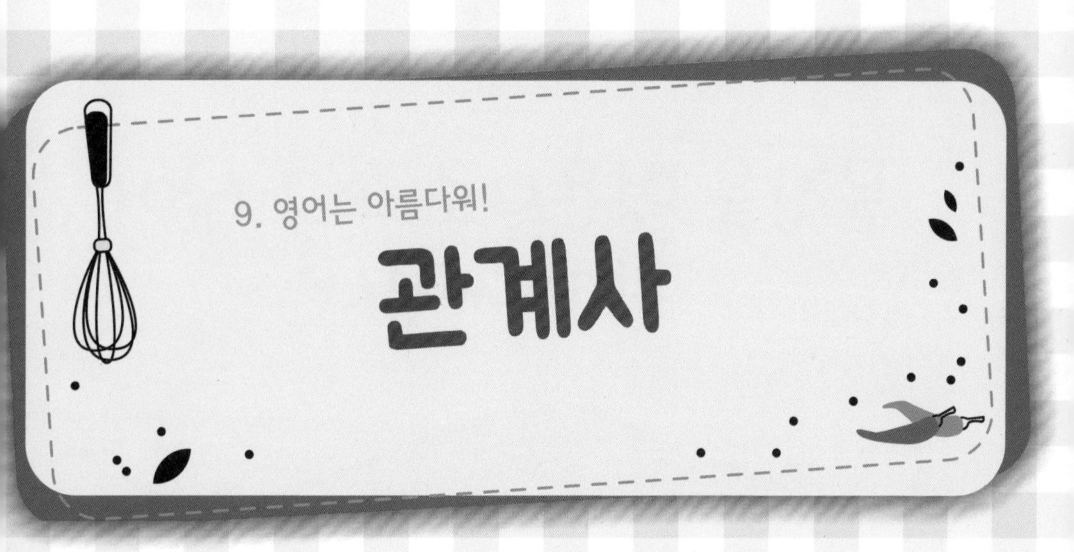

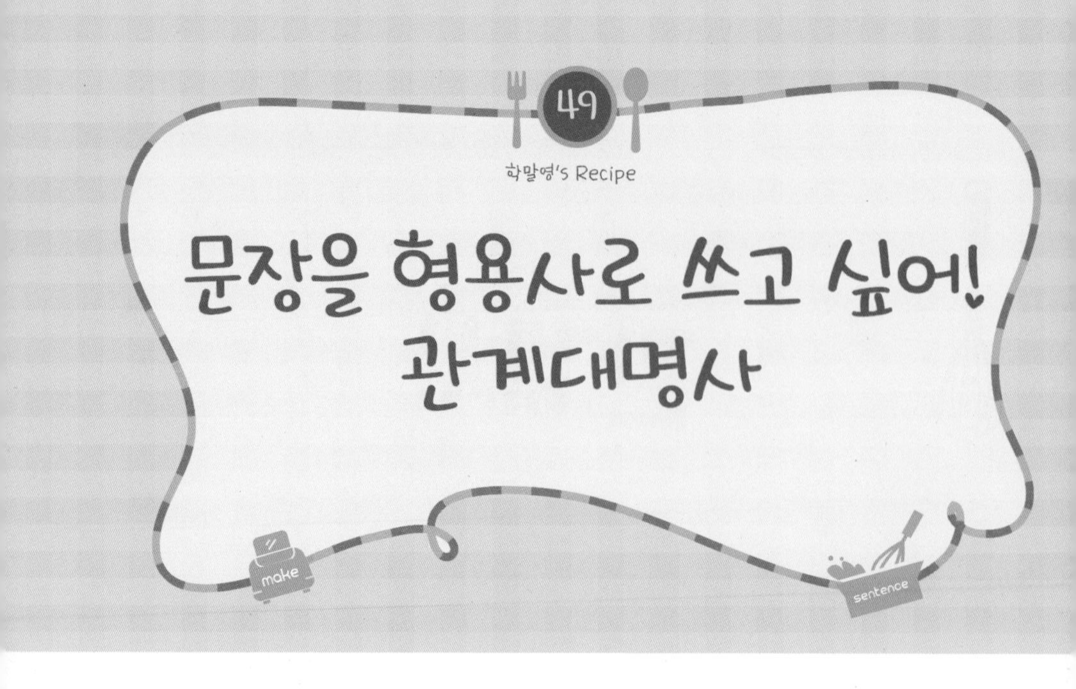

문장을 형용사로 쓰고 싶어! 관계대명사

관계대명사! 학말영의 학창 시절, 단지 시험 문제를 어렵게 내려는 도구쯤으로 여겼다. 당연히 이런 고난도의 문법을 이용해 대화를 하는 것은 원어민이나 가능하다고 생각한 적도 있었다. **그런데 의외다! 기본 개념은 정말 단순하다.**

문장을 형용사처럼 쓰고 싶다!

I like the woman who is a teacher. (형용사)

나는 선생님인 **그 여성을 좋아한다.**

관계대명사 직전에, '절(문장 형태)'을 설명했던 이유다. 사실은 용어만 다를 뿐 분리되어 있는 내용도 아니다. 자연스럽게 연결되는 개념이다. **명사절, 부사절** → 그 다음은 대표적인 **형용사절**인 '**관계대명사**'를 설명하는 게 당연하다고 판단했다.

상상을 해보자(연상기법)

먼저 간단한 문장을 떠올려보자!

I like the woman. 나는 그 여성을 좋아한다.

그 다음에는 '어떤' 여성을 좋아하는지 떠올려보자!

선생님인
안경을 쓴　　　　　　　　여성을 좋아한다.
학말영이 카페에서 소개시켜준

대화를 할 때, 이런 뜻을 표현하고 싶다면? '문장을 형용사'로 표현하게 된다.

1단계: '그 여성을 좋아한다.'는 생각을 먼저 하게 된다.
→ 문장으로 내뱉는다.
2단계: '그 여성을 좋아하는 이유'를 상상하게 된다.
→ ~한 그 여성을 좋아한다.
3단계: 'I like the woman'의 뒤에 추가적인 내용을 갖다 붙인다.
→ I like the woman who is a teacher. 나는 선생님인 그 여성을 좋아한다.

이런 방식으로 만들어진 문장을 한국어로 해석해보면, '그 여성(명사)'을 꾸며주는 뉘앙스가 된다. = 명사를 수식하는 형용사의 성질과 정확히 일치한다.

닭이 먼저냐, 알이 먼저냐? 확실하지 않다. 하지만, 언어는 분명하다.
'말이 먼저고, 문법은 나중에 만들어졌다.'

이런 패턴으로 언어를 쓰게 된 원인을 설명한 이유다!

왜 'who'를 쓰는가?

I like the woman who wears glasses. 나는 그 여성을 좋아한다. / 안경을 쓴

'who'를 빼보겠다.

I like the woman wears glasses.

문장에서 동사는 단 한 개만 쓸 수 있다. 그런데 어떤 장치도 없이 동사가 두 개나 있다. 법칙을 만들지 않는다면 해석 자체도 불가능하다.

문장을 형용사로 쓰겠다. = who

- 명사(목적어)로 문장을 쓰고 싶어 'that'을 쓰는 것과 비슷하다.

예) I think that he is a liar.(목적어)

who가 만만한 이유!

who = '누구'라는 뜻을 갖고 있다. 사람에게만 쓸 수 있는 '의문사'다. 누군지 모를 때 쓸 수 있는 유용한 단어다. 'the woman'이라는 정확한 뜻을 가진 명사가 앞에 있으니, 반복해서 사용할 필요도 없다. 뒤에 '불특정한 인물'을 가리키는 'who'를 사용하는 이유다.

→ 해석은 하지 않지만, 단어가 갖고 있는 기본적인 의미를 살릴 수 있는 단어는 의문사뿐이다. (사물 뒤에는 which[어느 것]를 활용함!)

절(節)의 모양이 이상하다! = 불완전한 문장 형태

'절(節)'이란 문장 형태다. 그런데 뭔가가 빠져 있는 형태다.

I like the woman who plays the piano well.

? + plays the piano well

I like the woman who(m) 학말영 introduced in the cafe.

학말영 introduced + ? + in the cafe.

왜 복잡하게 쓰는지 의아할지 모르지만, 원어민의 사고에서는 당연하다.
→ 해석을 보면 답이 있다.

피아노를 잘 치는 그 여성을 좋아한다.
카페에서 학말영이 소개해준 그 여성을 좋아한다.

→ 해석에 필요한 단어만 사용하고 있다. 당연히 '문장의 수식'을 받는 명사인 '그 여성'를 반복해서 사용할 필요가 없다.

이 부분은 우리말로도 충분히 이해할 수 있다.

I like the woman who she(the woman) plays the piano well.
나는 그녀가 피아노를 잘 치는 그 여성을 좋아한다.

I like the woman who 학말영 introduced her(the woman) in the cafe.
나는 학말영이 그녀를 소개한 그 여성을 좋아한다.

→ 국적불명의 해석이 된다. 반복적으로 쓰이는 단어를 빼야 하는 이유다.

이번 시간에는 관계대명사를 쓰는 이유만 알면 됩니다!

핵심 정리

문장을 형용사처럼 사용하고 싶다.
→ 관계대명사를 쓰는 이유다.

다음 시간을 위한 준비물

1. 문장의 형식 (3형식까지만 확실히 알아올 것)
2. 절(節)
3. 의문사

이미 다 배웠습니다. '기본 개념'만 있으면 충분합니다.

핵심 용어 설명

I like her who is beautiful.

her: 선행사 / who: 관계대명사 / is beautiful: 불완전한 문장

관계대명사 절 = 형용사절

★ 형용사 ★

I like the woman who plays the piano well.

woman: 선행사 / who: 관계대명사 / plays the piano well: 불완전한 문장

다음 시간부터 활용 예정입니다. 꼭 기억해주세요!

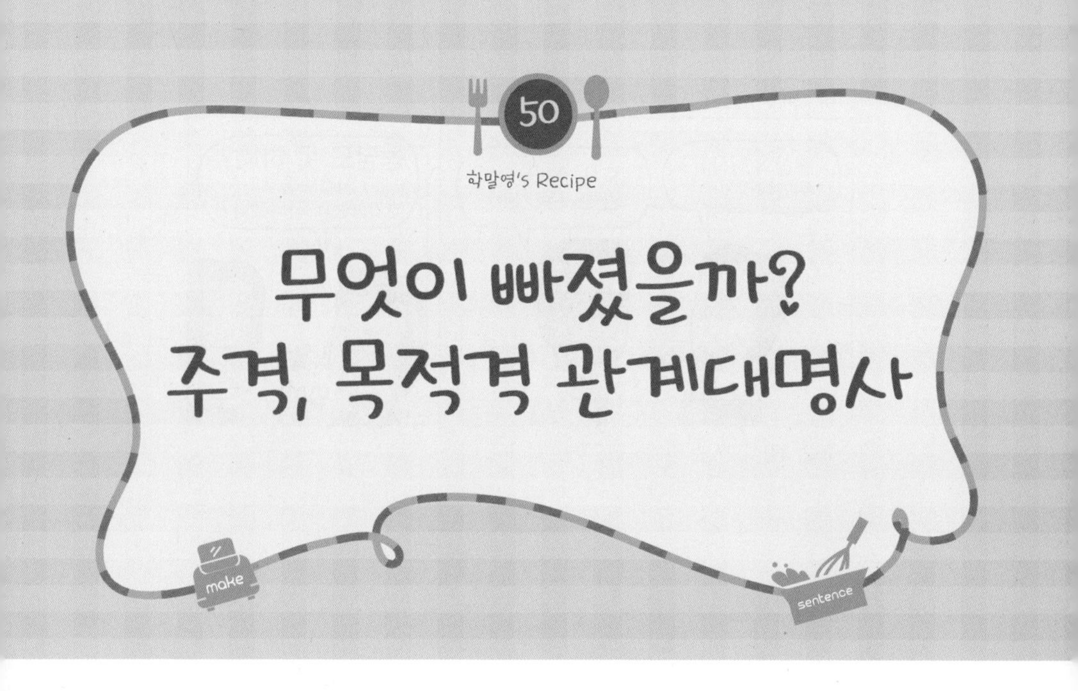

무엇이 빠졌을까? 주격, 목적격 관계대명사

관계대명사를 어려워하는 가장 큰 이유가 뭘까? 명사 뒤에서 형용사처럼 사용된다? 당연히 한국어의 사용방식(형용사+명사)과 다르기는 하지만, 가장 큰 이유는 아니다.
그 이유는, **완벽하지 않은 문장 형태**가 온다는 것이다. 무엇이 빠져 있는지 고민해야 한다. 완벽한 문장 형태를 사용하는 'that 절'에 비해 상대적으로 헷갈릴 수밖에 없다.

먼저 지난 시간에 사용했던 두 문장을 보자.

I like the woman who is a teacher.
? + is a teacher

I like the woman who(m) 학말영 introduced in the cafe.
학말영 introduced + ? + in the cafe.

이번 설명의 핵심이 모두 들어가 있다. 관계대명사에서도 가장 많이 활용하는 형태로 '문장의 형식'에만 익숙해져 있다면, **난이도는 확(?) 떨어진다.**

1, 2, 3형식까지는 이해하고 있어야 합니다.

주격 관계대명사

용어가 어려워 보이지만, 의외로 단순하다. 'who' 뒤에 무엇이 빠져 있는지만 알면 된다.

I like the woman who is a teacher.(불완전한 문장)

→ ? + is a teacher. → '주어'가 빠져 있다. = 주격 관계대명사절

'the woman(선행사)'이 반복적으로 쓰이면 해석이 이상해지기 때문에, '그 여성'에 해당하는 부분만 삭제했다. 그런데 '불완전한 문장'으로 두면 어색하다. 형용사로 쓴다는 표시를 하기 위해 'who'라는 단어(관계대명사)를 사용한다.

who + is a teacher.

who

→ 'the woman' 대신에 쓰인 명사 → (의문)대명사
→ 'the woman'과 연결(관계)되어 있고, 주어처럼 쓰이는 대명사
→ 주격 관계대명사
(용어만 이해하면 사용법까지 모두 알 수 있다.)

이로써 '주격 관계대명사'에 대한 설명은 모두 끝났다.

두 개의 문장을 활용하자!

실생활(회화)에서는 2개의 문장을 합쳐서 관계대명사를 사용하지 않는다. 하지만 영어의 초보자는, '두 문장'을 하나로 합쳐보는 연습으로 익숙해지는 단계가 필요하다. 문법적 설명이 중요한(?) 이유다.

재료

> 1. I like the woman. 2. She is a teacher.

두 문장을 활용할 때는 꼭 명심할 점이 있다! 공통적인 의미의 단어(명사)가 존재해야 한다.

> I like the woman. 나는 그 여성을 좋아한다.
>
> She is a teacher. 그녀는 선생님이다.

이유는 단순하다. 전혀 연관성이 없는 문장은 일부러 붙일 필요가 없기 때문이다!

일반적으로, 반복되는 단어는 대명사로 바꿔쓰죠.

레시피

1. 공통적인 의미를 가진 단어(the woman) 바로 뒤에 다른 문장을 통째로 붙인다.

→ I like the woman she is a teacher.

2. 붙여놓은 뒷 문장에서, 앞 문장의 선행사(the woman)와 같은 뜻인 단어를 뺀다.

→ I like the woman is a teacher.

3. 어색함을 없애기 위해 관계대명사를 붙인다. 끝!

→ I like the woman who is a teacher.

The woman who(m) I like is a teacher.

내가 좋아하는 그 여성은 선생님이다.

(의미의 정확성을 위해 'she → the woman'으로 바꿨음.)

→ 이런 경우는 '목적격 관계대명사'가 쓰였다고 한다.

목적격 관계대명사

용어에 친숙해졌다면, '목적격 관계대명사'라는 말만 봐도 '아!' 하고 알 수 있다. 주격 관계대명사를 약간만 응용하면 쉽게 이해할 수 있는 부분이다.

I like the woman whom 학말영 introduced in the cafe.

whom 학말영 introduced + ?

★ 핵심 포인트 ★

1. '선행사(her)'의 반복을 피하기 위해, '목적어'가 없는 불완전한 문장을 사용한다.

2. 목적격 관계대명사 = whom('who'의 목적어 형태)
→ whom 대신에 who를 사용할 수 있음, 생략도 가능
Tip) 회화에서의 사용 빈도 수: whom < who < 생략
- 생략하는 경우가 가장 많음.

3. '선행사'가 '동물이나 사물'인 경우, which를 쓴다.
예) I like my shirt which I bought yesterday.
(which는 목적어 형태가 없음.)

I like the woman.
학말영 introduced her in the cafe.

→ 두 문장을 붙인다.
I like the woman 학말영 introduced her in the cafe.

→ 중복된 단어를 뺀다.
I like the woman 학말영 introduced ( ) in the cafe.

→ '관계대명사'로 연결
I like the woman who(m) 학말영 introduced in the cafe.(완성본)

이것으로 '목적격 관계대명사'에 대한 기본적인 설명은 모두 끝났다.

회화에서 사용하는 관계대명사는 전혀 복잡하지 않다. '문장의 형식'만 알면 된다. 문제는 시험용이다. 시험 출제 위원이 '관계대명사'와 '다양한 절(節)'을 고의적으로 복잡하게 사용한다면? 정말 화려하면서도 어려운 문장을 만들 수 있다. 그러니 '기본 개념'이 쉽다고 하더라도 확실히 알아두는 게 좋다.

2가지 형태로 연습하자!

관계대명사를 만들 때, 2개의 문장을 활용한다? 굳이 다른 예문들을 활용하지 않아도, 주격과 목적격 모두 연습할 수 있다.

I like the woman.

She is a teacher.

조합 1

I like the woman. + She is a teacher.
→ I like the woman who is a teacher. (주격 관계대명사절)

조합 2

She is a teacher. + I like the woman.
→ The woman who(m) I like is a teacher.
목적격 관계대명사절

like와 is
관계대명사에 익숙하지 않은 상태에서는 '동사가 나란히 나오는 패턴'에 당황하게 됩니다. 복잡한 시험 문제를 보면 더 헷갈릴 수 있습니다. 그래서, 몇 가지 팁을 준비했습니다.

1. like 뒤에 목적어(the woman)가 생략되어 있다는 개념은 항상 기억해야 한다!

2. '문장의 형식'에 익숙해져야 복잡한 문장이 나와도 당황하지 않게 된다.
→The woman whom(who) I like/ is / a teacher.
→주어(명사) + 관계대명사절(형용사) + be동사 + 보어(명사) = 2형식
(문장의 뼈대를 볼 수 있는 눈이 필요하다.)

who와 which - 사람과 동물(&물건)

잠깐 언급은 했지만, **동물과 물건이** 선행사인 경우도 예문을 통해 익숙해지는 게 좋다. 지난 시간의 준비물을 제대로 가져왔는지 확인만 하면 간단히 해결된다.

who - 누구(사람한테만), which - 어느 것(사람 외에는 다)

1. 동물

I like the dog. + It is cute.

[주격] I like the dog which is cute. 나는 귀여운 개를 좋아한다.

[목적격] The dog which I like is cute. 내가 좋아하는 개는 귀엽다.

I like the dog which is cute. = I like the cute dog.
일부러 관계대명사를 쓸 필요는 없지만, 두 문장을 비교하면 재미있는 결과를 확인할 수 있습니다. →'문장을 형용사처럼 사용한다'는 것을 잘 표현한 예!

2. 물건

I like the smart phone. + It has various funtions.
(various:다양한, funtion:기능)

[주격] I like the smart phone which has various funtions.
나는 다양한 기능들을 가진 스마트폰을 좋아한다.

[목적격] The smart phone which I like has various functions.
내가 좋아 하는 스마트폰은 다양한 기능들을 가지고 있다.

항상; 기본이 가장 중요합니다!

핵심 정리

1. 주격 관계대명사 + 불완전한 문장
   = 주격 관계대명사절
   [사람] I like the woman who is a teacher.
   [사물] I like the dog which is cute.

2. 목적격 관계대명사 + 불완전한 문장
   = 목적격 관계대명사절
   [사람] I like the woman who(m) 학말영 introduced in the cafe.
   [사물] The dog which I like is cute.

관계대명사와 친해지기
'문장의 형식'에 맞게 문장 만드는 연습을 히면 됩니다!
단순한 문장이라도 쓰기(작문)를 하다 보면, 자연스럽게 관계대명사를 활용할 수 있게 됩니다. 문장을 보는 눈이 트이기 때문이죠. 회화에서뿐만이 아닙니다. 시험도 마찬가지입니다. 문제에 나온 지문을 해석할 때, 훨씬 눈에 잘 보입니다.

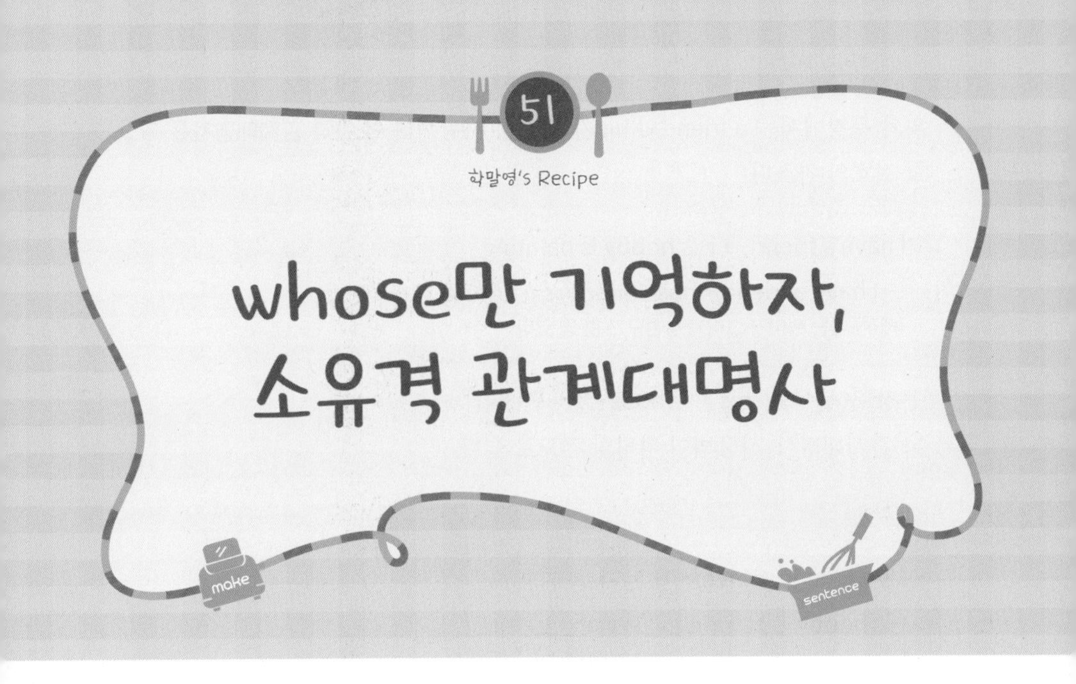

whose만 기억하자, 소유격 관계대명사

관계대명사를 설명하면서 고민이 한 가지 생겼다. '소유격 관계대명사'를 꼭 설명해야 할까?
이유는 단순하다. 배우는 노력에 비해 활용도는 상당히 떨어지기 때문이다.

먼저 '표'의 내용을 확인하고 시작합시다!

선행사(명사)	소유격	주격	목적격
사람	whose	who	who, whom
사람이 아닌 것	whose, of which	which	which

사람

사람인 경우는 '누구의'로 해석하는 의문사 'whose'를 사용한다.
- whose = 관계대명사 who의 소유격이라고 설명함!

예문 1

I have a friend. 나는 친구가 한 명 있다.
His hobby is painting. 그의 취미는 그리기다.

위의 문장에서는 a friend와 his가 똑같은 사람이다. 소유격 관계대명사를 활용할 절호의 찬스다!

I have a friend. + His hobby is painting.
→I have a friend whose hobby is painting.
(해석) 나는 취미가 그리기인 친구가 한 명 있다.

'문장'을 붙이고, 'his → whose'로 바꾸면 끝!
→'관계대명사' 사용법이 황당할 정도로 쉽다.

예문 2

My friend is an actor. 내 친구는 배우다.
His hobby is painting. 그의 취미는 그리기다.

'예문 1'이 너무 쉬운 관계로 문장을 살짝 바꿔보았다. 그래도 어렵지는 않다.
→첫 문장의 '주어'에 뒷 문장을 붙여 넣으면 끝!

My friend is an actor. + His hobby is painting.
→My friend whose hobby is painting is an actor.
취미가 그리기인 내 친구는 배우다.

사람이 아닌 것

'사람이 아닐 때'는 갑자기 복잡해진다. 사용하는 방식도 '사람'인 경우보다 다양하다. 그래서 활용도는? 일단 아래를 읽어보고 판단하자!

예문 3

I have a dog. 나는 개를 한 마리를 갖고 있다(기른다).
Its color is black. 그것의 색깔은 검은색이다.
(it의 소유격: its)

I have a dog. + Its color is black.
→I have a dog whose color is black.

= I have a dog the color of which is black.

= I have a dog of which color is black.

(주의: of which를 뒤에 사용하는 경우는 앞에 'the'를 붙여야 한다.)

상당히 당황스럽지만, 외울 필요는 없다. 패턴을 읽으면 된다.

1. **the color of which**

이런 독특한 형태를 사용하게 된 것은, 관계대명사와 상관 없는 아래의 법칙 때문이다.

소유격 + 명사 = the, a, this 등 + 명사 + of + 소유대명사

예) my friend = a friend of mine

its color 그것(개)의 색깔 → the color of it → the color of which

(it = a dog = which[어느 것], 소유격: ~의, of의 대표적인 뜻: ~의)

2. 선행사 + **of which color** ~~~

: 선행사 뒤에 관계대명사를 사용하는 것은 상식이다! 당연히 'of which'를 앞으로 당겨 쓸 수 있다.

지금부터 소유격에 대한 부담을 확 줄여드리겠습니다! -

whose만 기억한다

(주의: 학말영의 주관적인[?] 사용법입니다.)

결론부터 말하겠다. '사람이 아닌 것'은 소유격으로 활용할 일이 거의 없다. 이미 예측했을 것이다. 언어의 제1원칙(?)인 간단명료함을 무시하고 있다. 쉽게 사용할 수 없다면, 듣는 사람도 어려워 할 확률이 높다. 쉽고 정확한 말을 하는 것이 언어의 핵심이다. 재미있게도 '사람'이 선행사라도 마찬가지다. 쓰임이 상당히 제한적이다!
이번 시간에 사용했던 예문들을 근거로 제시하겠다!

예문 1 재활용

I have a friend. + His hobby is painting. (단어의 수:8개)
→I have a friend whose hobby is painting. (단어의 수:8개)

'관계대명사절'로 바꾸기 '전과 후'에 사용한 단어의 수가 똑같다!
문장을 그대로 붙였을 뿐이다. 'his → whose'로 괜히 바꿀 필요도 없다.
→ '2개의 문장'으로 쓰는 것과 비교했을 때, '효율성'은 전혀 없다.

예문 3 재활용

I have a dog. + Its color is black.
→I have a dog whose color is black.

'whose(누구의)'는 사람에게 쓰는 단어다. '개나 소'에게는 쓰지 않는 게 원칙이다. 위의 문장을 보면, 자꾸 이상하다는 생각만 든다. 그래서, 학원에서 같이 근무하던 '캐나다인 강사'에게 질문을 한 적도 있다.

원어민조차 이상하다고 느낀다. 문법적으로는 맞겠지만, 실제로 활용할 일은 거의 없다고 판단한다.

'of which'가 사용되는 경우는 아예 설명하지 않겠다. 복잡하기 때문이다.

예문 2 → 학말영이 활용하는 유일한 방법

My friend is an actor. + His hobby is painting.
→ My friend whose hobby is painting is an actor.

이런 문장은 꽤나 유용하다고 판단한다. 문장의 모양도 '주격, 목적격'의 형태와 유사해 거부감이 없다!

핵심 정리

1. 소유격 관계대명사 사용법
   1) 사람
   I have a friend whose hobby is painting.
   → 패턴이 너무 단순하다.

2) 사람이 아닐 때

I have a dog whose color is black.

→ [whose] 개는 사람이 아니다.

I have a dog the color of which is black.

→ 너무 복잡하다.

I have a dog of which color is black.

2. '시험용' 과 '글'에서

→ 예측 불가능하다. 외우지 않더라도, 이해는 하고 있어야 한다.

3. 회화용(학말영의 주관적 기준)

My friend whose hobby is painting is an actor.

→ 위의 표현은 유용하다.

결론

'너무 단순하거나, 너무 복잡하거나'

소유격 관계대명사는 둘 중의 하나다. → 활용도가 낮다.

이래도 좋고 저래도 좋은 that!

'that절'의 재활용

사람이냐, 사람이 아니냐?
관계대명사를 쓸 때 여간 귀찮은 일이 아니다. 'who'나 'which' 중에 무엇을 쓸지 항상 신경 써야 하고, 틀릴까 겁 먹게 만들어 활용도를 낮추기 때문이다. 바로 그런 이유 때문에 that을 사용하는 것이다.

선행사(명사)	소유격	주격	목적격
사람	whose	who	who, whom
사람이 아닌 것	whose, of which	which	which
사람 & 사람이 아닌 것	X	that	taht

주격 관계대명사

I like the woman who is a teacher.

= I like the woman that is a teacher. 나는 선생님인 그 여성을 좋아한다.

I like my smart phone which has various funtions.

= I like my smart phone that has various funtions.
나는 다양한 기능을 가진 내 휴대폰을 좋아한다.

목적격 관계대명사

I like the woman who(m) 학말영 introduced in the cafe.

→ I like the woman that 학말영 introduced in the cafe.
나는 카페에서 학말영이 소개해 준 그녀를 좋아한다.

소유격 관계대명사 ← **that**을 쓸 수 없음!

I have a friend whose hobby is painting.

→ I have a friend that hobby is painting.(X)

- 소유격 관계대명사로 쓸 수 없는 이유는 더 헷갈릴 수 있어 설명을 자제하겠다. '활용도가 낮은 부분을 억지로 바꿔 쓸 필요가 없다'는 정도로만 기억하면 된다!

 약간의 힌트: that은 소유격이 없습니다.

활용도가 낮은 소유격을 제외하면, 무조건 that만 쓰면 된다? 그렇다면 원어민들은 who나 which를 거의 쓰지 않아야 말이 된다. 과연 그럴까?

→ 다 읽고 나면 알게 된다!

학말영식 사용법

| 1. that은 '관계대명사'가 아니다.

'that절(that + 문장)'을 재활용한다고 판단한다. 아래에 그 증거가 있다.

동격절 that

문법을 배울 때 상당히 당황스럽게 만드는 부분이다. '관계대명사'와 모양이 비슷하면서도 약간 다르기 때문이다.

I know the fact that he is honest.(동격절 = 완벽한 문장)
나는 / 알고 있다. / 사실을 / 그가 정직하다
→ 나는 그가 정직하다는 사실을 알고 있다.

- 'the fact'라는 명사 뒤에 '완벽한 문장'이 온다?
'관계대명사'처럼 '불완전한 문장'이 오지 않기 때문에 어쩔 수 없이 구분해야 했다. 독특한 이름을 지어낸 이유다. 해석상 '그(he)'가 꼭 있어야 해서 사용할 뿐이다.

= 일반적인 'that절'로 생각하고, 관계대명사처럼 '형용사'로 해석하면 된다!

다음은 that이 관계대명사로 쓰인 예문이다.

Here is the fact that I know.(관계대명사절 = 불완전한 문장)
여기에 / 사실이 있다. / 내가 알고 있는
→ 여기에 내가 알고 있는 사실이 있다.

똑같은 'the fact'를 썼는데, 문법적인 설명은 다르다. 해석의 자연스러움을 위해 문장을 약간 변형했을 뿐인데, '관계대명사'라고 한다? **문법이 싫어진다!**

'that'을 관계대명사로 분리할 필요가 없다.

> 접속사 that
> = 문장을 명사, 형용사, 부사처럼 활용할 수 있게 하는 유용한 도구!

'동격절 that'의 문법적 설명
the fact = he is honest
사실 = 그는 정직하다

'사실'이란 명사와 '그는 정직하다'가 같은 뜻이기 때문에,
자격이 같다 = 품격이 같다 = 동격이다 = 명사적 용법 이라고 설명한다.
→ 자신이 편한 대로 이해하기 바란다. 이름 붙이기 나름이기 때문이다. 관계대명사(불완전한 문장)에 쓰일 때는 형용사라고 설명하기 때문에, 완전한 문장이 쓰일 때는 '명사적 용법'이라고 구분했을 뿐이다.

2. 회화에서는 'who, whom' 대신에 사용하지 않는다.

→ 사람이 아닌 경우에는, 'whose'를 '관계대명사'로 쓰지 않는 것과 같다!

문법을 배우면, '사람, 동물, 사물'을 구분하지 않고 쓸 수 있는 'that'을 정말 많이 활용할 것이라 느낀다. 그런데 이상하다. 학말영은, '사람인 경우'에는 'that'을 거의 사용하지 않는다! 스스로도 이해가 안 돼 곰곰이 생각해보았다. 지금까지 밝혀낸 이유는 두 가지다.

1) that 고유의 뜻(대명사): 저것, 그것

'것'이라는 의미를 갖고 있다. '절'로 사용할 때의 that은 아무 뜻이 없다고 설명하지만, 느낌이 사뭇 다르다.

I like the woman that 학말영 introduced in the cafe.
→ 학말영 introduced that
학말영은 그것을 소개했다?

문장을 분리해 표현해보았다. '관계대명사'란 'her'를 대신해 쓰는 말이다. 그런데 '것'이라는 의미의 **'that'**을 쓰면 본인도 모르게 반발심리가 생긴다.

that이 대명사로 쓰일 때, 사람을 나타내기도 합니다. 하지만 '저것, 그것' 처럼 동물이나 사물을 나타내는 경우가 **훨씬** 많습니다.

2) 의사소통의 정확성

관계대명사를 쓴다는 개념은 **'문장 안의 문장'**이다. 당연히 글이 길어지고, 복잡하게 될 확률이 높다. 또한, **'that'은 다양한 방식으로 활용되기 때문에, 상대방을 헷갈리게 할 수도 있다.** 사람을 대신하는 'who(누구)'를 쓰면 더 정확하게 이해할 수 있다!

핵심 정리

1. 관계대명사 that과 문장을 활용하게 해주는 'that절'을 억지로 구분할 필요 없다.

   I know the fact that he is honest. (동격절 = 완벽한 문장)

   Here is the fact that I know. (관계대명사절 = 불완전한 문장)

2. 학말영식 사용법: 사람이 선행사일 때는 'that'을 사용하지 않는다.

   I like the woman who(m) 학말영 introduced in the cafe.

   I like the woman that 학말영 introduced in the cafe.

   → who를 사용하면 의미를 좀 더 정확하게 전달할 수 있다.

이해를 돕기 위한 설명이었습니다. that을 자주 사용하는 사람도 분명히 있습니다!

오늘 나온 기본 개념은 사실 단순한 것 아시죠?(^^:) – that + 문장 = 절

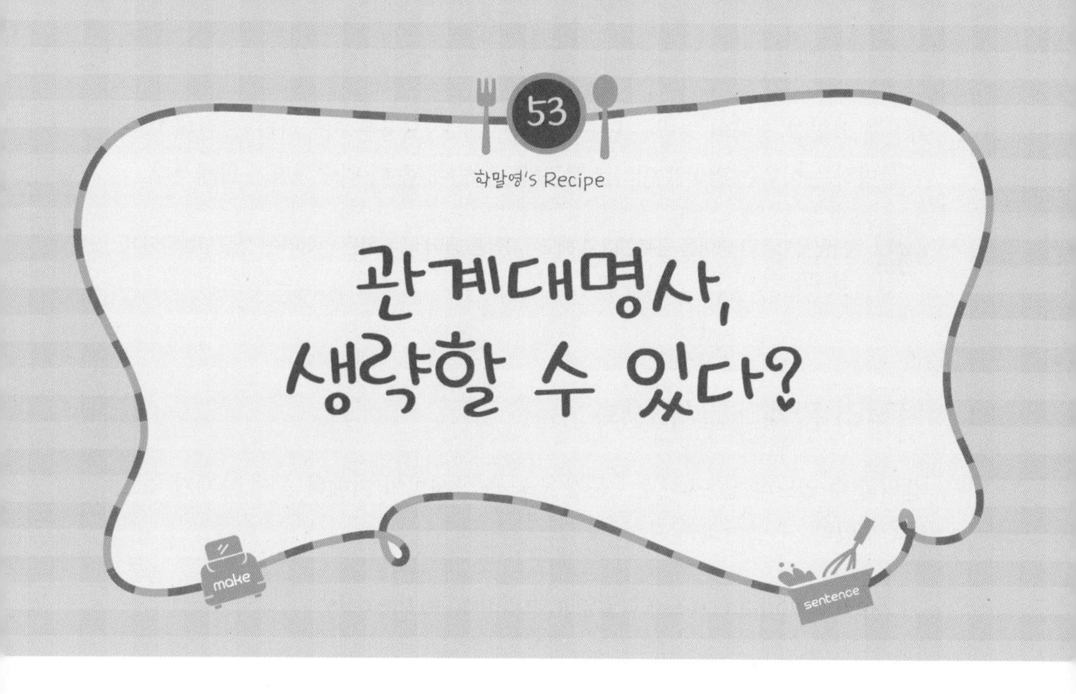

생략에 대한 내용을 읽기 전에 먼저 알아둬야 할 개념이 있다. 공식처럼 배우는 문법을 떠나서, 언어를 사용하는 원리로 봤을 때, '생략하느냐, 아니냐'는 아래의 기준을 따른다.

효율성 – 의미를 빨리 전달하고 싶을 때는 **생략할 수 있다.**
정확성 – 정확한 의미를 전달하고 싶을 때는 **생략하지 않는다.**

강조하고 싶을 때는 일부러 생략하지 않고 정확하게 표현합니다!

한국어에서도 최대한 '군더더기'를 빼고 정확한 의미를 전달하는게 좋죠!

이번에 설명할 생략의 방법은 단순 암기만으로도 활용은 가능하다. 그런데 별도로 설명하는 이유는 영어를 언어로 접근하는 방법에 좀 더 익숙해지기 위해서다.

시험용으로만 영어를 공부한다고 해도, '시험용 영어'의 기본은 언어라는 것을 명심하기 바랍니다.

목적격 관계대명사 (생략 가능)

'생략할 수 있느냐, 없느냐?'는 '문장을 듣는 상대방이 이해하는 데 문제가 없느냐?'에 있다. – 언어의 정확성

I like the woman (whom) 학말영 introduced in the cafe.

위의 문장에서 'whom'은 생략할 수 있다. 이유는 '문장의 형식'에 있다.

I like the woman / 학말영 **introduced in the cafe**. /
주어 동사 주어 동사

'절(節)'의 형태가 아니라면, 하나의 문장에 '주어와 동사'가 반복해서 나올 수 없다.
='**woman**'이라는 명사 뒤에 '주어 + 동사'의 형태가 다시 나온다면, 직관적으로 '**who(m)**'이 생략되어 있다는 것을 알 수 있다.

The girl (whom) I met in the street is my classmate.
거리에서 내가 만난 소녀는 같은 반 친구다.

The girl / I met in the street / is my clasmate.
주어 주어 동사 전치사구 주어 동사

관계대명사가 문장의 앞에 쓰인 경우도 마찬가지다. The girl 뒤에 주어로 사용하는 'I'가 다시 나오고 있다. 이런 말을 듣는 사람은 쉽게(?) 관계대명사가 생략되어 있다는 것을 알 수 있다.

효율성 + 정확성 = 일타쌍피(一打雙皮)

회화에서는 생략할 경우가 월등히 많다. 짧게 말하면서도 상대방이 오해할 소지는 적기 때문이다. 학말영도 목적격 관계대명사는 거의 사용하지 않는다.

하지만 강조하고 싶을 때는 생략하지 않고, (또박또박) 정확하게 발음한다는 것을 명심합시다!

주격 관계대명사(생략 불가능)

I like my smart phone which has various funtions.
나는 다양한 기능을 가진 내 휴대폰을 좋아한다.

관계대명사만 빼보면?

I	like	(that) my smart phone has various funtions.
주어	동사	목적어
나는	좋아한다	내 스마트폰이 다양한 기능을 가지고 있다.

→ 나는 내 스마트폰이 다양한 기능을 가졌다는 것을 좋아한다.

두 번째 문장은 마치 'that절'이 사용된 것처럼 해석된다. 상식적으로 관계대명사를 생략할 수 없다는 것을 알 수 있다. – 언어의 정확성에 맞지 않는다.

이것으로 관계대명사 생략의 기본적인 틀은 모두 설명했다.
의외로(?) 이해하기 쉽다. 기본적인 '절(문장 속의 문장)'의 개념만 있으면 충분히 해결된다. 그런데 한 가지 설명이 더 남아 있다. 오해를 풀기 위해 설명은 하겠지만, 난이도가 있는 편이다. 분사와 지각동사, 5형식의 개념을 알고 있어야 하기 때문이다.

경고: 문법적인 오류가 포함되어 있습니다.
'학말영'의 설명을 읽고 발생할 부작용에 대해서는 책임지지 않습니다.

주격 관계대명사 + be동사(생략 가능?)

who is, which is, that is

특이하게도 be동사가 나오는 경우는 통째로 생략 가능하다는 문법책이 많다. 그런데, 추가적인 설명이 빠져 있는 경우가 있어 문제가 발생한다.
- 'be동사' 뒤에 '과거분사, 현재분사'가 나오는 경우만 가능

그런데 생략하고 나면 재미있는 결과가 발생한다.
→ 관계대명사가 아닌 다른 문법이 떠오르게 된다!

I saw her (who is) dancing.
→ I saw her dancing. 나는 춤추는 그녀를 보았다.

I	saw	her	dancing.
주어	동사	목적어	보어(현재분사)

→ 지각동사에서 활용했던 예문이다. 'who is'를 생략 할 수 있다는 이유는 알고 보면 별 것 아니다. 5형식으로 바꿔 사용할 수 있다는 설명일 뿐이다!

나는 춤추는 그녀를 보았다. = 나는 그녀가 춤추고 있는 것을 보았다.
관계대명사 해석 / 현재분사 해석

그런데 더 헷갈리게 만드는 문장들이 있다.

The baby (who is) sleeping in the bed / is my son.
→ The baby sleeping in the bed / is my son.
침대에서 자고 있는 아기는 나의 아들이다.

'who is'를 빼면, 또 어디선가 본 적 있는 예문이다.

the baby <u>sleeping in the bed</u>.

= '현재분사'는 '명사' 뒤에서 수식할 수 있다.

분사에서 이미 설명했다. 형용사처럼 사용하는 '분사'의 특성을 생각하면 쉽게 이해할 수 있다. 그런데 문법이 완벽하지는 않다. 아래를 보면 드디어 허점을 드러낸다.

The baby (who is) sleeping is my son.
→ The baby sleeping is my son.(X)

문법적 설명대로 생략을 해보았다. 이런 문장은 쓰지 않는다. 분사에서 설명했다. 'in the bed'처럼 딸린 식구가 없다면? 명사 앞에서 수식한다.

아래의 문장이 맞는 표현이다.

The sleeping baby is my son.(O)

분사가 혼자 쓰일 때는, 명사 앞에서 수식한다! 기억하시죠?

여러분을 머리 아프게 하려는 의도는 전혀 없었습니다. 문법을 배우면 발생하는 오류에 대해 언급했을 뿐입니다.

학말영의 주관적인 관점

The baby (who is) sleeping in the bed

'Who is'가 생략 가능하다는 문법은 쓸모없다고 느낄지도 모른다. 맞는 말이다. 머리 아프게만 할 뿐이니까! 하지만, '영어의 원리'를 이해할 수 있는 장점이 있다.

→ 처음에는 관계대명사를 모두 사용했으나, 생략되면서 문법적으로 다양한 해석이 가능하게 되었다.

1. 5형식에서 '분사'가 '(목적격) 보어'로 쓰인다로 발전했다.
- I saw her dancing.

2. '분사'가 '명사' 뒤에서 수식할 수 있는 형태로 발전했다.
- The baby sleeping in the bed

머리 아플 필요 없다. 아래의 설명만 이해하자.

아~, 이럴 수도 있구나!

'문장의 형식'과 '분사'만 알고 있다면, 관계대명사라는 개념 없이도 충분히 활용할 수 있다는 정도만 기억하면 된다. 문법학자가 될 생각이 아니라면 더 이상은 고민할 필요 없다.

핵심 정리

1. 기본 개념은 간단하다.

   1) 목적격 관계대명사는 생략할 수 있다.

   예) I like the woman (whom) 학말영 introduced in the cafe.

   2) 주격 관계대명사는 생략할 수 없다.

   예) I like my smart phone which has various funtions.

   → 'which'는 생략 불가

2. '주격 관계대명사 + be동사'가 생략된다고 외우면, 문제가 발생한다.

   → '분사'의 특징만 기억하면 된다. 이해만 하고, 외우지는 말자!

   예) The baby (who is) sleeping in the bed

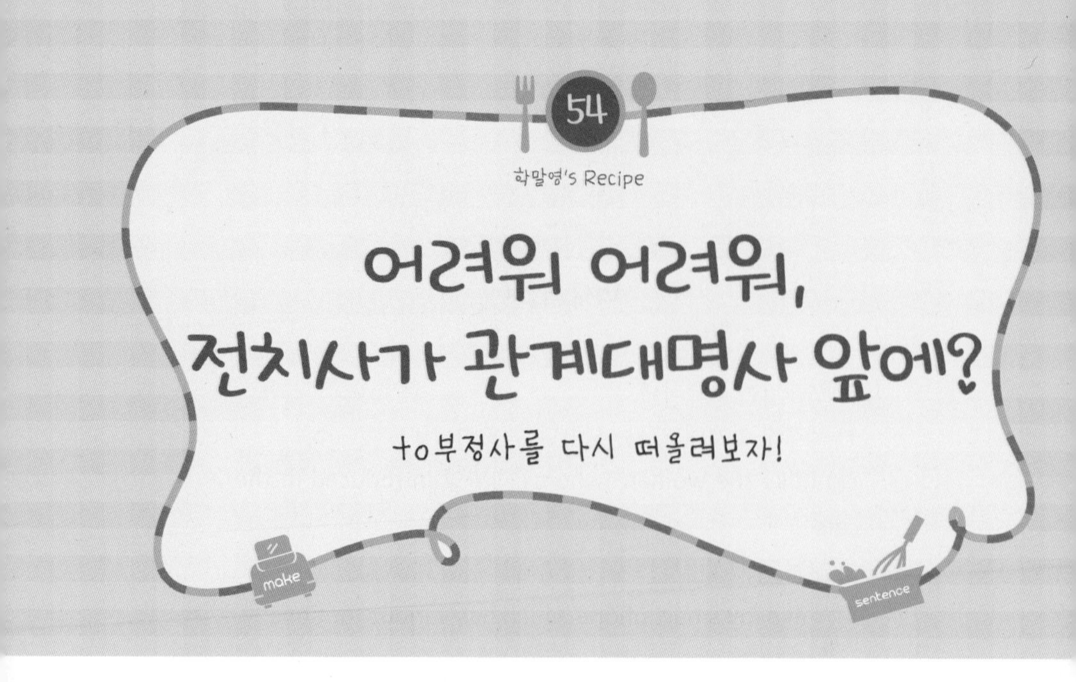

어려워 어려워, 전치사가 관계대명사 앞에?

to부정사를 다시 떠올려보자!

This is the expensive pencil with which he writes.

관계대명사 앞에 전치사가 쓰인다? 문법에 익숙하지 않은 상태에서는 난이도가 꽤나 높은 부분이다. 사실은 배우거나 배우지 않거나 마찬가지다. 사용하기 까다롭기 때문이다! 당연히, 회화를 할 때는 활용도가 상당히 낮은 편이다. 이에 반해 고급스러운 글이나 연설에서는 꽤나 사용되는 방식이다.
이해하는 것은 어렵지 않다. 왜냐하면 앞에서 이미 이해를 위한 문법 요소를 모두 배웠기 때문이다.

준비물

I have a pencil to write with. 나는 쓸 연필을 갖고 있다.

준비물에 나온 전치사 'with'가 문장에서 쓰인 이유만 기억해내면, 이해하는 것은 의외로 쉽습니다.

전치사가 쓰이는 이유 – to부정사의 재활용

알아야 할 개념은 단 한가지, 전치사 + 명사!

예문 1

I have a pencil to write with.
→ I have a pencil. 나는 연필이 있다.
I write with a pencil. 나는 연필로 쓴다.

관계대명사를 설명할 때처럼 두 문장으로 분리해보았다.

with(전치사) + **a pencil**(명사)

→ 'with'를 쓰는 이유가 확실히 드러난다. '나는 연필을 (글을) 쓴다.'라는 해석은 이상하기 때문이다. '나는 연필로 (글을) 쓴다.'라는 뜻이 필요해, 'with(~으로)'라는 전치사를 붙인다! (이해를 돕기 위해 '글을'을 해석에 추가하였음.)

I write with a pencil. 나는 연필로 쓴다. – 1형식
I write the letter with a pencil. 나는 연필로 편지를 쓴다. – 3형식
→ 'write'라는 동사는 해석할 때, 두 가지 형식 모두 자연스러움.

이상으로 'to부정사'의 복습은 마쳤다. 갑자기 황당하다고 느낄 수도 있겠지만, 이번 설명의 핵심이 모두 들어가 있다. 이것을 관계대명사의 기본개념과 결합할 수만 있다면 설명은 끝난 셈이나 마찬가지다.

전치사 + 관계대명사

'write'를 재활용해 두 문장을 만들어보겠다.

he writes with the expensive pencil. 그는 비싼 연필로 쓴다.

This is the expensive pencil. 이것은 비싼 연필이다.

공통적인 명사가 있다! 두 문장을 합쳐보는 일만 남았다.

이것은 그가 쓰는 비싼 연필이다.

This is the expensive pencil (which) he writes with.
→ 'which' 생략 가능
This is the expensive pencil (that) he writes with.
→ 'that' 생략 가능
This is the expensive pencil with which he writes.
→ 'which' 생략 불가
This is the expensive pencil ~~with that~~ he writes.
→ 이런 말은 안 씀

문장들이 상당히 복잡해 보이지만, 이미 알고 있는 문법들로 모두 설명할 수 있다.

1. 생략이 가능한 이유(**which, that**)

with which = with the expensive pencil

전치사 + 목적어(명사)

which는 '목적어(the expensive pencil)'가 변형된 형태다.

= 목적격 관계대명사는 생략할 수 있다.

(전치사의 목적어: 전치사 뒤에는 목적어 형태의 명사를 사용!)

예) with her, of him 등

2. 전치사 + 관계대명사가 가능한 이유

with + which = 전치사 + (관계대)명사

완전히 말장난 같지만, '전치사'에 대한 개념만 있다면 이해 가능하다.

3. 전치사가 결합된 상태에서는 '관계대명사' 생략 불가!

This is the expensive pencil with + ? he writes.(X)

'전치사' 뒤에 '명사'가 없다!

4. 전치사가 결합된 상태에서는 '**that**' 사용 불가!

관계대명사에 쓰이는 '**that**'은 'that절'의 재활용이라고 설명했다.

→ '전치사 + 접속사(that)'는 사용할 수 없다.

추가 예문들

1. 사물인 경우

This is the house.

I live in the house.

→ This is the house (which) I live in.

→ This is the house in which I live.

→ This is the house (that) I live in.

이 곳은 내가 살고 있는 집이다.

2. 사람인 경우

I ran into my ex-girl friend.

I broke up with her five years ago.

run into: 우연히 만나다, break up: 헤어지다.

→ I ran into my ex-girl friend (whom) I broke up with five years ago.

→ I ran into my ex-girl friend (that) I broke up with five years ago.

→ I ran into my ex-girl friend with whom I broke up five years ago.

with ~~that~~

나는 5년 전에 헤어진 전(前) 여자 친구를 우연히 만났다.

with whom → with ~~who~~

사람인 경우, 전치사와 결합할 때는 무조건 'whom(목적어)'을 써야 한다.
→ '전치사+명사(목적격)'을 꼭 명심할 것!

추가적인 설명들

1. 회화에서는 활용하기 어렵다!

굳이 사용하고 싶다면, 'with'가 '문장의 마지막'에 나오는 형태를 사용하는 게 편하다.

~~~ I broke up with.

문장이 끝나기도 전에 어떤 전치사를 중간에 사용해야 할지 예측하고, '~~who~~ → whom'으로 사용한다는 것은 쉬운 일이 아니다.
~~~

하지만 대화를 하기 전에 문장을 만들어놓을 수만 있다면 충분히 활용할 가치가 있다. 연설문에서는 꽤나 볼 수 있는 패턴이다.

2. 어떤 전치사를 쓸까?

이런 문법을 배우다 보면 'in which, of which, with whom' 등과 같은 일정한 패턴이 있다고 착각하는 경우가 있다. 억지로 외우려고 하는 불상사도 보게 된다. 그러나 정해져 있지 않다! 문장을 결합하기 전에 사용한 다양한 '전치사'를 활용할 뿐이다.

핵심 정리

전치사+관계대명사?
→ '전치사 +명사(목적격)'만 이해하면 끝!
This is the expensive pencil with which he writes.

관계대명사를 대하는 우리의 태도

'관계대명사 뒤 → 불완전한 문장'이라고만 이해하면? 언젠가 뒤통수를 맞고 문법에 배신당합니다! 공부하고 나면, 꼭 반대되는 내용이 나옵니다.(문법의 한계!)

전치사 + 관계대명사 + 완전한 문장

I like Messi. + I played soccer with Messi.

→ I like Messi with whom I played soccer.

주격 관계대명사 + 불완전한 문장

I like a dog which (?-주어) is cute.

목적격 관계대명사 + 불완전한 문장

I like the girl who I met (?-목적어) in the cafe.

소유격 관계대명사 + 완전해 보이는 문장(주어의 일부분이 빠져 있음)

I have a friend whose hobby is painting.

결론: 불완전하냐, 완전하냐?

'전치사+관계대명사' 패턴을 자주 쓰지는 않는다. 대부분, '불완전한 형태'를 많이 보게 된다! 하지만 자연스럽게 사용하려면, 이 개념은 사라져야 한다. 해결책은? 관계대명사와 관련된 '예문'을 외워서 패턴에 익숙해져야 한다.

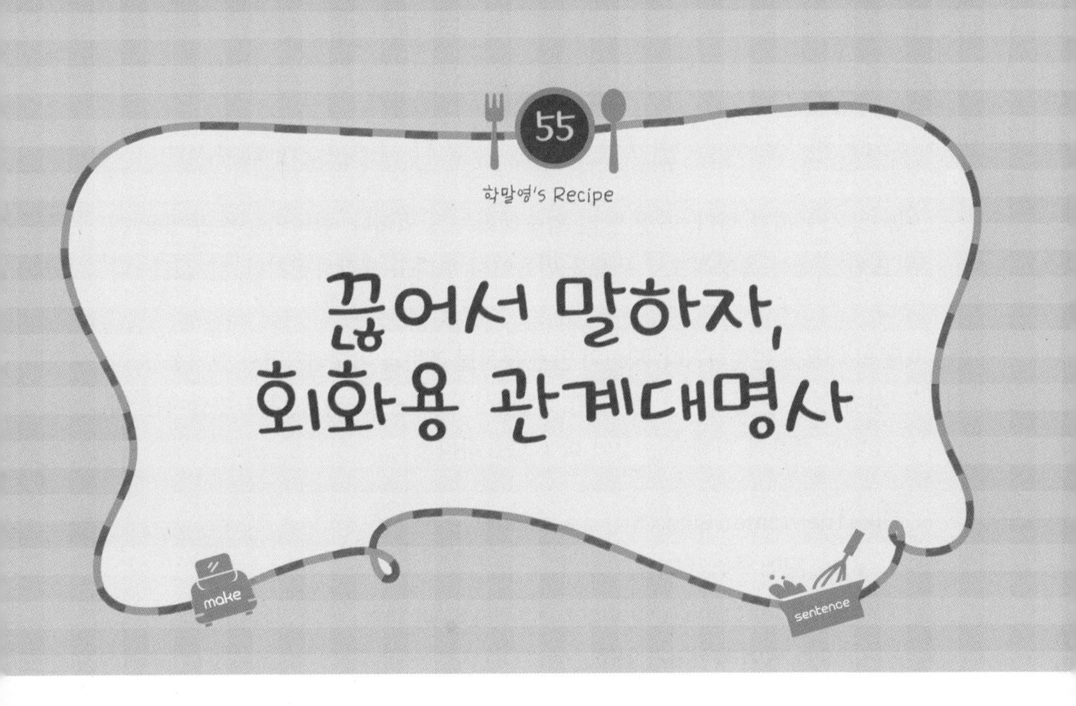

한때 관계대명사를 회화에서 활용한다는 건, 고급 수준에서나 가능하다고 판단한 적이 있었다. 실제로 밥 먹듯이(?) 쓰는 'to부정사'에 비해 활용도는 낮은 편이다. 하지만, 문법을 배우는 이유는 활용하기 위해서다. 의외로 활용해야 될 일이 자주 발생할 수도 있는 법! '회화용'으로 사용하기 위해 필요한 점을 설명해 보고자 한다.

개념은 간단하다. 그런데 '일반적인 문장 구조'와는 다르다는 게 문제다. 무언가 빠져 있는 문장 형태가 온다. 관계대명사를 배우면 지겹도록 듣게 되는 '불완전한 문장'이 바로 그것이다. 일반적으로 '주어'나 '목적어'가 생략되어 있다! 한국어의 어순과 달리, '명사 뒤의 문장'이 형용사처럼 꾸며준다는 것 자체가 머리 아픈데, 무엇을 뺄지까지 고민하는 것은 쉽지 않다.

‘주격’과 ‘목적격’만 제대로 알아놓자. (예문 2개 외우기)

예문을 활용해야 한다. 가장 빨리 익숙해지는 방법이다. 한국인들은 문법을 배우고 난 뒤에는 독창적으로 문장을 만들어야 한다고 생각하겠지만, 실제로는 다르다.

예문의 내용을 변형하거나, 자신이 만든 문장을 예문과 비교해가면서 실력을 늘리는 것이 영어의 정석이다. 특히 관계대명사처럼 난이도가 있다고 판단하는 내용이라면, 예문과 친해지는 것이 더욱 중요하다.

I like the woman who (주격) is a teacher.
→ ‘who’ 뒤에 주어가 없음.
This is my shirt which I bought (목적격) yesterday.
→ ‘which’ 뒤에 목적어가 없음.

‘관계대명사’는 분명 난이도가 있다. 하지만 회화에서는 복잡하게 사용하지 않는다. 위의 두 문장이 기본 패턴이다. 좀 과장하면 90% 이상이 이 패턴으로 쓰인다. 2개의 문장을 **‘예문’으로 선정한 이유다.**

퍼즐 맞추기=단어를 끼워 맞춰 다양한 뜻의 문장을 만들 수 있다.

예문을 외우는 효과를 아직 이해하기는 어려울 것이다. 학말영이 직접 문장을 만드는 모습을 보여주겠다.

I like the woman who plays the piano well.
I invited a friend who is my classmate.
I helped a man who was lifting a heavy bag.
I like a dog which is cute.

This is my pen which I bought yesterday.

That is my house which I live in.

→ 전치사가 쓰이는 패턴으로 응용도 가능

I like my shirt which I bought yesterday.

예문과 전혀 다르다고 생각하겠지만 단어만 살짝 바꿨을 뿐이다. 문장을 2개 활용했을 뿐인데, 다양한 문장을 만들 수 있다? 예문을 외우면 생기는 엄청난 장점이다!

꼭 위에 제시된 문장이 아니어도 '관계대명사'가 쓰인 다양한 예문들을 읽고, 단어를 바꿔보는 연습만 해보면 된다. 문장을 만들어보면, 간접적으로 회화를 연습하는 효과도 있다. 관계대명사의 패턴이 자연스럽게 외워지는 것은 덤이다!

반복적인 연습이 필요합니다.

끊어서 말하자! ★매우 중요

쓰기만 연습하는 것은 한계가 있다. 관계대명사가 어렵다고만 생각해 말하려는 시도조차 하지 않는다면, 전혀 활용할 수도 없다. 그래서 대화할 때 유용한 팁을 한 가지 주려고 한다.

1. 간단한 문장을 먼저 뱉어라.

I like the woman ~~~

This is my pen ~~~

'관계대명사'는 항상 **꾸며주는** '명사' 뒤에 온다. 그렇다면, 제대로 된 문장을 만드는 게 먼저다. 한국어로 생각하는 방식은 다음과 같다.

여성분들은 '어떤 남자'로 떠올려보면 좋습니다.

개념을 분리해 생각하고 말한다면, 명사 뒤에 '관계대명사절'을 붙이기 쉬워진다.

2. 관계대명사를 말하자!

I like the woman / who ~~~

This is my pen / which ~~~

앞 문장의 명사에 맞게 'who or which'를 붙인다. 끊어서 표현하면, 어떤 여인을 설명하고 싶은지, 고민할 시간도 벌 수 있다.

'who나 which'를 말하는 순간, 상대방은 아직 문장이 끝나지 않았다는 것을 판단할 수 있고, 좀 더 기다리게 된다.

3. 문장을 마무리하자.

I like the woman / who / is a teacher.

This is my pen / which / I bought yesterday.

학말영은 3번 끊어서 말했지만, 익숙해지다 보면 2번 끊는 게 가장 자연스럽다!

I like the woman / who is ~~~.
This is my pen / which I bought ~~~.

'끊어서 말하기'의 장점

1. 완벽한 문장이 필요 없다.
영어의 초보자들은 완벽한 문장을 만들어놓고 대화를 시작하려는 경향이 있다. 한국인이 영어를 말하기 힘들어 하는 가장 큰 이유다. → 끊어서 말하기에 습관이 되면, 완벽한 문장을 만들지 않고도 대화를 시작할 수 있는 장점이 있다!

2. 상대방이 좀 더 쉽게 알아 듣는다. ★중요
끊어서 말하기가 '관계대명사'에서만 쓴다고 생각하면 착각이다. 회화를 할 때 꼭 필요한 방식이다. 하나의 문장 안에도 뜻의 단위가 있다. → '문장의 구조'를 살펴보면 이해가 쉽다.

예시

명사 + 동사 + 명사 / 전치사 + 명사
명사 + 동사 / 전치사 + 명사
문장 / 관계대명사절
명사 + 동사 / that절
→ 꼭 틀에 얽매일 필요는 없다. 영어를 사용하다 보면, 자신만의 방식이 생긴다!

대단한 법칙은 아니다. 한국어에서도 사용하는 방식이다. 지금까지 영어와 한국어가 별개라고만 생각하고 있었을 뿐이다.

랩을 할 게 아니라면, 이런 방식으로 한국어를 하지는 않는다. =
영어를 복잡하고 길게 사용할 필요도 없다.

3. '영어식 발음'에 좀 더 가까워진다.

영어는 한국어와 다른 독특한 '강세(Accent)와 리듬(Rhythm)'이 있다. 그렇다면, '발음공부(Phonics)'만 열심히 하면 될까? → 큰 착각이다! '문장의 구조'를 파악해 '끊어서 말하기'를 할 수 있어야만 가능한 이야기다. 문장의 뜻을 '덩어리(구조)'로 이해할 수 있는 능력이 추가되어야 발음도 좋아진다.

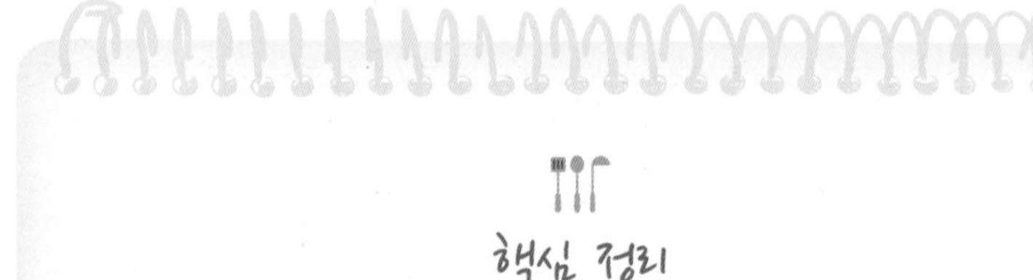

핵심 정리

1. '주격', '목적격'으로 사용하는 예문 2개를 외우자.

I like the woman who is a teacher.

This is my shirt which I bought yesterday.

→ 회화에서 가장 활용도가 높은 패턴이다.

2. '끊어서 말하기'를 습관화하자.

문장 / 관계대명사절

→ 회화와 읽기에서 모두 유용하다!

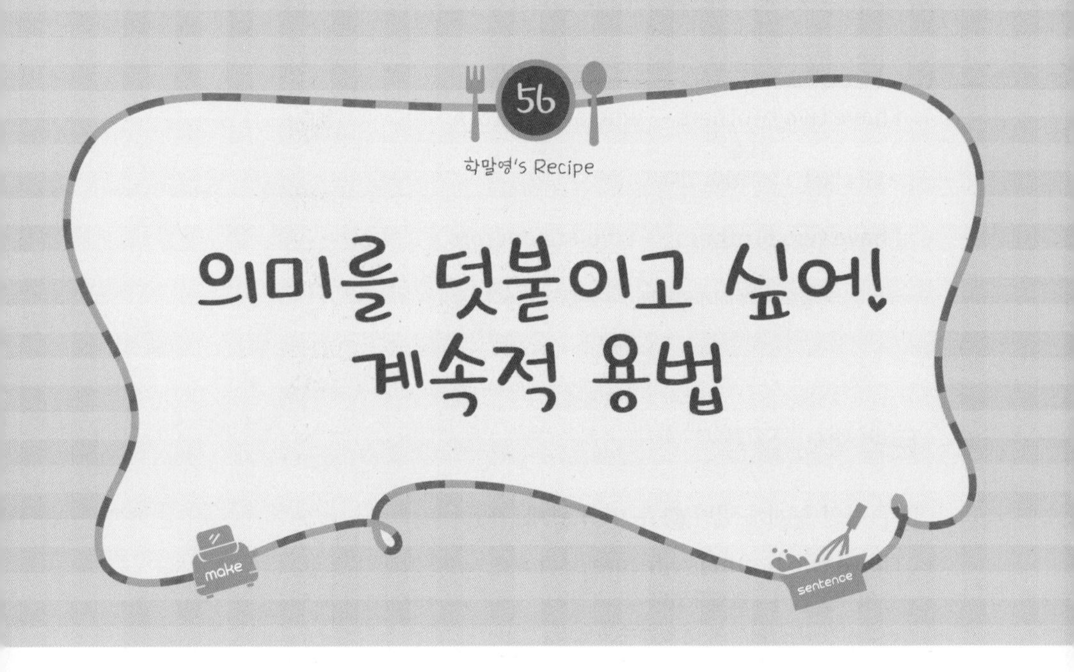

의미를 덧붙이고 싶어! 계속적 용법

계속적 용법? 왜 이런 문법을 배우는지 이해하지 못한 적이 있었다. 단순히 말장난일 뿐이라는 생각을 한 적도 있었다. 일반적인 관계대명사와의 차이점은 단 한가지뿐이기 때문이다.

'콤마(,)'가 있느냐, 없느냐!

I have two brothers who are doctors. (제한적 용법, 한정적 용법)
I have two brothers, who are doctors. (계속적 용법)
(용어는 중요하게 생각할 필요 없음!)

콤마 하나 차이로 해석이 달라진다. 구분할 수 있겠는가?

I have two brothers ← who are doctors.

형제들 의사인

= 나는 의사인 형제들이 있다.

I have two brothers, → who are doctors.

형제들 의사인

= 나는 두 명의 형제들이 있는데, → 그들은 의사다.

문법책의 설명

1. 두 명의 형제가 있다 VS 두 명의 형제만 있다

I have two brothers who are doctors.

→ 의사인 두 명의 형제가 있다.

→ 의사가 아닌 '형제'가 더 있을 수도 있다.(^^;)

I have two brothers, who are doctors.(계속적 용법)

→ 두 명의 형제가 있는데, 그들은 의사다.

= 형제가 두 명만 있는데, 모두 의사다.(__;)

학말영이 좋아하지 않는 설명이다. 이런 숨은 뜻까지 고려해서 '해석'할 사람은 없기 때문이다. 그러나 시험에는 구분하라는 문제가 나올 수도 있다.

2. 부연 설명(덧붙이는 말)

계속적 용법은 일반적인 관계대명사처럼 '문장을 형용사'처럼 활용하는 게 아니다.

I have two brothers, who are doctors.

→ 계속적 용법: 앞에서부터 쭈~욱(계속) 해석해라!

대화를 할 때, 추가적인 정보를 주고 싶어 덧붙이는 말이다. 그리고, 명사(two brothers)의 반복을 피하기 위해 관계대명사(who)를 쓸 뿐이다.
반복적으로 사용하는 단어를 피하는 것은 쓰기의 핵심이기도 하다.

여기서 중요한 것 하나!
that은 쓸 수 없다.
시험 문제로 가장 손쉽게 낼 수 있는 문법 내용이다.
I have two brothers, ~~that~~ are doctors.
'that'은 접속사로 자주 사용한다. 그래서, 'who나 which'를 쓰는 것보다 상대방이 헷갈릴 수 있다는 정도로만 이해하자.

학말영은 'that'을 관계대명사로 재활용하는 것을 싫어합니다. 사람을 돕기 위해 만들어진 것들이 전쟁에서 도리어 사람을 죽이게 되는 것과 마찬가지라고나 할까요?

사실 대화에서는 콤마를 썼는지 안 썼는지 알 수 없다. 순전히 읽기와 쓰기용이다.

사실 설명을 덧붙이게 된 이유는 따로 있다. 아래의 문장 때문이다!

They did not run over A but B who had killed A and buried the body.

학말영이 운영하는 블로그에서, 해석이 어려워 받았던 질문입니다.
(진짜 어려운지, 직접 해석해보기 바랍니다.)

읽기용 with 병렬 구조

They did not run over A but B who had killed A and buried the body.

그들은 A가 아니라, A를 죽인 B를 (차로) 들이받았다, 그리고 시체를 묻었다.

run over: (차로)치다

not A but B: A가 아니라 B다

bury: 매장하다, 묻다

위의 문장은 꽤나 복잡하고 이해하기 어려워 보인다. 두 가지 다른 해석이 가능하기 때문이다. 이것은 문법에서 설명하는 '병렬 구조'로 해석해보면 쉽게 확인할 수 있다.

병렬 구조

긴 문장에서 단어가 생략되어 해석이 어려울 때, '같은 패턴'끼리 연결시키는 방식
→ 문장을 만들 때(쓰기)에도 유용하게 활용할 수 있다.
어떻게 단어를 생략하는지 알 수 있으니까! (정말 정말 유용한 개념)

해석 1

They did not run over A but B who had killed A and (they) buried the body.

'did'와 'buried'는 모두 과거형(같은 패턴)이다. 이럴 때는 'and' 뒤에 'they'가 생략되어 있다고 판단하고 해석할 수 있다.
그들은 A가 아니라, A를 죽인 B를 (차로) 들이받았다,
그리고 그들은 시체(B)를 묻었다.

해석 2

They did not run over A but
B who had killed A and (who had) buried the body.

'who had'가 생략되었다고 판단하면, 해석은 달라진다.- 'killed와 buried'는 같은 패턴!

> 그들은 A를 차로 치지 않았고,
> A를 죽이고 시체(A)를 묻은 B를 들이받았다.

시체는 'A와 B' 모두 될 수 있다!
→ 문장에서 반복되는 단어를 빼면서 발생한 문제다.

해석이 '귀에 걸면 귀걸이, 코에 걸면 코걸이'다!

그런데, 신기한 현상이 벌어진다.
단순히 콤마(,) 하나만 추가하면 해석이 아주 쉬워진다. 사실은, 원래의 문장에 있던 한 가지를 놓쳐서 어려웠던 문장이었다.

They did not run over A but B, who had killed A and buried the body.

↑ 콤마(,)

콤마가 '있고 없고'의 차이는 상당하다. 완전히 분리해서 해석하면 해석이 너무 쉽게 되기 때문이다.

→ 관계대명사의 '계속적 용법'
~~~, who(B) had killed A and buried the body.

- '해석2'의 내용이 맞다는 것을 바로 알 수 있다.

정확한 해석

They did not run over A but B, who had killed A and buried the body.
그들은 A가 아니라 B를 차로 쳤다,
(부연설명)그런데 B가 어떤 놈이냐면, A를 죽이고 시체를 묻은 놈이다!

참고: 대과거

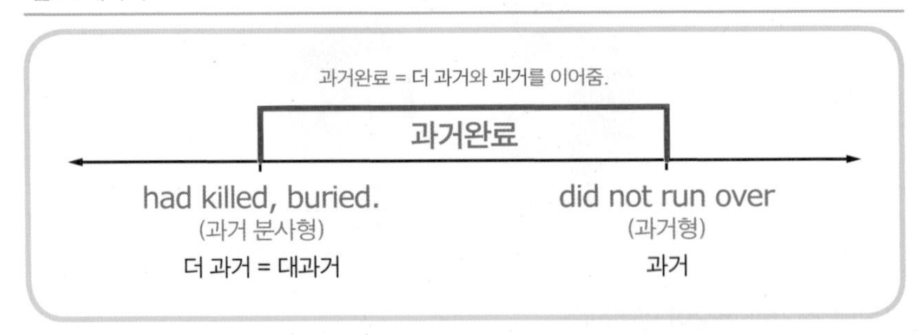

한 문장에서, '과거'보다 이전에 발생한 사건은 '과거분사'형을 쓴다!

과거완료가 더 과거가 될 수밖에 없는 이유는 그림의 모양과, '완료형' 설명을 다시 참조하기 바랍니다!
~~~

쓰기용

읽기에 유용하다면 쓰기에도 활용할 수 있다는 말이다. 관계대명사가 아닌 '부연설명'으로 생각한다면!

Shakespeare is the greatest English writer.
셰익스피어는 최고의 영문학자다.

Shakespeare, who was born in 1564, is the greatest English writer.
1564년에 태어난 셰익스피어는 최고의 영문학자다!

원래 있는 문장에 정보를 추가하고 싶다면? '계속적 용법'을 적극 활용할 수 있다.

콤마와 콤마
문장 중간에 '콤마와 콤마(,~~~,)'가 있다면 '삽입절'이라고 합니다. 문장의 핵심은 아니기 때문에, 해석을 하지 않고 건너뛰어도, 전체적인 흐름을 파악하는 데는 문제가 없습니다. → '읽기'의 시간을 절약할 수 있죠!

핵심 정리

1. 계속적 용법은 '읽기'를 편하게 해준다.

   They did not run over A but B, who had killed A and buried the body.

   → 의미를 덧붙일 뿐이다.

2. 덧붙이는 개념을 '쓰기'에 접목 가능하다.

   Shakespeare is the greatest English writer.

   → Shakespeare, who was born in 1564, is the greatest English writer.

이것으로 관계대명사를 마칩니다.

→ 다음 시간에는 또(?) 말장난 같은 '관계부사'로 넘어갑니다.

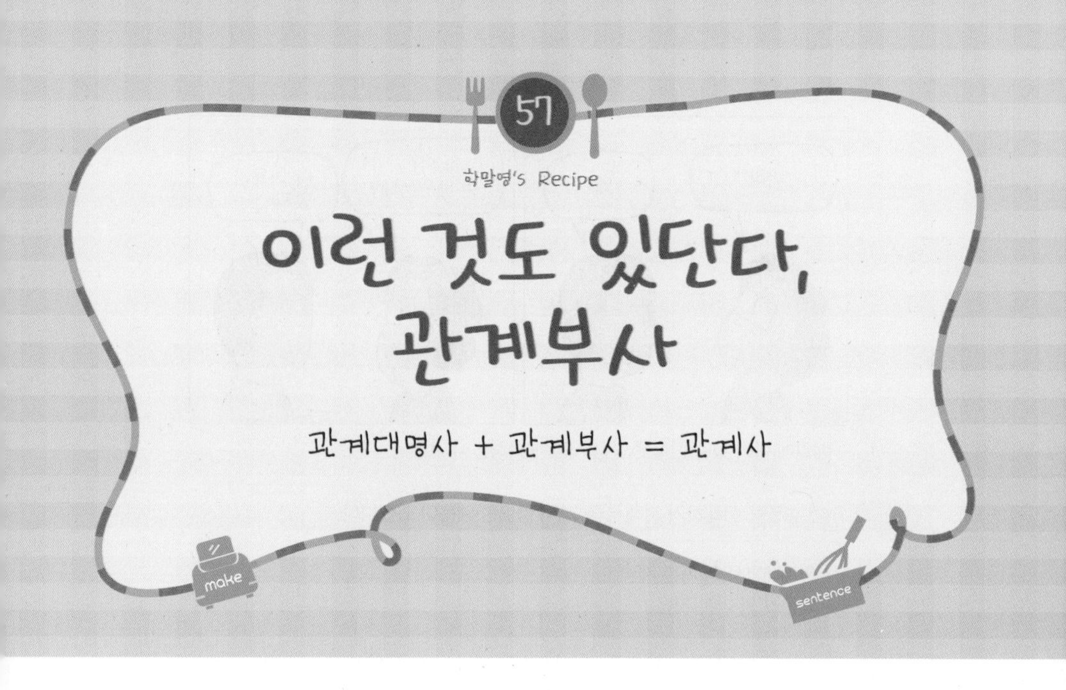

이런 것도 있단다, 관계부사

관계대명사 + 관계부사 = 관계사

무조건 관계대명사 다음에 배우는 관계부사! 의외로 어려운 문법이라 생각하는 이들이 많다. 앞서 배운 관계대명사에서 이미 질려버렸거나, 의외로 복잡한 문법 설명 때문에 포기했을 수도 있다.
겁먹을 필요는 없다. 이런 문법을 가르치게 된 이유는? 사실, 단순하다. 다양한 의문사들을 재활용하고 싶어서다.

그렇다면 의문사에는 어떤 것들이 있었나?

what, which, who, whom, whose → 관계대명사
where, when, why, how → 의문부사 → 관계부사

원서로 된 문법책에서는 아예 구분하지 않는 경우도 있다. '관계사'라는 이름으로만 설명한다. 하지만 처음 배우는 한국인에게는 꽤나 유용한 도구다.

베일에 싸여 있던 진실은 다음 시간에 밝혀집니다!

이번 설명을 이해하기 위해서 몇 가지 필요한 내용이 있습니다.

'관계대명사'의 기본 개념
'의문사'의 기본 개념

where (장소 – '~하는 곳'으로 해석)

This house is the place. + He lives in that place.

→ This house is the place where he lives. 이 집은 그가 살고 있는 곳이다.

위의 문장은 상당히 낯이 익다. 관계대명사를 만드는 방식과 일치하기 때문이다.

의문(관계)대명사를 의문(관계)부사로 바꿔놨을 뿐이다.

= which → where

This house is the place where he lives.
= This house is the place in which he lives. 이 집은 그가 살고 있는 곳이다.

('in'이 있고, 없다? → '관계대명사와 관계부사'를 분류하는 핵심이다.)

in the place → in which(전치사 + 명사 = 부사구 = 부사) → where(부사)

전치사와 결합해서 관계대명사를 사용한다? 사용하기 어렵다. 상대방도 이해하기 어려워진다. 이를 해결하기 위해, '장소'를 나타낼 경우에는 관계부사인 'where'를 활용한다(?)고 한다.

❙ 문법적인 설명

1. 의미 전달에 문제만 없다면 생략할 수 있다.

1) where(관계부사)를 뺄 수 있음.

→ This house is the place he lives.

2) the place(선행사)를 뺄 수 있음.

→ This house is where he lives.

'관계부사나 선행사', 둘 중의 하나는 빼도 된다?
둘 다 비슷한 뜻이라 반복해서 쓸 필요 없다는 뜻 – 언어의 효율성
(대단한 문법이 아님!)

2. 'that'으로 바꿔 쓸 수 있다.

→ This house is the place that he lives.

that = in which = where
관계대명사: which → that
관계부사: in which → that

그냥 이런 것도 있다는 정도만 알면 된다.

3. 관계부사 뒤에는 완벽한 문장이 온다!
→ 당연하다. '부사'는 '문장의 형식'에 전혀 영향을 미치지 않기 때문이다.

예문을 많이 보면서 다양한 문장들에 익숙해져야 합니다. 실제로 'He lives'라는 문구를 완벽한 문장처럼 생각하지 않는 한국인도 많기 때문입니다.

- He lives in the place. 주어 + 동사 + 부사(구) = 1형식
  문장의 형식에 영향을 미치지 않음 → 완벽한 문장

관계부사 '**where**'의 문장 형태 종합

This house is **the place.** + He lives **in that place.**
= This house is the place which he lives in. (관계대명사)
= This house is the place in which he lives. (관계대명사)
= This house is the place where he lives. (관계부사)
= This house is the place he lives. (관계부사 'where' 생략)
핵심 = This house is where he lives. (선행사 'the place' 생략)
= This house is the place that he lives. ('that'을 관계부사로 재활용)

왜 저런 형태의 문장들이 가능한지만 이해해주세요.
핵심: 선행사를 생략할 수 있다는 사실은 반드시 기억해야 합니다.

when (시간 - '때'로 해석)

기본적인 설명은 'where'에서 모두 마쳤다. 지금부터는 변형된 문장 형태를 먼저 보여주고, 특이한 점만 추가로 언급하겠다.

I remember the day. + We played soccer on that day.
= I remember the day on which we played soccer. (관계대명사)
= I remember the day when we played soccer. (관계부사)
= I remember the day we played soccer. (관계부사 생략)
= I remember when we played soccer. (선행사 생략)
나는 우리가 축구했던 '때(날)'를 기억한다.

'the day'가 중요한 정보라고 판단한다면 생략하지 않는 편이 좋습니다. 마지막 문장에서는, 전혀 중요한 정보가 아니라고 판단해 쓰지 않았습니다!

why (이유 – '이유'로 해석)

This is the reason. + I like her for that reason.
= This is the reason for which I like her. (관계대명사)
= This is the reason why I like her. (관계부사)
= This is the reason I like her. (관계부사 생략)
= This is why I like her. (관계부사 – 선행사 생략)
이것이 내가 그녀를 좋아하는 이유다!

how (방법 – '방법'으로 해석)

I know the way. + he solved the problem in that way.
= I know the way in which he solved the problem. (관계대명사)
= I know ~~the way how~~ he solved the problem. (틀린 문장)
= I know the way he solved the problem. (관계부사 생략)
= I know how he solved the problem. (관계부사 – 선행사 생략)
(나는 그가 문제를 푼 방식을 알고 있다.)

★ 다음과 같은 것은 시험에 곧잘 나온다. ★

관계부사에서 'the way'와 'how'는 같이 쓸 수 없다.
= I know the way he solved the problem. (관계부사 생략)
= I know how he solved the problem. (선행사 생략)
→ 둘 중에 하나만 써야 한다.

활용도: how 〉 the way

how가 더 많이 쓰이지만, the way를 사용하는 문장도 간혹 볼 수 있다.
관계부사인지 아닌지의 구별법은 간단하다. the way 뒤에 완벽한 문장 형태(문장의 형식 기준)가 쓰였는지 아닌지만 확인하면 된다.

핵심 정리

1. 기본 개념은 'where'를 기준으로

This house is the place. + He lives in that place.
= This house is the place in which he lives. (관계대명사)
= This house is the place where he lives. (관계부사)
= This house is the place he lives. (관계부사 생략)
= This house is where he lives. (선행사 'the place' 생략)
(that을 사용하는 경우는 활용도가 낮아 포함시키지 않았음.)
- 뻔한 'that절의 재활용'

2. 복잡한 관계부사를 배우는 이유

→ 'who, which'만 관계대명사로 쓴다고 하면, 다른 의문사들이 너무 섭섭하기 때문이다. 사용방식에 약간의 차이는 있지만, '관계부사'라는 이름으로 굳이 설명하는 이유다.

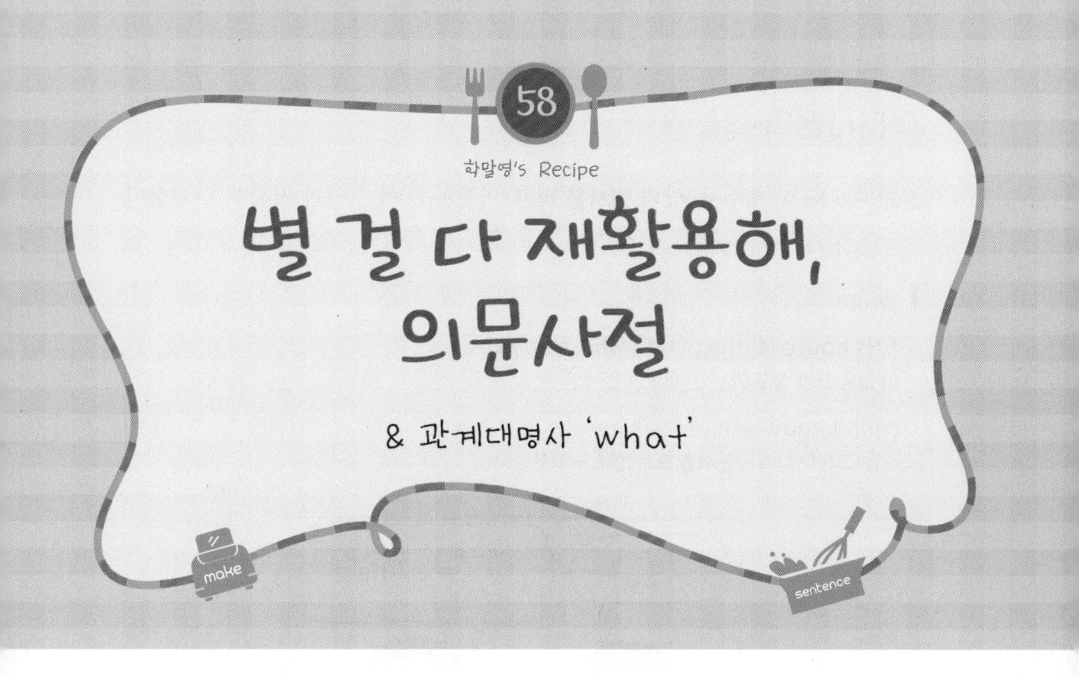

관계부사 = 전치사 + 관계대명사(?)

관계대명사와 비슷한 놈이었구나! 그런데 좀 더 복잡하고 어려워서 질리는 내용이네? 공부한 문법은 먼지만 쌓이고 활용할 기회는 전혀(?) 찾지 못한다. 사실 관계대명사만큼 활용도가 높지 않은 건 맞다. 그래도 뭔가 이상하다!

선행사를 생략할 수 있다. = 관계부사 앞의 명사를 생략할 수 있다.

→ This house is the place where he lives.

→ This house is where he lives.

의문사절의 재활용

신기하게도 '관계부사' 앞의 명사를 빼면 '의문사절'의 모양과 정확히 일치한다.

where

This house is (the place) where he lives.
이 집은 그가 살고 있는 곳이다. – 관계부사

I don't know where he lives.
나는 그가 어디에 사는지를 모르겠다. – 의문사절

I don't know where he lives.

나는 모르겠다. + ?

→ 나는 그가 사는 곳을 모르겠다. – 관계부사

= 나는 그가 어디에 사는지를 모르겠다. – 의문사절

관계부사 = 의문사절

기준을 어디에 두느냐에 따라 설명이 약간 달라진다. 관계부사라고 생각하면서 활용할 일이 많지 않은 이유가 여기에 있었다.

의문사절에 가깝다고 보는 게 이해하기도 편하고, 활용하기도 좋습니다. 일부러 어려운 표현을 쓸 필요가 없습니다.

when

I remember when we played soccer.

= 나는 우리가 축구했을 때를 기억한다. – 관계부사

= 나는 언제 우리가 축구했는지를 기억한다. – 의문사절

똑같다. '때'와 '언제'로 해석하는 차이는 전혀 없다.

I don't know when he will come back.
= 나는 그가 돌아올 때를 모르겠다. – 관계부사(?)
= 나는 언제 그가 돌아올지를 모르겠다. – 의문사절

의문사절 ≠ 관계부사?

억지로 구분할 필요는 없다. 모양이 같은데도 불구하고, 무엇이 더 옳다고 따지는 것은 문법을 배우는 취지와는 다르기 때문이다.
→ '의문사+주어+동사'의 형태만 기억하고 있으면 충분히 활용할 수 있다.

| why

I don't know why he didn't do homework.
= 나는 그가 숙제하지 않은 이유를 모르겠다. – 관계부사
= 나는 왜 그가 숙제를 하지 않았는지를 모르겠다. – 의문사절

| how

I don't know how he solved the problem.
= 나는 그가 문제를 푼 방법을 모르겠다. – 관계부사
= 나는 어떻게 그가 문제를 풀었는지 모르겠다. – 의문사절

결론적으로 의문사절과 관계부사를 구분하는 것은 '무의미'하다!

관계대명사(?) 'what' - 해석 - '것'

'관계부사' 대목에서 느닷없이 '관계대명사'를 설명하려 한다. 황당하겠지만, 해석과 모양을 자세히 살펴보면 이유를 알 수 있다.

This is what I need. 이것은 내가 필요로 하는 것이다.

위의 문장에 쓰이는 'what'은 관계대명사라고 한다. 무엇이 아니라, '것'으로 해석하기 때문이다! 그래서 아래와 같이 변형시킬 수 있다고 설명한다.

This is the thing which I need. 이것은 내가 필요로 하는 것이다.
→ the thing = 것

관계대명사 'what'은 선행사가 생략되어 있는 구조다. 그래서 관계대명사의 모습으로 탈바꿈시킬 수 있다(?)고 한다.

what = the thing which

학말영의 기준: 어느 누구도 'what'을 사용하면서 'the thing which'로 바꾸려는 생각은 하지 않는다. → 개념을 이해시키기 위한 학문적인 내용일 뿐이다!

이제 what을 설명한 진짜 이유를 밝히겠다. 다음의 예문을 보자!.

I don't know what you like.
나는 네가 좋아하는 것을 모르겠다. - 관계대명사
나는 네가 무엇을 좋아하는지 모르겠다. - 의문사절

'것'과 '무엇'을 억지로 구분한다면, 문법적 설명이 완전히 달라진다. 머리가 아파진다. 전혀 구분할 필요 없다.

학말영의 관점
언어는 의사소통을 쉽고 편하게 하기 위해 만들어졌다.(언어의 핵심 = 효율성 + 정확성)

→ '언어'는 의미를 빨리 전달하고 싶어하는 성향이 있다.(효율성)
→ '관계대명사, 관계부사'들의 앞에 나오는 명사들이 생략되기 시작했다.
(생략을 해도 의미 전달의 '정확성'에 지장이 없음)

→ '것'이 아니라 '무엇'이라는 의미로도 사용되기 시작했다.
→ 문법적으로 '의문사절'이라 부르기 시작했다.

마치 '드라마'에 나오는 출생의 비밀 같네요.(^^;) 그럴싸한 소설을 썼습니다. 절대적인 진실로 오해하면 안 됩니다!

'의문사절'로 활용할 수 없는(?) 경우

'관계부사'에서 중요한 정보를 담고 있는 '선행사'는 빼지 않는 편이 좋다.

I miss the summer vacation when we traveled Europe.
나는 우리가 유럽을 여행했던 여름방학이 그립다.

'the summer vacation(여름방학)'은 '단순한 시간(때)'을 나타내는 개념은 아니다.
→ 생략을 한다면 언제 여행을 다녀왔는지 알 수가 없다.
→ 특정한 뜻을 갖고 있는 '선행사'는 빼지 않는다.
위의 문장과 같은 경우는 '관계부사'를 적극 활용할 수 있다. 그런데?

학말영은 위의 문장조차도 잘 활용하지 않는다. 이유는 2가지다.

1. 말하지 않아도 안다. (두 명이 함께 여행을 다녀왔음)
→ 한 문장을 길게 쓸 필요가 없다.
A: I miss the summer vacation.
B: Me too, I still can't believe (that) we traveled Europe.

2. 처음부터 모든 정보를 줄 필요는 없다. = 길게 쓸 필요가 없다.

핵심 정리

단순하게 쓰자!

지난 시간에 '관계부사'를 복잡하게 설명한 이유는 개념적인 이해를 돕기 위해서였다.

→ 배운 뒤에는 쉽게 활용하는 일만 남았다.

This house is the place. + He lives in that place.

= This house is ~~the place which~~ he lives in.

= This house is ~~the place in which~~ he lives.

= This house is ~~the place where~~ he lives.

= This house is ~~the place~~ he lives.

= This house is ~~the place that~~ he lives.

이번 시간에 기억할 내용은 단 한 가지

= This house is where he lives. (의문사 + 주어 + 동사)

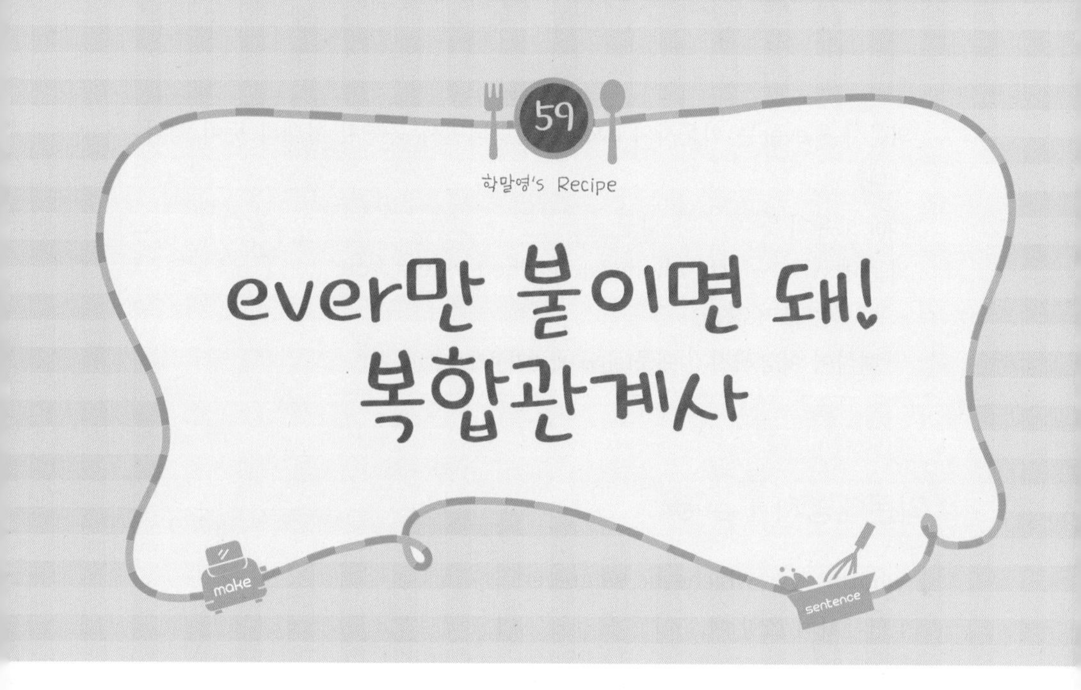

ever만 붙이면 돼! 복합관계사

용어의 이름만 보면, 너무 복잡하고 어려워 보인다. 사실, 이번 설명은 '꼭 해야 할까'라는 의문도 있었다. 문법적으로는 외울 게 많고, 관계대명사보다는 활용도가 떨어지기 때문이다. 하지만, 제목과 같이 'ever'만 붙인다고 생각하면, 사용법은 의외로 쉬워진다.

복합관계사 = 복합(ever) + 관계대명사 + 관계부사

용어는 고민할 필요 없음, 활용만 할 수 있으면 됩니다.

의문사 + ever는 의문사와 ever가 결합되면서 독특한 형태의 뜻이 생겨났다.
ever 고유의 뜻: 언제나, 항상, 늘
의문사: who, which, whom, what, when, where, how
- 'why'는 쓰지 않음.
→ 해석이 이상해지기 때문(이라고만 생각하기 바람)

의문대명사 + ever

who(m)ever, whichever, whatever

1.명사처럼 쓰일 때: ~이든지 간에, ~라도

Whoever wants to come is welcome. 누가 오고 싶든지 간에 / 환영한다.
→ 오고 싶은 사람은 누구나 환영합니다.

I don't care who(m)ever you like.
나는 관심이 없다. / 네가 누구를 좋아하든지 간에
→ 나는 네가 누구를 좋아하든지 말든지 관심이 없다.
(whomever는 whoever로도 바꿔 쓸 수 있다. 특히 '회화'에서!)

You can do whatever you want.
너는 할 수 있다. / 네가 원하는 게 무엇이든지 간에
→ 너가 원하는 것은 무엇이든지 할 수 있다.

부연 설명
whoever: 주어 역할 - Whoever wants to come
'의문사+동사+목적어'의 구조

who(m)ever: 목적어 역할 - Whomever you like
'의문사+주어+동사'의 구조

2. 부사(절)처럼 쓰일 때: ~할지라도, ~일지라도

Whatever he says, don't trust him. 그가 무슨 말을 하더라도, 그를 믿지 마라.

Whichever you choose, it will be interesting.
네가 어느 것을 선택하더라도, 그것은 재밌을 거야.

의문사절의 재활용이다. 'ever'가 붙어 있어 괜히 어렵게 보일 뿐이다. 위의 문장에서 약간 변형해보겠다.

I don't care who you like.
나는 너가 누구를 좋아하는지는 관심이 없다.

You can do what you want. 너는 네가 좋아하는 것을 할 수 있다.

3. 형용사처럼 쓰일 때

Whatever mistake I made(부사절), I've already paid for them.
내가 무슨 실수를 했든지 간에, 그것들에 관한 대가를 이미 지불했다.

You can choose whichever book you like.(명사-목적어)
너는 선택할 수 있다. / 좋아하는 어떤 책이라도

부연 설명

의문사 강의만 기억한다면 어렵지 않게 이해 가능!

Which(형용사) fruit do you like, an apple or a banana?
어느 과일

의문사절과의 차이점이라면? '부사와 형용사'처럼 활용할 수 있다는 점이다.

의문부사 + ever

whenever, wherever

의문부사는 'ever'와 결합해, 부사(절)처럼 활용 가능하다.(너무 당연한 말)

Whenever she comes, it rains. 그녀가 올 때마다, 비가 내린다.

You can come whenever you want. 너는 올 수 있다 / 네가 원하는 언제라도
→ 네가 원할 때는 언제라도 올 수 있다.

I'll follow you wherever you go. 나는 너를 따라갈거야 / 네가 어디에 가더라도
→ 나는 네가 가는 어디라도 따라갈 거야.

~할 때마다, ~언제라도

Whenever를 살펴보면 해석이 약간 다르다. 사전을 봐도 의미를 분리해서 설명한다. 그러나 중요하지 않다. 문장을 읽고, 뜻만 정확히 이해하고 사용하면 된다. (똑같은 뜻으로 해석해도, 의미 전달에는 전혀 문제 없음)

however - 아무리~일지라도

자주 활용하지는 않지만, '그러나'와는 다른 방식으로 사용할 수 있어 잠깐 소개하겠다.

However rich you are, you can't buy happiness with money.
아무리 너가 부자라도, 너는 돈으로 행복을 살 수는 없다.

다른 의문부사와는 '뜻과 사용방식'이 약간 다르다.

However + 형용사 / 부사 + 주어 + 동사, ~~~.

사실, how의 사용법만 제대로 알고 있다면 고민할 필요도 없다.

I don't know how old she is. (how + 형용사)

How much is it? (how + 부사)

how는 형용사, 부사와 붙어서 자주 쓰인다. 'however'도 같은 방식으로 생각하면 쉽게 이해할 수 있다.

No matter how, what, who, where 등

아무리, 무엇이, 누가, 어디서 ~ 하더라도

'~하더라도, ~일지라도'라는 해석으로 쓰일 때, 'no matter'라는 말을 사용할 수 있다.

No matter how (= however) rich you are,
you can't buy happiness with money.
아무리 네가 부자라도, 너는 돈으로 행복을 살 수 없어.

I'll follow you no matter where (= wherever) you go.
나는 너를 따라갈거야. / 네가 어디를 가더라도

No matter what (=whatever) he says, don't trust him.
그가 무슨 말을 하더라도, 그를 믿지 마라.

두 가지 방식 모두 사용하는 경우가 있어, 설명을 안 할 수는 없네요. 의외로 활용도가 높으니, 'no matter'라는 두 단어는 꼭 기억합시다!

핵심 정리

복잡해 보이지만, 사용법은 단순하다.

의문사 + ever → 명사, 형용사, 부사절로 활용할 수 있다.

문법적 설명

한 가지 예문으로만 설명하겠다.

Whoever wants to come is welcome.
→ Anyone who wants to come is welcome.

관계대명사로 변형할 수 있기 때문에, '복합관계대명사'라는 말을 사용한다. 여기서 알아갈 내용은 단 한 가지. → 'one'이라는 말로도 알 수 있겠지만, 단수 취급한다. 동사로 'is'를 쓰는 이유!

회화에서 정말 간단하게 사용할 수 있는 방식이 있어 잠깐 소개하고 마치겠습니다!

whatever - 아무거나 상관 없어!(= 뭘 먹든지 중요하지 않아)
→상당히 귀찮을 때, 상대방에게 사용할 수 있는 유용한 말입니다!
자칫, 무례한 말이 될 수 있으니 친구 사이에서만 씁시다.

에필로그

쉽지만은 않은데?
아마도 책을 읽고 나면 대부분 이렇게 말할 것 같다.

서점에 가보면 '몇 주 만에 끝낼 수 있고, 정말 쉽고 간단한 영어 관련 서적들'이 정말 많다. 그런 책들과 비교하면 이 책은 상대적으로 복잡하고, 어려워 보인다. 왜 그럴까? 꼭 필요한 문법 요소는 짚고 넘어가야 한다는 게 기준이었기 때문이다.

모든 공부에는 연결고리라는 게 있다. 문법도 마찬가지다. 쉬운 것들만 배우려다 보면 연결고리가 끊기고 머릿속 개념은 복잡해진다. 학말영은 이것을 잡아주고 싶었다. '**문법의 기본이란 이런 것이다.**'라고 말하고 싶었다.

그리고 가장 중요한 것은 '문법'은 시험의 도구만이 아니란 것을 증명하고 싶었다. 제대로만 배운다면, '**읽기, 말하기, 듣기, 쓰기**' 모두에 활용할 수 있는 유용한 도구란 것을 설명하고 싶었다. 그러다 보니 말이 길어지기도 했다.

그렇다고 문법이 완벽하지만은 않다. '기본'은 말 그대로 '기본'이다. 문법을 만든 최초의 의미는 언어를 마스터하라는 게 아니다. '영어의 공통적인 부분'을 빨리 습득하라는 의미일 뿐이다. 부디, 실력이 늘어나면서 이 책에 나온 문법적인 요소는 점점 잊혀지고, 자신만의 방식을 찾아가길 바란다. '문법'은 일정 수준의 경지에 빠르게 도달하기 위한 도구로 활용해야 한다.

마지막까지 읽어주신 여러분께 진심으로 감사의 말씀을 드립니다.

학말영